乡村治理
现代化

衡霞　翟柏棱　著

中国社会科学出版社

图书在版编目（CIP）数据

乡村治理现代化/衡霞，翟柏棱著. —北京：中国社会科学出版社，2024.2
ISBN 978 - 7 - 5227 - 2894 - 0

Ⅰ. ①乡… Ⅱ. ①衡…②翟… Ⅲ. ①农村—群众自治—研究—中国 Ⅳ. ①D638

中国国家版本馆 CIP 数据核字（2023）第 240419 号

出 版 人	赵剑英
责任编辑	李凯凯
责任校对	周　昊
责任印制	王　超

出　　版	中国社会科学出版社
社　　址	北京鼓楼西大街甲 158 号
邮　　编	100720
网　　址	http://www.csspw.cn
发 行 部	010 - 84083685
门 市 部	010 - 84029450
经　　销	新华书店及其他书店

印　　刷	北京明恒达印务有限公司
装　　订	廊坊市广阳区广增装订厂
版　　次	2024 年 2 月第 1 版
印　　次	2024 年 2 月第 1 次印刷

开　　本	710 × 1000　1/16
印　　张	15
插　　页	2
字　　数	246 千字
定　　价	79.00 元

目　　录

绪　　论

一　研究背景

党的十八届三中全会通过了《中共中央关于全面深化改革若干重大问题的决定》（以下简称《决定》），提出了改革的总目标是"发展和完善中国特色社会主义制度，推进国家治理体系和治理能力现代化"。治理体系作为规范社会权力运行和维护公共秩序的一系列制度和程序，涉及谁来治理（主体）、如何治理（机制与工具）、治理得怎么样（绩效）等三个基本问题，包含了制度化、民主化、法治化、效率与协调性等五个方面的标准；治理能力集中体现的是制度执行的能力，涉及能力结构（类型）与能力状态（方向与结果）两方面的内容，包含了科学化、制度化、法治化、组织化、民主化等衡量标准。只有治理体系和治理能力同步实现了现代化才能达到治理现代化的目标与愿景。在该《决定》的引领下，全国上下各个领域全面开启了治理现代化的新征程。在党政领域，着重解决机构职能体系存在的障碍和弊端，确保党的领导全覆盖，着力推进重点领域与关键环境的机构职能优化，构建起现代的政府治理体系；在经济领域，重点解决供给侧问题，推动经济双循环战略的布置与实施；在社会治理领域，基层治理现代化、城乡社区治理现代化也拉开创新大幕，把增进人民福祉、促进人的全面发展作为出发点和落脚点。乡村治理现代化是乡村社会治理现代化和国家治理能力现代化的重要组成部分，是国家治理现代化的前提和基础。换言之，如果没有乡村社会治理现代化的基础，国家治理现代化的 2035 年和 2050 年目标将受到很大影响。这也表明，乡村社会治理现代化的时间节点必须在 2035 年以前完成。因此，必须要正视乡村社会治理的短板与弱项，有针对性地加以改进和提升，才能顺利推动国家治理现代化目标的实现。

在很长一段时间内,"三农"问题都是国家治理的难点与痛点。在中国共产党的领导下,经过几代人的共同努力,乡村基本消除了绝对贫困。农业供给侧结构性问题基本找到有效的解决路径,农民收入来源增加、收入水平显著提升、基本权益有保障;城乡居民基本公共服务非均等化问题基本破解,收入差距缩小,居民获得感、安全感、满意感显著增强。但是,在经济飞速发展的新时代,乡村又出现了许多新问题。一是乡村基层党组织软弱涣散。乡村税费改革后,不仅基层政府与农民的联结纽带减弱,村两委与村民的联结纽带也受到极大影响,缺乏召集村民集中议事的广泛平台;村庄空心化、老龄化以后,乡村党员发展与培育路径有限,后备力量补充不足;部分村两委在分配空心村资源时,出现了权力寻租现象,尤其是部分两委委员为资源分配权而内斗、扯皮,导致乡村两委工作瘫痪,并由此进一步降低了基层党组织在群众中的威信与认同,基层治理流于形式。二是乡村资源配置问题。中央为了避免基层贪腐问题,许多补贴直接打到农民个人账户,虽然有效保障了农民权益,但是抑制了基层组织对乡村社会治理的自由裁量权;乡村基础设施建设的项目发包制,限制了无相关资质的村级组织的申请权,然而外来承包方与当地居民却因质量、占道等问题而矛盾纠纷不断;对于乡村来讲,资源匮乏是普遍问题,一方面是集体土地等公共资源匮乏,另一方面是乡村资源开发不足,如果没有"能人"的资源筹集和统筹整合,村庄发展举步维艰;虽然乡村普遍建立了"一事一议"制度,但是空心化的乡村往往缺乏足够的代表,进而导致集体资源分配规则的按人、地、户等标准的较大差异和农民权益受损问题。三是乡村自治悬浮问题。根据乡村居民委员会组织法规定,乡村村民实行自治,依法办理自己的事情,包括建设、发展、服务和教育等。但是,由于乡村空心化和老龄化,导致村民代表大会召开难,村两委为了保证会议与经费使用的合法性,不得不支付现金或发放礼品等方式邀请到足额的人数,甚至在民主选举时出现无人投票、两委无委托代投、贿选等问题。虽然,每个村庄均设立有监督委员会,却相互不认识,缺乏沟通,使得监督也流于形式,村民自治的结果演变为村民"不治"或村干部"自治"。四是乡村共同体消解。在人民公社时期,乡村的政治、经济、社会、文化管理高度重合,农民因"公社"而形成"集体""集中"，但是随着社会经济的发展，乡村流动性增强，以催粮催款和计划生育为核心的社会联结点消失，再加上市场经济带来的农民自利性意识和权益意识的增长，乡村原子化现象日趋严峻。虽然有些村庄通过大力发展集体经济，通过集体经济制度和资源、技术的嵌入，有力改变了乡村治理乏力的现象，但是从近年来的集体经济发展成效来看，收效甚微。如何把农民凝聚起来，重新形成生活的、精神的、利益的、组织的共同体，成为乡村治理现代化征程中的一大难题。五是乡村治理人才贫乏。调查显示，乡村精英人才和青年人才流失非常严重，尽管部分乡村出台了多项人才回引的"归雁"计划，但除了部分经济发达和资源较丰富乡村以外，其他地方的回流人才仍然较少，"留不住""引不来"成为乡村治理现代化的关键瓶颈。大多数乡村的两委干部普遍老龄化，他们与其他农民一样大多缺乏公共意识，排斥现代信息技术，依靠传统的、简单粗暴的口头治理和面对面治理，再加上近年来的撤村并组活动，乡村治理范围和户籍人口大幅度增加，传统治理弊端更为突出。

乡村社会治理在问题层出不穷的同时，农民需求也在日益增长。一是城镇化进程中人口社会流动治理的需求。农民大量且频繁地向城市流动，产生了农民市民化的新需求、精准精细服务需求；农民集中居住后带来的风险防范需求（包括生存性、发展性、权利性需要），革新双轨制管理弊端的新需求；农民工在各种压力或条件驱使下返回家乡时，产生了政府和社会帮扶的新需求，以协助其迅速适应家乡生活、就业与创业。二是土地权益的风险防范与矛盾化解需求。虽然国家通过"两权"和"三权"分置的不断改革，最大限度地保护了农民权益，但是空心村两委始终有"代民做主"的情怀，未经农民明确授权就流转其闲置土地，并在收益中截留部分款项；有的村庄因为高速公路、大型水库和农地征用等，出现了包括现金、房屋、就业等集体收益分配不公问题，导致乡村集群行为屡屡出现，影响了乡村社会的和谐与稳定。三是社会结构变化引发的城乡社会关系协调的需求。农民的流动性使得乡村的价值性"差序格局"向工具性"差序格局"转变，乡村传统社会的血缘信任、地缘信息向利益追逐的社会结构转变；同时农民工因工作场所变换而出现社会不适和行为失范，再加上多起农民工"背锅"事件的发生，进一步加剧城市居民与农民（工）之间的情绪对立，双方信任机制缺失。四是城乡公共资源均等化配置需求。虽然经过各级政府多年的不懈努力，城乡基本公共服务均等化机制基本建立，但城乡一体的信息资源、公共安全体系仍然有较大差距。笔者的调查显示，乡村的信息化应用能力在六大能力中的现代化评估结果为倒数第一位，虽然信息化的基础设施建设评估值较高，但信息化的应用情况非常差，中部区域的评估中还出现不及格的情况；相较于城市的密集性，乡村的分散性似乎一直就是公共安全的短板，新冠疫情的出现更显示出乡村公共安全治理体系和人才的严重不足。五是资源短缺引发的乡村治理能力提升需求。农民一方面忙于挣钱和休闲安排而缺失村庄治理的参与活动，主动放弃村庄治理的权益；另一方面又因为关键利益分配不公问题而积极参与（如集群、网络曝光、信访等），使得村庄治理低效和无效、村庄秩序无序。如何打造一支具备现代信息技术运用能力的高素质治理主体成为乡村治理中最为迫切的需求。六是生态宜居的美好生活需求。农民工在不同城市流动中对城市文化、城市便利性和宜居产生高度认同，通过自身的持续努力，一幢幢新居在广袤的乡村拔地而起。但是新居的建设并不代表乡村居住环境的改善，垃圾、排污、道路、生态植被等的改善随着农民生活质量的提升而呈现强劲需求。虽然国家出台了相关政策，为乡村危旧房和厕所改造保驾护航，通过人居环境整治工程改变了乡村垃圾乱堆放等问题，但还有许多乡村因为资金、自然条件等原因未能彻底改观。

　　针对上述问题和需求，国家及时出台了相关政策进行引领和指导。长期以来，乡村重发展轻治理。为了提升乡村公共服务水平，创新乡村基层社会治理，2015 年中共中央办公厅、国务院办公厅就出台了《关于深入推进乡村建设试点工作的指导意见》，突出村民自治、流动人口和多元主体参与、乡村法治和公共服务供给、社区文化认同、人居环境、公益性服务等八大重点任务；2017 年出台了《关于加强和完善城乡社区治理的意见》，将治理体系分为四大类、治理能力分为六大类，并提出 2020 年社会治理格局基本形成、治理能力显著提升，2035 年治理体制成熟定型、治理能力精准全面，为国家治理现代化奠定坚实基础；2019 年出台了《关于开展乡村治理体系建设试点示范工作的通知》，主要内容包括探索构建"三共"体系、"三治"路径，以及乡村治理与社会经济协同发展的机制，创新现代乡村治理手段，通过试点在乡村治理的重要领域和关键环节形成可复制、可推广的经验做法。除此以外，国家还出台了关于基层治理现代化和乡村振兴的诸多政策文件，各级地方政府也出台了配套的政策文件，大力推动乡村治理现代化的新征程。2020 年早已过去，农民的新需求是否得以满足，乡村社会治理的新问题是否得以解决，党组织领导、基层政府主导、多方参与的社区治理体系和治理体制是否更加完善，乡村治理能力是否得到显著提升等均需要通过一定的技术和手段进行测度，如果该阶段的目标得以全部完成或者顺利实现，那么推进未来 5—10 年的乡村治理工作就会容易得多；如果该阶段的目标没有完成，甚至还有较大的差距，那么未来 5—10 年的重点任务就是大力提升乡村治理的现代化水平，特别是治理能力维度，通过能力的提升来促进治理体制、机制、结构等的健全和完善，同时还要在推进新问题的解决中努力完成 2035 年的终极目标，为推进国家治理现代化奠定坚实的基础。基于上述背景，本书在着力评价乡村治理现代化水平的基础上，发现其现代化的难点与困境，通过难点与困境的突破来实现 2035 年的乡村治理现代化目标。

二　国内外研究现状

（一）整体情况

在乡村现代化研究初期，乡村治理并没有作为一个主题独立存在，而是包含在各种乡村建设与发展的研究中，是乡村综合建设与发展的一个子领域。对乡村现代化的国外研究起源很早，不乏一些学者与研究对国内的影响较大，他们主要集中于社会学领域。美国学者季莱德认为农村社会学的基本精神是应用的，要以解决农村实际问题为目的。[1] 这对中国一些学者影响较大，包括许仕廉、李景汉、言心哲等。在季莱德的影响下，这些学者不拘泥于某一个方面，而是对农村人口、农村社会心理、农村经济、农村教育、农村组织等领域广泛关注，用系统的方法进行研究。[2] 美国学者霍桑认为农村社会是一个有机组织体系，需要各个部件的连接和顺序的

---

[1]　John Morris Gillette, *Rural Sociology*, New York：The Macmillan Company, 1922, p. 2.

[2]　言心哲：《农村社会学概论》，上海：中华书局 1934 年版。李景汉：《中国农村问题》，商务印书馆 1937 年版。

排列，如果这种组合及顺序被破坏就会产生问题。① 中国学者杨开道师从
于霍桑，他对霍桑的学说进行评析，认为霍桑的学说是一种狭义的农村社
会学。② 在研究农村问题的时候，他深受霍桑影响，认为农村是农民的自
然集合体，是农民共同生活一个最小的单位。因此他主张从农村这个小单
位做起，将农业、农村和农民连成一个整体，目的是要使农村社会生活
化，农村生活社会化。③ 日本学者田中忠夫认为美国的农村社会学只以美
国式的情况看农村生活，不可能科学而正确地解释和解决中国农村问题，
他认为农村问题的中心是"佃户问题"。④ 田中忠夫批判了美国学说，又
着眼中国现实，吸引了很多留学日本的学者，例如童玉民、汤惠荪、黄枯
桐、吴觉农等。后来他还担任过国民党农民部顾问，进一步提高了其研究
的影响力。日本的河田嗣郎关于农业社会化运动的研究，那须皓对农村问
题核心是文明问题的研究也被翻译成中文，对当时的学界产生了一定的
影响。⑤

对乡村现代化的国内研究自 20 世纪 20 年代到 30 年代就已经出现，
虽然彼时的研究所指涉的乡村治理现代化作为一种概念还缺乏当今的完整
内涵，但是这些研究以救亡图存为动力，以治国安邦为目标，以中国农村
建设与发展为手段，在事实上就是一种现代化的取向。中国首部《农村
社会学》著作在 1924 年由顾复主编出版，旨在分析中国农村的衰微原因
及其改造方针，进而探寻中国农村社会发展趋势。⑥ 此后，围绕着农村社
会发展产生了很多的研究。⑦ 吴文藻则是较早将关注点从农村社会下移到
农村社区的学者，他的研究往往以单独一个村作为一个社区，例如对燕京
大学清河镇实验区的研究，将社区作为一个统一体系的部分，但同时也是

---

① Horace Boies Hawthorn, *The Sociology of Rural Life*, New York: The Century Company, 1926, pp. 28 – 31.

② 杨开道：《农村社会学》，世界书局 1929 年版。

③ 杨开道：《农村问题》，世界书局 1930 年版。

④ 冯和法：《农村社会学大纲》，黎明书局 1932 年版。

⑤ ［日］河田嗣郎：《农业社会化运动》，黄枯桐译，启智书局 1928 年版。［日］那须浩：《农村问题与社会理想》，神州国光社 1930 年版。

⑥ 顾复：《农村社会学》，商务印书馆 1925 年版。

⑦ 章元善、许仕廉：《乡村建设实验》，中华书局 1934 年版。千家驹：《中国乡村建设批判》，上海书店 1936 年版。

一个系统性和整体性社会单位。① 许仕廉也沿着社区理论，指出农村作为一个复杂社会是一个整体，社会问题也是一个整体。因此，农村建设也应该是一个整体，要从社区各部分一起着手。② 这一时期《中国农村》、《中华农学会报》、《中华农学会丛刊》、《中华农林会报》、《农村复兴委员会会报》、《农声》、《村治月刊》和各地方的农林月报等众多报纸杂志上也刊登了非常多关于乡村建设和乡村治理的研究。

（二）乡村治理现代化背景研究

从国际大环境来看，治理能力现代化是在全球化治理背景的压力下推进的。杨雪冬指出中国面临着复合的风险环境，随着现代化和城市化的快速推进，制度转轨与改革同步进行，国家制度（体系）不完善或执行（能力）不到位都会使得风险加剧；③ 何苗提出全球性治理面临危机，治理问题新型且复杂，不论是发达国家，还是发展中国家都在积极完善国家治理体系，增强社会的治理能力，解决国家治理能力有限的问题。④ 从国内来看，治理能力现代化的背景较为复杂，多方面反映了我国对治理能力现代化的需求。一是我国经济发展现状。田毅鹏认为，在快速城镇化及其衍生出诸多问题和"城乡分治"到"城乡统筹"的实践跨越进程中，乡村社区治理能力提升的难点和关键在于乡村基层治理体系的不健全和六大能力提升存在的困境决定了乡村社区治理能力现代化的新取向；⑤ 贺晓玲指出，从我国的经济发展现状而言，存在社会治理能力与现代化经济建设飞速发展不匹配而亟待提升等尤为严重的问题。⑥ 二是大数据背景的推进。王莹、孟宪平认为，互联网科技的发展激活了社会生产要素，使得社会生产力和生产关系发生了变革，并出现新的政治、经济组织，也使得信息传播方式和社会舆论格局发生了较大变化，也直接导致人们的政治行为

---

① 王庆仁：《吴文藻纪念文集》，中央民族大学出版社 1997 年版。

② 章元善、许仕廉：《乡村建设实验》，中华书局 1934 年版。

③ 杨雪冬：《论国家治理现代化的全球背景与中国路径》，《国家行政学院学报》2014 年第 4 期。

④ 何苗：《国家治理现代化的时代背景与现实维度》，《人民论坛·中旬刊》2016 年第 3 期。

⑤ 田毅鹏：《乡村社区治理能力现代化的新取向》，《政治学研究》2018 年第 1 期。

⑥ 贺晓玲：《全面深化改革背景下社会治理能力的现代化提升与构建》，《中学政治教学参考·下旬》2018 年第 4 期。

和国家治理运作模式的重塑。① 三是现代化进程的需要。陈杨在现代化的乡村治理问题研究中指出,我国两千多年的封建社会大多是国家权力统治治理的结果,少数的基层自治,是在国家权力之下,以乡绅为纽带的治理。② 近年来由于工业化、城镇化的影响农村经济衰落、士绅阶层解体、乡村基层自治的基石崩塌。中国共产党领导人民进行土地改革,取得了空前的成功,为新中国的乡村向工业化、现代化发展积累了经验、奠定了基础。佟雪莹和孙玉娟认为在进入 21 世纪以来,乡村现代化发展进入了新的阶段,现阶段治理应该是城市支持农村阶段的乡村治理,统筹城乡发展阶段存在的问题,我国的乡村现代化应向着科学、合理、全面的方向发展。③ 屈博针对现代乡村治理新的背景基础,包括社会矛盾、农村社会、治理因素和治理目标的变化进行研究,提出一系列包括健全法制与自治体系、培养精英后备力量等的建议。④

(三) 乡村治理现代化的现状研究

1. 社区治理向度与制度的内在张力引发治理能力内在矛盾。衡霞通过对 15 个省份 150 份政策文件的分析,认为乡村社区在依法治理方面还存在较大差距,尤其是具有“软法”作用的村规民约在公共选择中所占比重最低。⑤ 李润国、姜庆志等提出社会矛盾叠加的激增、基层政府行政的内卷化、社区治理的制度化不足、社区治理资源保障不足、社会组织力量薄弱是制约乡村社区治理现代化的主要挑战。⑥ 张艳国、刘小钧发现在治理向度上,政府存在“还权不忍心、放权不放心、没权不甘心”的权力思维,导致政府对社区管理的过度行政化;在制度层面,则存在正式规

---

① 王莹、孟宪平:《论“互联网 + 社会治理”背景下国家治理能力现代化的建设》,《电子政务》2017 年第 9 期。

② 陈杨:《现代化进程中的乡村治理问题研究》,《河北青年管理干部学院学报》2017 年第 6 期。

③ 佟雪莹:《我国乡村治理现代化问题研究》,硕士学位论文,东北农业大学,2017 年。孙玉娟、佟雪莹:《推进我国乡村治理现代化的路径选择》,《知与行》2018 年第 1 期。

④ 屈博:《论乡村治理体系现代化》,《内蒙古师范大学学报》(哲学社会科学版)2018 年第 1 期。

⑤ 衡霞:《乡村社区治理能力现代化的公共选择逻辑——基于 15 个省份 150 政策文本的分析》,《探索》2021 年第 4 期。

⑥ 李润国、姜庆志、李国锋:《治理现代化视野下的乡村社区治理创新研究》,《宏观经济研究》2015 年第 6 期。

则与非正式规则的冲突。① 张艳国、尤琳则即将其归纳乡镇政府弱化了乡村社区自治权、乡镇政府过多干预乡村社区公共服务供给、乡镇政府加强了对乡村社区的管控。②

2. 传统治理结构对现代治理资源的承接不足和负面抵触促使治理能力释放不足。马文多认为横向的差结构与纵向的序结构带来的差序伦理会使得社区中人情亲疏远近产生分异，进而形成人情行政的状况，降低社区治理能力效能。③ 李润国、姜庆志等提出随着社会矛盾叠加的激增、基层政府行政的内卷化、社区治理的制度化不足、社区治理资源保障不足、社会组织力量薄弱是制约乡村社区治理现代化的主要挑战。④

3. "压缩的现代化"所带来的价值异化与价值抗争降低治理能力。部分学者认为现代化导致传统性、现代性、后现代性等多种元素共时性、混杂性融合会导致价值异化和抗争问题，从而降低治理能力。例如，张振波、金太军认为传统性价值在现代化冲击下遭到质疑，使得家长性、权力性价值成为异端，而现代性价值例如自由、平等则因为缺乏相应的社会观念、制度结构支撑而成为空中楼阁，传统性价值与现代性价值的抗争使得治理主体在组织建构、政策目标设定上摇摆不定，从而降低治理能力。⑤

4. 市场经济与全球化浪潮所带来的社会构成的个体化、离散化、原子化以及主体人格缺乏逐步消解了社会作为治理主体的治理能力。张振波、金太军认为改革开放一定程度上产生个体碎片化、分散化、利益诉求多元化等问题。⑥ 这使得分散的个体无法在自发性行为调试过程中积累应对差异化生活情景的治理能力，也即无法独自、自发地形成应对社会复杂性的能力。这样不具统合力的个体无法形成能力的集成，自发地调试应对也难敌复杂治理环境的冲击，从而降低了社会的治理能力。张欢认为当前

① 张艳国、刘小钧：《城市社区治理能力现代化研究——以江西南昌为例》，《江西社会科学》2017 年第 1 期。

② 张艳国、尤琳：《乡村基层治理能力现代化的构成要件及其实现路径》，《当代世界社会主义问题》2014 年第 2 期。

③ 马文多：《基层政府服务社区能力提升策略》，《重庆社会科学》2018 年第 1 期。

④ 李润国、姜庆志、李国锋：《治理现代化视野下的乡村社区治理创新研究》，《宏观经济研究》2015 年第 6 期。

⑤ 张振波、金太军：《论国家治理能力的社会建构》，《社会科学研究》2017 年第 6 期。

⑥ 张振波、金太军：《论国家治理能力的社会建构》，《社会科学研究》2017 年第 6 期。

我国农村和农民面临土地细碎化、公共品供给、农业技术推广等现实困境，产生了去组织化的现象。如果不能提升农民的组织化程度则将在乡村治理中面临更多难以解决的公共性难题。①

5. 乡村社区治理过程中的具体问题，包括干部能力不足、居民参与不足、精英外流严重、村落空心化等问题。郭栋提出当前乡村社区治理能力现代化主要面临着村干部能力不足、参与主体的高度变动性以及参与性不足、人才技术和资金短缺、治理方式和手段单一等问题。② 汪杰贵认为当前村庄治理现代化存在治理主体单一化、治理行为不当、治理模式一元化和治理绩效低下等四个方面现实困境。③ 田毅鹏提出影响治理能力在乡村社区的生成，存在一些特殊的影响制约因素，比如精英外流严重，村落空心化、过疏化，村落社会关系危机。④

（四）乡村治理现代化的影响因素研究

田毅鹏认为快速城镇化导致了村落复杂变迁，而呈现出不同社会样态，这集中反映在社会的人口、空间、关系、阶层、组织、文化氛围等方面的变化，所以这些变化或者差异性对于治理能力的变革以及差异化设定产生了重要影响。另外，现代性技术的涌动触动能力的优化，现代性所带来的技术提升为社会治理提供了一种新的解决方案，也一定程度上提升了社会治理能力，但是技术性涌动也同样作为一种自变量对治理能力建设提出更高的要求。⑤ 唐皇凤、陶建武以大数据技术作为自变量，明确了外在现代性技术涌动作为自变量对国家治理能力建设的影响。⑥ 第四，文化与价值演化为实在的治理能力。魏治勋认为，中国具有的"政法传统"将党政资源、司法技术与权力网络融为一体，嵌扣在以中国共产党为核心的领导体系中，通过代表人民利益的党将其意志渗透到国家体制内，再依据

---

① 张欢：《新时代提升农民组织化路径：烟台再造集体例证》，《重庆社会科学》2020 年第 6 期。

② 郭栋：《乡村治理能力现代化面临的困境及解决途径研究》，《山西高等学校社会科学学报》2019 年第 7 期。

③ 汪杰贵：《村庄治理现代化现实困境和突破路径——基于农民自组织公共参与改进视角》，《云南行政学院学报》2018 年第 2 期。

④ 田毅鹏：《乡村社区治理能力现代化的新取向》，《政治学研究》2018 年第 1 期。

⑤ 田毅鹏：《乡村社区治理能力现代化的新取向》，《政治学研究》2018 年第 1 期。

⑥ 唐皇凤、陶建武：《大数据时代的中国国家治理能力建设》，《探索与争鸣》2014 年第 10 期。

人民代表大会治理将党的意志上升为国家意志，进而通过行政系统为主体之一的网络治理结构将其付诸实践。① 实现了国家、社会、人民三层价值的融合和互动，从而将价值经由"政法体制"演变为实在的治理能力。高秉雄、胡云直接将职能变量、行动者变量与关系变量分开讨论。在职能变量上，高水平的国家治理能力需要国家与市场形成职能合作，而职能结构又要求行动者重新定位自身的行动方式，尤其是要求在提升各个行动者自身素养的前提下催生多个行动者的整合能力，那么这又需要对行动者之间的关系进行重构，集中在纵向关系与横向关系的设定上。② 王孝成在认为"三治结合"会对推进乡村现代化起到十分重要的作用，"三治合一"乡村治理体系建设是实现乡村振兴的底线与保障。针对乡村治理现代化，返乡农民也起到了重要的作用。③ 张长江认为返乡农民首先在思想上比较前卫，知识能力上更加的丰富，创业动机和资源禀赋上更加的成熟，他们可以有效地强化乡村民主意识和集体意识，改变乡村治理的观念。④

（五）乡村治理现代化的评价指标研究

构建科学的乡村治理现代化评价体系并在实践中评价比较分析，可以为合理规划乡村治理现代化路径提供理论参考。从现实情况来看，有很多国家在追求现代化的道路上建立了相似的政治体系或制度，而其治理成效却大有不同，其关键在于治理能力的效用。但是由于治理体系和治理能力关系密切，我国多数学者对指标研究讨论时通常没有将二者进行区分或界限，而是作为治理现代化整体来进行考量。⑤ 然而，治理现代化的范畴广，表征多，有"制度化、公平化、有序化"的三表征说，"民主化、法治化、文明化、科学化"的四表征说，"治理制度化、治理民主化、治理法治化、治理高效化、治理协调化"的五表征说，综合表征说等，因此在构建乡村治理现代化评价指标的时候，不同学者依据自身观点有不同的

---

① 魏治勋：《"善治"视野中的国家治理能力及其现代化》，《法学论》2014 年第 2 期。

② 高秉雄、胡云：《国家治理能力变量体系研究——基于国家能力变量研究的思考》，《社会主义研究》2017 年第 2 期。

③ 王孝成：《健全"三治结合"乡村治理体系》，《学习时报》2018 年 1 月 17 日第 3 版。

④ 张长江：《返乡农民推动乡村治理现代化研究》，《农业经济》2018 年第 4 期。

⑤ 杨光斌：《衡量国家治理能力的基本指标》，《前线》2019 年第 12 期。

构建方式。① 俞可平提出，衡量国家治理体系现代化的标准在于公共权力运行的制度化和规范化、民主化、法治、效率和协调五方面。② 沈费伟和卢福营认为要依据"三效"评价方法来评价乡村治理现代化的效果、效率和效应三个层面，其中，效果是指达到目标的程度，效率是指低成本和高收益的关系，效应是指社会影响与社会好评。③ 辛岭、刘衡和胡志全从乡村振兴对治理有效的要求出发，认为乡村治理现代化的评估指标体系应该包括财务公开的乡村占比、省级以上民主法治示范村占比、每千农村人口卫生人员和年集体经营性收入 10 万元以上的行政村占比。④ 钱佰慧、陈思霖和徐洋在评估乡村治理现代化的时候提出了 6 个指标，村庄选举登记选民投票率、实行财务公开村占比、农村社区综合服务设施覆盖率、村党组织书记兼任村委会主任的村占比、有建设规划行政村占全部行政村的比例、有村规民约的村占比。⑤ 朱建建、顾若琳和袁柳则着眼于数字治理对乡村治理能力的提升和对乡村治理体系的重塑，从乡村治理的目标、过程和结果全流程出发构建了乡村治理数字化的评价指标体系。该指标体系以推进乡村治理体系与治理能力现代化为原则，从政府对数字化建设的支持、数字化平台建设、数字化数据管理和数字化应用效果四个维度设计了共包含 4 个一级指标、18 个二级指标和 25 个测度点的指标体系。⑥ 文雷和王欣乐认为应该从四个方面展开对乡村治理的评估，包括经济增长、分配公平、村民参与公共治理水平和乡村秩序。⑦ 冯献等基于综合评价指标体系法，构建了包含基础能力支撑现代化、公共服务治理现代化、

---

① 巢小丽：《乡村治理现代化的建构逻辑："宁海 36 条"政策绩效分析》，《中国行政管理》2016 年第 8 期。

② 俞可平：《论国家治理现代化》，社会科学文献出版社 2014 年版，第 231—239 页。

③ 沈费伟、卢福营：《乡村振兴背景下村务监督有效性研究——基于浙江省武义县村务监督委员会的调查分析》，《中共浙江省委党校学报》2020 年第 5 期。

④ 辛岭、刘衡、胡志全：《我国农业农村现代化的区域差异及影响因素分析》，《经济纵横》2021 年第 12 期。

⑤ 钱佰慧、陈思霖、徐洋等：《农村现代化水平评价指标体系构建与测度分析》，《农业经济与管理》2021 年第 6 期。

⑥ 朱建建、顾若琳、袁柳：《"十四五"期间乡村治理数字化的框架与指标体系设计》，《统计与信息论坛》2021 年第 9 期。

⑦ 文雷、王欣乐：《国家治理现代化视域下乡村智慧治理体系构建与实现路径》，《陕西师范大学学报》（哲学社会科学版）2021 年第 2 期。

公共事务治理现代化、公共安全治理现代化以及公共环境治理现代化5个评估维度，36个具体指标的乡村治理现代化评价体系。①

由此可见，我国学者对治理现代化，尤其是乡村社区治理现代化的衡量指标研究还较为薄弱。虽然我国有较多学者尝试构建了治理能力现代化的指标体系，但也存在一些不足。一是有的指标体系忽略了现代化的内涵；二是有的指标体系主要围绕着国家治理或者社会治理现代化，缺乏对乡村治理的针对性；三是有的指标体系是将乡村治理现代化置于乡村现代化或者乡村振兴的框架之下，对治理的讨论不够深入。将对治理能力现代化的衡量指标研究整理如表0-1所示。

表0-1　　　　　　　　　　治理现代化的衡量指标整理

维度	作者（年份）	指标
三维	沈费伟、卢福营（2020）	效果（治理主体能否通过治理手段达到治理活动的预期目标）
		效率（一是治理主体在治理投入上的相对比重降低；二是治理对象在单位时间里获得的效益在相对比重中得到提升）
		效应（治理主体在具体的治理实践中，通过完成治理目标，而产生了良好的治理影响和社会评价）
三维	钱佰慧、陈思霖和徐洋（2021）	村民自治（村庄选举登记选民投票率、实行财务公开村占比、有村规民约的村占比）
		公共服务（农村社区综合服务设施覆盖率）
		党政引领（村党组织书记兼任村委会主任的村占比、有建设规划行政村占全部行政村的比例）
四维	文雷、王欣乐（2021）	经济增长（是否促进乡村产业发展，是否有利于农户收入水平的提高和生活状态的改善）
		分配公平（村民与村民之间、村民与集体经济组织之间的收益分配是否合理）
		村民参与公共治理水平（村民参与乡村治理的积极性及其对相关政策的满意度）
		乡村秩序（乡村治安情况、村内矛盾纠纷等内容，判断乡村社会是否稳定，人民生活是否安居乐业）

① 冯献、李瑾：《乡村治理现代化水平评价》，《华南农业大学学报》（社会科学版）2021年第3期。

续表

维度	作者（年份）	指标
四维	朱建建、顾若琳和袁柳（2021）	政府对数字化建设的支持（顶层设计、制度建设、基础设施、专项资金） 数字化平台建设（技术人员投入、技术研发水平、业务覆盖范围） 数字化数据管理（数据生产水平、数据管理制度、数据安全程度、数据应用能力） 数字化应用效果（乡村政务服务能力、"三务"公开度、数字化公众满意度、乡风文明建设水平、农村民营企业信息化水平、电子商务发展水平以及农业现代化水平）
五维	冯献、李瑾（2022）	基础能力支撑现代化（村民人均可支配收入、村集体经济经营收入、初中及以上劳动力占比、高中及以上村"两委"领导班子占比） 公共服务治理现代化（每百人拥有乡村医务人员数量、村公共文化体育设施完善情况、一老一小服务机构建设情况及服务可获得性、是否建有村级"一站式"综合服务站（平台/中心）、农村义务教育服务可获得性、劳动就业培训服务的可获得性、基本公共服务事项网上办理率、村民对当地基本公共服务的满意度） 公共事务治理现代化（村级组织体系建设水平、党员队伍能力建设水平、村级重大事项决策"四议两公开"执行率、村"三务"在线化公开率、村"三资"管理信息化覆盖率、重大事项听证协商的村民参与度、村级公共事务决策的村民参与度、村规民约制定与执行情况、乡风文明培育活动开展情况、村民对村庄公共事务治理的满意度） 公共安全治理现代化（公共安全人员配置完备情况、法律援助、司法救助服务的可获得性、矛盾纠纷调处化解成功率、疫病防控信息公开及时性、村庄法治宣传教育活动开展情况、公安视频监控设施安装运行情况、村民安全感主观评价） 公共环境治理现代化（饮用水安全覆盖率、户用卫生厕所普及率、生活垃圾集中处理率、生活污水集中治理情况、村内生态环境质量情况、村庄绿化覆盖率、村民对当地环境质量的满意度）

（六）乡村治理现代化的路径

一些学者从宏观设计和全局部署的角度出发研究乡村治理现代化的路径，姜晓萍认为乡村治理需要，以美好生活为目标，以党建引领为前提，以三治融合为核心，以群众参与为关键，以机制创新为保障。① 一些学者则从较为微观具体的视角研究农村社区治理能力现代化的实现路径，主要集中在：

1. 推进民主管理的科学发展和提升基层治理能力的构建。印子认为不断提高行政村的基层治理能力，初步的构想是，建构行政村的政策释义能力、组织动员能力、社区福利评估能力和利益协调能力，助推乡村治理体系和治理能力现代化。② 汪杰贵认为改进农民自组织公共参与是突破村庄治理现代化现实困境的可行路径之一。包括提升农民自组织公共参与意识、拓展参与边界、提高参与效率、规范参与行为等，从而改革改进村庄治理行为，提升村庄治理业绩。③ 丁峰、李勇华认为在提升乡村社区治理能力现代化中，要整合社会主义先进文化与优秀的传统乡村文化。要以文化礼堂为载体和平台的乡村文化建设，对规范乡村文化秩序、打造农民精神家园、提供农民参与的公共空间，具有重要的意义。④

2. 通过制度构建，促进乡村社区治理主体间的良性互动

张艳国、尤琳提出大力推动乡村基层治理能力现代化，必须大力改进乡镇政府治理机制、积极发挥乡村社区各类组织在乡村基层治理中的协同作用、在乡镇政府与乡村社区之间建构制度化的良性互动关系。建立现代社会组织制度，促使乡村社区社会组织、经济组织参与乡村社区管理与服务。包括确定乡镇政府与乡村社区各类组织之间的职责边界、乡镇政府对乡村社区各类组织自治权的行使进行必要干预和调节、乡村社区各类组织制约乡镇政府行政管理权扩张。⑤

3. 以乡村文化振兴为切入口探讨的实践路径，建构一套完整丰富的意义世界体系

韩玉祥认为意义世界的建构逻辑包括行政激活、社会交往、社会宣传、自主组织和意义植入五重机制。行政激活为意义世界的再生产提供持

---

① 姜晓萍：《乡村治理的新思维》，《治理研究》2018 年第 6 期。

② 印子：《乡村基本治理单元及其治理能力建构》，《华南农业大学学报》（社会科学版）2018 年第 3 期。

③ 汪杰贵：《村庄治理现代化现实困境和突破路径——基于农民自组织公共参与改进视角》，《云南行政学院学报》2018 年第 2 期。

④ 丁峰、李勇华：《论文化礼堂与乡村社区治理功能》，《长白学刊》2018 年第 4 期。

⑤ 张艳国、尤琳：《乡村基层治理能力现代化的构成要件及其实现路径》，《当代世界社会主义问题》2014 年第 2 期。

久动力；社会交往建构人与人之间的社会关系网络；社会宣传实现社会声誉的再生产；自主组织赋予文化实践更多的组织机会或组织权力，从而使组织者群体或志愿者群体获得向村庄社会展示社会权力的多重机会；意义植入通过传统资源的利用与转化、仪式化行动及榜样示范三种方式建构生命延续与无私奉献的意义价值体系。[①]"建构意义世界"路径下的乡村文化振兴可以提供低成本、高质量的精神文化产品，帮助加强道德伦理建设，培育乡村人才，提升村社组织的自治能力。

（七）乡村社区治理能力现代化的典型案例研究

理论来自实践，因此需要总结实践案例，借助基层治理实践中因地制宜的个性化、创造性实践来推动基层治理理论的发展。一是基于乡村集体经济对乡村治理效能的影响，衡霞认为，乡村集体经济的快速发展，通过组织同构把企业化的治理技术、资源等嵌入乡村治理中，能够补位治理主体、治理能力不足等方面，进而提升乡村治理的效率与效能。[②] 二是基于乡土逻辑与行政逻辑的张力，李琳、郭占锋以陕南 F 村精准扶贫实践为案例，分析国家输入资源的行政逻辑与基层接受资源的乡土逻辑之间的张力导致的治理困境，从社区治理主体单一化、治理结构僵硬化、治理过程无序化以及治理效果数字化四个方面剖析乡村社区扶贫治理能力薄弱问题，通过国家政策与社区基层治理的逻辑整合，进一步提出了乡村社区扶贫治理能力现代化的路径，即倡导参与式贫困治理、构建弹性治理结构、完善动态治理机制与强化社区治理技术。[③] 从治理主体能力现代化层面，基于多元精英合作治理逻辑，胡炎平等人以广东江门市的"乡村联谊会"实践为案例，分析了以基层党组织为元治理，以各类精英为利益阶层代表，以乡村联谊会为协同合作组织平台的治理逻辑，从而强调乡村社区在多元精英合作层面的治理能力现代化。[④] 三是基于乡村空间变迁的村庄精

---

① 韩玉祥：《建构意义世界：乡村文化振兴的重要路径》，《南京农业大学学报（社会科学版）》2022 年第 6 期。

② 衡霞：《乡村社区治理能力现代化的公共选择逻辑——基于 15 个省份 150 份政策文本的分析》，《探索》2021 年第 4 期。

③ 李琳、郭占锋：《精准扶贫中乡村社区治理能力提升研究》，《西北农林科技大学学报》2018 年第 3 期。

④ 胡炎平、姜庆志、谭海波：《治理现代化视野下的乡村多元精英合作治理——以江门市乡村联谊会为考察对象》，《中国行政管理》2017 年第 8 期。

英治理，丁波以皖南地区的 L 村与 G 村的空间变迁为案例背景，构建了"空间形态—权力结构—联结关系"的分析框架，认为空间改造下的乡村使治理主体权力更为规范，通过吸纳村庄精英参与乡村治理建立村民自治制度下的精英治村模式，实现乡村社区治理能力现代化。① 四是基于乡村治理中的"三治融合"治理体系，姜晓萍以桐乡实践为案例，分析了组织形式创新对群众参与的积极作用;② 何显明以浙江省的系列治理实践为案例，分别以奉化的村务村民公决制度、温岭恳谈制度、宁海的村级小微权力 36 条等为例分析了"三治融合"的典型成效。③

综上所述，国内外学界关于乡村治理现代化的研究缺乏整合性的综合归纳，将研究重点放在对各个因素的发掘和解释上，着重解释了影响治理现代化的因素类型却未能充分论述这些因素到底是如何影响乡村治理现代化的;由于对于乡村治理现代化内涵界定存在偏差，导致在因变量与自变量的影响因素之间的关系的讨论存在不匹配的情况，尤其是部分变量并未得到实证证据的验证，导致理论与实践有脱节的倾向，弱化了这些影响因素的有效性和真实性。因此，本书首先在清晰界定各个概念基础上，结合国家政策法规、相关理论、学术界和实践界的经验构建起基于"理念—结构—行动"的分析框架，以《加强和完善城乡社区治理的意见》、《关于加强基层治理体系和治理能力现代化的意见》和《乡村振兴促进条例》等为依据，系统、客观、全面地分析乡村治理现代化之"道""核"与"矢"，进而厘清各个要素之间的内在关系，以及不同要素对现代化的作用方式、路径及程度，从而更好地探究和解释不同因素是如何影响乡村治理现代化的过程，并有针对性地提出破解方案。

三　相关概念

乡村治理现代化既是国家治理现代化的重要组成部分，也是乡村治理体系和治理能力的现代化，包括乡村的建设、发展、服务、治理等全方位

---

① 丁波:《乡村振兴背景下乡村空间变迁及乡村治理变革》，《云南民族大学学报》（哲学社会科学版）2019 年第 6 期。

② 姜晓萍:《乡村治理的新思维》，《治理研究》2018 年第 6 期。

③ 何显明:《以自治、法治和德治的深度融合推进乡村治理体系创新》，《治理研究》2018 年第 6 期。

的现代化。因此，从本源上厘清其内涵具有重要意义。

（一）乡村治理

自人类部落时代起，村庄的管理就蕴含着乡村治理思想。那时"治理"一词尚未出现，乡村治理隐藏于人们的生活实践中。中国历代典籍中，先后出现过"所居治理""京师治理""治理有声""治理民事""治理之绩"等表述，通常是指国家处于一种按规则行事、井然有序的状态，后来演变为一种治国理政方式的统称。在西方，"治理"一词源于亚里士多德的《政治学》，具有"控制、指导和操纵"之意，指统治者或管理者通过配置公共权力，管理公共事务，以支配影响和调控社会。20 世纪 90 年代，"治理"概念被广泛应用于社会、政治、经济等领域，由此逐渐被世人所识，并被学界赋予新的内涵。治理实践具有协商性和协作性，从运用国家权力进行统治逐渐转向政府和非政府多个主体通过协商协作完成各种政策指令。随着"治理"被引入乡村研究，有关乡村治理的探讨兴起，该如何更好地开展村庄治理成为学界关注的课题。

乡村治理作为一个学术概念已经流行近 20 年，但正式进入官方话语的时间并不长。党的十八届三中全会提出"国家治理体系和治理能力现代化"，党的十九大将"治理有效"纳入乡村振兴的总目标，随后中央又密集地进行了若干重要部署，短短几年间，乡村治理就完成了从学术概念到政治话语再到政策议程的"三级跳"。看似波澜不惊的过程背后，实际经过了复杂的话语博弈。乡村治理的概念由徐勇、贺雪峰等学者将我国乡村的村民自治过程和西方社会治理理论相嫁接而来。学界对其内涵的分析主要从治理主体、治理客体、治理方式和治理目标四个方面展开讨论，即其内在逻辑体现在实现乡村现代化的目标、多组织共同参与、克服乡村现代化的主要矛盾、制度法律政策的变革与创新。党的十九大提出"实施乡村振兴战略"，并将"治理有效"作为乡村振兴的总要求之一，其中的"乡村""治理"等概念在中央涉农政策内容中的提出具有开创性，得到了社会各界对乡村治理的广泛关注，相关的研究也从此迅速增长。目前各级政府对乡村治理工作高度重视，对这个问题的研究也逐渐成为社会热点。

综合上述分析，可以从以下五个方面来阐述乡村治理的内涵：一是乡村治理要坚持可持续发展理念，以推动乡村、农业、农民协调为目的，切实维护和保障农民的合法权益。二是乡村治理主体多元化，包括基层党委、基层政府、村委会、社会团体以及村民等，同时还包括农业合作社、产业基金会、农业协会、红白理事会等社会团体以及村办企业、乡镇企业等经济主体。三是乡村治理方式多样化，通过开展合作、协商、谈判、互助等方式，有效化解公共事务中的各种问题和矛盾。四是乡村治理对象十分广泛，包括经济、政治、文化、教育、卫生、环境等多个领域。五是乡村治理主要目的是建立多元化的基层社会治理体系，推动公共权力有序运转，提高社会资源配置效率，推动乡村社会公共事业健康发展。

与此同时，还应看到，治理与管理存在一定的区别。第一，管理权力在纵向的向度上依然是一种自上而下的行动，是单向度的，往往强调政府对社会单方面的管控。但是治理包括地方权威与公民间以及各种利益相关者之间的联系的过程，也包括自上而下和自下而上的策略以促进社群参与、行动者间公开协商、透明决策及创新管理政策，体现了多元主体间多向度的协商与合作。第二，管理的一个重要内涵就是控制，更强调一方主体对对方客体的管理和控制，例如社会管理将政府视为管理主体，而将社会视为被管理的客体。无论是泰勒的科学管理、法约尔的一般管理原则和厄威克八条原则等思想构筑的古典管理理论，还是韦伯官僚制、巴纳德权威接受理论、福利特群体原则等思想构筑的组织管理理论，抑或是贝塔朗菲一般系统理论的控制论、卡斯特和罗森茨韦克分系统系统等思想构筑的系统管理理论，都蕴含着控制是管理重要手段的理念。治理的重要内涵则是协调，治理的手段更多的是依靠各主体之间的自愿平等合作，治理过程的基础不是控制，而是协调。第三，在权力运行的要求上，虽然管理比统治增添了法律面前人人平等的法治内涵，但是管理主要是讲求合法，即管理活动需要依法行事，将法律作为公共管理活动的最高准则。治理则不但要求合法还要求合法性，在法律上合法的事情并不必然具有合法性，只有那些被一定范围内的人们内心所体认的权威和秩序才具有合法性。政府政策作为行政管理的产物，合法是来自立法部门的授权和司法部门的审查，只要得到通过即使在受众中受到普遍的反对仍然能够付诸实施，但是治理的合法性在于只有被多数人接受才会生效的规则体系。① 第四，从有效性

---

① Matthew P, Rosenau J N, Ernst-Otto C, "Governance without Government: Order and Change in World Politics", *International Affairs* (*Royal Institute of International Affairs 1944 –*), 1992.

来看，管理的有效性在于效率，通过合理的管理机构设置、科学的管理程序、灵活的管理策略来实现以最小的成本获得最大的收益。但是治理的有效性在于效能，是实现预定目标的实际结果。例如在公共服务的数量质量、决策执行速度、公众满意度、对社会的影响结果、对受众的能力提高等方面发挥功能的程度及其产生的社会效应。第五，从群众参与来看，管理允许一定程度内和一定范围内的群众参与，但是在更广泛的公共领域中依然比较依赖政府对社会公共事务的管理。治理则是一种更广泛的群众参与，是对整体社会生活的深度参与，注重公民对社会公共事务的自我管理与自治，包含着国家与社会共治共建共享的内涵。因为治理实际是国家权力向社会的回归，治理过程就是一个还政于民的过程。从全社会的范围看，善治离不开政府但更离不开公民，有赖于公民自愿的合作和对权威的自觉认同。① 第六，从实施过程来看，管理体现出刚性的、静态的、被动的特点，但是治理则体现出柔性的、动态的、主动的和多元平等的状态。总的来说，从管理到治理的转变提升，并非简单的名词转换或技术升级，而是一种内涵式提升，是顺应社会发展变迁、完善基层社会治理体制和提升社会治理水平的重要途径。姜晓萍、焦艳指出从管理到治理，需要实现从"管控"到"服务"的治理理念转变，从"维护社会稳定"到"满足公众需求"的治理目标转变，从"单向一元"到"多维平行"的权力运行逻辑转变，从"维稳"到"自治"的治理功能转变，从"碎片化管理"到"整体性治理"的运行机制转变等五个维度的内涵提升。② 实现良善的治理包含着树立服务治理理念、构建多元主体协同共治格局、创新智慧化社区服务网络和构建网格化治理模式等多种路径。

（二）乡村治理现代化

现代化是 20 世纪以来世界各国共同关注的重要话题。以帕森斯的结构功能主义学派为代表的现代化理论研究者认为，现代化是一个向发达国家的社会、经济、文化系统演变的过程，社会变革最基本的前提是人们价值观的转变。这种基于发展中国家研究的学说受到学界的广泛质疑，他们

---

① 俞可平：《全球治理引论》，《马克思主义与现实》2002 年第 1 期。

② 姜晓萍、焦艳：《从"网格化管理"到"网格化治理"的内涵式提升》，《理论探讨》2015 年第 6 期。

认为对资源的控制是经济增长的关键，但发达国家对发展中国家的资源殖民并不会推动这些国家的现代化进程。随着工业化、城市化进程带来的价值异化问题，社会化大生产带来人的尊严扭曲，资本过多关注利益增长，尤其是社会的急剧转型，催生出大量的公共服务供给、社区管理问题，传统治理手段难以解决发展中的新问题，治理现代化提上议事日程。治理现代化不仅追求现代性的动态和螺旋上升并前进的过程，也是从追求工具理性到价值理性的过程。治理现代化作为一种基本方式，法治、民主原则是治理的价值诉求和构建现代化治理体系的正当性基础，开放包容的治理结构是实现治理现代化的决定性因素，只有明晰治理现代化的目标、前提、基础和约束性条件的情况下，才能有的放矢地找到最为可靠和有效的治理现代化路径。

新中国成立以来，我国不断地探索国家治理现代化的路径与方法。从1978年党的十一届三中全会公报首次提出为"把我国建成现代化的伟大社会主义强国而奋勇前进"，到2013年党的十八届三中全会做出了《中共中央关于全面深化体制改革若干重大问题的决定》，再一次明确地宣布"全面深化改革的总目标是完善和发展中国特色社会主义制度，推进国家治理体系和治理能力现代化"。这是第一次把国家治理体系和治理能力与现代化联系起来。显然，我国的国家治理是以现代化为落脚点，这也被视为继续农业、工业、国防、科技现代化之后的"第五个现代化"。其中，治理体系是指国家治理组织系统结构的现代化，治理能力是指国家治理者素质和方法方式的现代化，这在学界引起了两者关系的大讨论。一部分学者从治理体系入手，将治理体系的制度安排视为解决国家、社会问题的最佳方式；另一部分学者则从提升治理能力的视角出发做出理论贡献。然而，偏向治理体系的论述逐渐趋于下风，而治理能力的讨论则正在逐渐兴起。一方面因为国家治理体系的制度安排逐渐趋向合理，对治理体系的研究趋近共识；另一方面人们逐渐认识到国家治理能力缺憾及其重要性，就如同王绍光所言："十八大提出'国家治理体系和治理能力''治理能力'四字非常关键，没有相应的治理能力，'治理体系'就只会是一个空架子。"①

---

① 王绍光：《国家治理与基础性国家能力》，《华中科技大学学报》（社会科学版）2014年第3期。

党的十九大报告提出从社会主义现代化的两步战略，"一是从 2020 年到 2035 年，在全面建成小康社会基础上，我国人民平等参与、平等发展权利得到充分保障，法治国家、法治政府、法治社会基本建成，各方面制度更加完善，国家治理体系和治理能力现代化基本实现；从 2035 年到本世纪中叶，实现国家治理体系和治理能力现代化，把我国建成富强民主文明和谐美丽的社会主义现代化强国。"① 国家治理现代化战略提出来以后，迅速转化为国家意志，混合经济激励、政治引导、行政强制、法律约束、舆论推动等形成强大的社会动员机制，推动理论与实践两个层面围绕治理现代化的目标行动。

综上所述，乡村治理现代化是指乡村治理主体通过多种制度安排重构乡村治理体系，运用现代化思维、方法和手段提升乡村复杂社会治理问题的能力，进而提升乡村治理现代化水平；乡村治理体系现代化是指从基层政府着手，着力改变行政主导的单中心治理路径，努力重构党委政府和其他社会主体结构性功能，促进乡村治理组织和系统结构的现代化，进而形成有效的制度安排及时解决乡村治理问题；治理能力是指治理主体具备了运用现代化治理思维、方法和手段治理现代社会的能力，不仅能够有效地解决现代社会发展进程中的复杂社会问题，还能引领国家现代化目标的实现，并促进现代社会的可持续发展。

四 研究方法与研究思路

(一) 研究方法

在中国特色社会主义进入新时代后，乡村社会主要矛盾已经转化农民对美好生活的需要与供给的不平衡不充分之间的矛盾，尤其是治理体系和治理能力的不充分供给。一方面乡村社区居民希望有能力、有威望的干部倾听他们的声音和诉求并合理供给，另一方面政府却在供给体系方面做了诸多尝试，包括在乡村传统的村党委、村民自治和集体经济组织等政社经的治理体系基础上，提出"三治融合""三共"格局构建等，给基层干部带来观念上的混乱，因此分析乡村治理现代化的逻辑起点与公共选择逻辑

① 习近平：《决胜全面建成小康社会 夺取新时代中国特色社会主义伟大胜利——在中国共产党第十九次全国代表大会上的报告》，人民出版社 2017 年版，第 28 页。

是首要任务，进而通过现代化程度的测评发现其可能存在的困境，然后有针对性地提出解决方案，为推动国家治理现代化贡献智慧。因此，整个研究中采用了文献分析法、参与式观察、问卷调查法、层次分析法、模糊综合评价法等多种方法，为课题研究提供了丰富的一手资料和理论依据。

1. 文献分析法

文献分析是整个课题研究的基础。笔者通过各级政府网站和学校图书资源，分析整理相关新闻、典型事件的报道内容和各类学术成果，了解乡村治理现代化方面的实践现状与研究现状。尤其是运用扎根理论对全国三十多个省份进行抽样，对其党的十八大以来颁布的相关政策文件和笔者驻点观察与访谈收集到的资料进行编码，客观分析政府政策工具的使用倾向与公共选择逻辑，以及村民对治理现代化的真实需求，从而为后面的评估指标选择、困境的形成机理分析与破解奠定基础。

2. 参与式观察

通过四川省民政厅和组织相关领导的推荐，并结合笔者承接的横向课题，选择了最早一批进行全国乡村治理体系示范试点建设的崇州市（县级市）的两个村，最早进行四川省乡村治理现代化试点的成都市丹景山镇、德阳市孝泉镇，2020 年度中国全面小康乡村振兴十大示范村的彭州市宝山村等，包括固定 8 名本硕同学，每周两名同学定点驻守在一个村庄，每周一轮换；另有一名同学到彭州市委社治委实习三个月以了解县级相关部门的治理政策取向。

3. 问卷调查法

问卷调查在课题研究中主要用于乡村治理现代化、治理能力现代化及其影响因素的研究中。笔者近年来通过学术会议、实地调研等形式委托全国各地的高校教师、学生志愿者等亲自发放问卷的形式，历时 9 个月，共计发放 5000 余份问卷，最后回收的有效问卷共计 29 省 4000 余份，并以此为基础对乡村治理现代化现状及其影响因素进行分析。

4. "AHP—模糊综合评价法"

层次分析法（AHP）是定量与定性相结合的一种方法，通过不同指标的比较来找出有重要影响的因素并分析不同影响因素之间的内在关系，在此前提基础上构建出一个致力于挖掘本质决策影响因素的结构，通过分类和评估，将这些信息通过一定的影响比例确定各自对复杂问题的贡献比例，从而为最初缺乏结构性的复杂指标或问题分解步骤，最终得到解决的决策方法。① 笔者通过横向层次多指标的相互比较，确定重要性排序，以保证评估指标的可靠与准确；然后再计算每一层级的各因素对上一层级因素的优先权重，最后再运用加权求总的方法按层级合并不同层级之间的权重。模糊综合评价是基于 AHP 计算出的权重值，对预定指标进行多级模糊评价，计算出每个层级、每个指标的评估值，进而为影响因素和对策建议提供数据支撑。

（二）研究思路

在前人研究和已有成果的基础上，首先对乡村治理现代化的相关概念进行梳理和界定，其次对省级政策文本和访谈资料进行公共选择逻辑的分析；然后再运用"AHP—模糊综合评价法"等对经过专家咨询和隶属度筛选的指标进行赋权和实证评估，以了解乡村治理现代化和治理能力现代化的真实情况，再次用典型案例分析和治理现代化与治理能力现代化之值来分析乡村治理体系现代化的现状；最后根据前面的研究结论提出对策建议。本书围绕乡村治理现代化开展研究，形成了"乡村治理现代化的公共选择—治理能力现代化现状—治理体系现代化现状—对策建议"的研究思路。

五 本书的创新与特色

（一）研究创新

一是研究内容创新。本书立足于国家治理能力与治理体系现代化的时代背景，聚焦于乡村场域，开展了乡村治理现代化的研究。但是在以往研究中，乡村治理现代化往往作为一个笼统的整体成为研究对象，但是本书不仅研究了乡村治理现代化整体的标准体系，还分别考察了乡村治理能力现代化和乡村治理体系现代化。在此基础上，本书分别开发出了乡村治理能力现代化的指标评价体系和乡村治理现代化的指标评价体系，有助于开展对乡村治理现代化的多维分析，可以为在实践中掌握乡村治理现代化内在规律、改善乡村治理效能提供参考依据。

二是研究方法创新。已有关于乡村治理现代化的研究，从方法上来看，一部分运用案例分析方法，从具体的乡村治理实例出发进行归纳总

---

① 杜栋、庞庆华：《现代综合评价方法与案例精选》，清华大学出版社 2005 年版，第 59 页。

结，为整体的乡村治理提供经验借鉴；另一部分通过演绎推理的方法，围绕政策要求开展理论性研究；还有一部分运用，极少有研究运用混合研究方法。本书则将定量分析与定性分析有机结合，通过理论分析构建了乡村治理现代化的理论基础和分析框架，通过案例分析深入分析乡村治理现代化的实践样态和内在机理。通过专家打分法、层次分析法和模糊综合评价方法构建了乡村治理现代化的指标评估体系并结合具体案例进行打分，三种不同的研究方法相辅相成，形成互证，提高了本书研究过程的科学性和严谨性，有力地支撑了本书的研究结论。

三是研究范式创新。已有研究可以分为规范性研究、描述性研究和解释性研究。本书则创新性地融合了三种研究范式，在治理能力和治理体系现代化的章节是描述性研究的范式，通过案例分析呈现出当前我国乡村治理现代化"是什么样"的问题，为构建指标体系奠定基础。在基于实践现状的评估分析章节是解释性研究的范式，根据指标体系计算实证分析结果，并进行相应的解释，回答了当前我国乡村治理现代化"为什么是这样"的问题。在实现路径的章节则是规范性研究的范式，根据前文的描述与解释，从应然状态出发回答了未来我国乡村治理现代化"应该怎么样"的问题。

四是分析框架创新。本书遵循着理论融合、重点突出、循序渐进的分析路径，借助结构功能理论来构建分析框架。结构功能主义为研究任何社会系统的内在结构性与功能性提供了分析框架和概念要素，也可以用来作为分析影响社会系统结构与功能发挥的因素来源。但是，结构功能主义太过关注宏观的结构功能性社会系统，而对微观行动的作用分析不足。本书借鉴了国内学者改良后建构的"结构—过程"范式，并在此基础上构建"理念—结构—行为"的分析框架，对乡村治理现代化的实践进路与改进对策进行研究。

五是资料来源拓展。已有的乡村治理现代化研究，案例选取与数据来源往往是在一个地区或少数几个地区。但是本书的资料来源包括了课题组在重庆、四川、浙江、福建、辽宁、甘肃等省份41个市州进行蹲点观察获得的结构化访谈记录、问卷调查，筛选出的230篇相关主题中英文学术文献、12份中央政府政策文件和34份涉及乡村治理能力内容的各级政府工作报告。作为补充，本书还在总共三批次的全国乡村治理典型案例中选择并补充调研了17个省的20个村庄。因此，本书的研究过程和研究结论都建立在扎实的数据与案例基础之上。

（二）研究特色

一是厘清相关概念。长期以来，乡村治理能力的概念都没有达成共识，甚至出现政策术语与学术话语的背离。例如中共中央、国务院印发的《关于加强和完善城乡社区治理的意见》等文件指明了治理能力包括居民参与、服务供给、文化引领、矛盾纠纷化解、依法办事、信息化应用等六种类型，但这种划分并未获得学界的广泛认可。因此，本书为了弥合政策文件与学术研究之间的概念差异，综合了实地调研资料、学术文献和政策文件三种类型的文本，以 Nvivo 作为分析工具进行文本编码，提取出了乡村治理能力的测量维度，明晰了这一概念的内涵与特征，也对扩展和丰富乡村治理体系和治理能力现代化建设的话语体系具有一定的价值。

二是综合研究视角。本书既根据传统的问题导向来开展研究，也从乡村治理本身的运作机理出发，有助于从本质上更全面地寻找集成化、标准化、制度化的实践路径，多层次、全方位地考察乡村治理现代化。首先是乡村治理现代化之"基"，围绕着我国"两个一百年"的建设目标，从历史发展脉络与现实时代背景上论述和阐释乡村治理现代化的内在逻辑。其次是乡村治理现代化之"核"，分别聚焦于乡村治理能力和治理体系，从文本分析和案例分析两条路线入手，分析了我国乡村治理现代化的理论特质和实践情况。再次是乡村治理现代化之"道"，透过现象看本质，解读了乡村治理现代化的成效与不足。最后是乡村治理现代化之"矢"，围绕着乡村治理的价值意蕴，提出了乡村治理现代化的实现路径，探索乡村治理体制机制的设计和优化，从源头上解决不稳定因素，破解乡村治理困境。

第 一 章

乡村治理现代化之"基"：
内在逻辑与分析框架

在新中国成立特别是改革开放以来长期探索和实践基础上，经过党的十八大以来在理论和实践上的创新突破，我们党成功推进和拓展了中国式现代化。正如党的二十大报告指出的那样，中国式现代化是人口规模巨大、全体人民共同富裕、物质和精神文明相协调等多方面的现代化。我国乡村截至目前仍然有5亿多人口，不仅城乡差距较大，而且乡村内部的基尼系数和最高与最低收入者的差距有持续扩大的趋势，在一定程度上影响到乡村治理现代化的进程。2013年党的十八届三中全会提出推进国家治理体系和治理能力现代化，其中，国家治理体系是国家制度的集中体现，包括国家治理体制机制、法律法规安排等制度体系；国家治理能力是国家制度执行力的集中体现，尤其是运用各种规章制度管理社会事务的能力，两者是相辅相成的有机整体。2017年在《关于加强和完善城乡社区治理意见》中指出要全面提升城乡社区治理水平，促进城乡社区治理体系和治理能力现代化。该意见以城乡统筹为原则，首次将城乡列入一个框架体系内展开论述，标志着城乡社区的建设发展进入了一个新的发展阶段。2018年《中共中央国务院关于实施乡村振兴战略的意见》明确提出："乡村振兴，治理有效是基础。必须把夯实基层基础作为固本之策，建立健全党委领导、政府负责、社会协同、公众参与、法治保障的现代乡村社会治理体制，坚持自治、法治、德治相结合，确保乡村社会充满活力、和谐有序。"这些重要论述指明了乡村社区发展治理的价值取向与实现路径，表明党和国家对乡村社区现代化建设的高度重视。

乡村治理现代化在多年的实践中，在村庄内外出现了治理体系的横向
与纵向一体化趋势，并与传统的治理体系和自治德治法治"三治"融合
的治理体系一起形塑着乡村社会；在"头雁工程""堡垒工程""连心工
程"等重要规划指引下，党建引领乡村社会治理格局焕发蓬勃生机，基
层干部治理能力全面提升，乡村的矛盾纠纷和信访案件大量减少；"百村
千乡"的乡村治理试点示范活动，培育和树立一批乡村治理的先进典型，
发挥其引领示范和辐射带动作用，极大提升了广大农民的获得感、幸福
感、安全感。然而，我国乡村社区治理仍然存在农民治理主体能力不足、
经济发展落后、村民自治制度不完善、传统乡村法律文化意识淡漠、治理
技术手段落后等问题，[1] 对此党和国家提出以现代化建设为目标振兴乡
村，发展乡村农业，以有效回应乡村社区治理问题。作为国家治理的微观
基础，实现乡村治理现代化已成为现代国家发展的重要组成部分，在此背
景下，构建新型乡村治理模式、推进乡村治理的现代化已成为刻不容缓的
现实需求。

第一节　理论逻辑

一　治理理论

王绍光在以为治理理论正本清源为目的研究中，首先进行了一次谱系
分析，并梳理出治理理论产生前的三个源流。第一个是美国外交官克利夫
兰，他在公共管理领域最早谈论并使用治理理念。在 1972 年出版的《未
来的执行官》中他畅想了一种新的管理方式，包含着扁平化组织，和议
性、共识性、协商性管理方式和权力分散等内涵。此后，他在 1980 年的
文章中直接提出了"治理"。第二个是经济学家威廉姆森。他在 20 世纪
70 年代初对市场与层级制的研究为后来的治理研究奠定了理论基础。第
三是以世界银行为代表的国际组织。1989 年，世界银行在概括当时的非
洲的情形时，首次使用了治理危机来概括后殖民地和发展中国家的政治状
况。世界银行 1992 年年度报告的标题是《治理与发展》，其重点推介善

---

[1]　李玲玲、李长健：《乡村社区治理能力现代化进路之思考——基于社区发展权理论的视
角》，《华中农业大学学报》（社会科学版）2016 年第 2 期。

治（good governance）这一概念，并将公共部门管理、问责、法治、信息透明作为实现善治的主要路径。1992 年，国际知名人士发起成立了全球治理委员会，治理理论研究应运而生。①

1. 治理理论溯源

在西方公共管理学界中，罗茨是治理研究的一个领军人物，他认为治理意味着统治的含义有了变化，意味着一种新的统治过程，意味着统治的条件已经不同以前，或是以新的方法来统治社会。② 罗茨对于治理的理解是来源于对"政策网络"理论的拓展，在他以政策网络为主要研究对象的论文中就可以看出他的研究内容已经不局限于政策网络本身，而是看到了网络、互动合作是治理的一种要素，行动者构成的网络在特定领域具有一定的治理权威并能与政府在具体事务上展开合作、承担责任，并由此将研究逐渐聚焦于治理。③ 政策网络本身就是研究那些寻求影响政策制定的行为人的信仰、关系和相互的交流。政策网络理论和治理理论的关系体现在三个方面，第一是政策网络中权力关系一般是"非垂直式"的，而且政府和非政府背景的组织之间相互关联和依赖；第二是由于组织和政府之间的关系因政策领域不同而发生变化，因此政策过程需要被分解才能被理解；第三是在政策网络中虽然政府仍最终对治理负责，但非政府背景的组织发挥的作用越来越重要。罗茨在后来专门对治理进行研究中也经常把治理与政策网络联系在一起，将网络作为治理的一个重要内涵，例如他在《理解治理》一书中将政策网络、治理、反思与问责等概念放在一起进行研究。④ 在对治理体系中政府角色的思考上，罗茨也分别吸收发展了 Boyer 所提出的从"政府管理到治理"（From Government to Governance）的观点和 Rosenau 等大胆提出的"无须政府的治理"（Governing without Government），提出新治理就是无须政府的治理。⑤ 前者关注政府与非政府合

---

① 王绍光：《治理研究：正本清源》，《开放时代》2018 年第 2 期。

② 俞可平：《治理和善治：一种新的政治分析框架》，《南京社会科学》2001 年第 9 期。

③ Rhodes R，Understanding governance：policy networks，governance，reflexivity and accountability，*Social Studies*，Vol. 39，No. 4，pp. 182 – 184.

④ Rhodes R，Policy Networks：A British Perspective，*Journal of Theoretical Politics*，Vol. 2，No. 3，1990，pp. 293 – 317.

⑤ Rhodes R，The New Governance，*Political Studies*，Vol. 44，No. 4，1996，pp. 652 – 676.

作伙伴的互动与层层关系，而后者则在政府行为之外更加强调那些非政府的合作伙伴在管理国家事务过程中、在公共政策的制定和执行中、在权力的公众认可中等多方面的更大作用。在自己关于新治理的这篇文章中，罗茨从不同角度对这个概念进行了定义，作为国家的管理活动的治理是要国家削减开支以最小的成本取得最大的收益；作为新公共管理的治理是将市场的激励机制和私人部门的管理手段，引入政府的公共服务；作为善治的治理是强调效率、法治、责任的公共服务体系；作为社会控制体系的治理是政府与民间公共部门与私人部门之间的合作与互动；作为自组织网络的治理是建立在信任与互利基础上的社会协调网络。罗茨的这些观点也影响了早期中国治理研究的学者，例如俞可平认为当时的中国学者普遍认为治理就是无须政府的治理（2002）。①

在中国公共管理学界，俞可平较早将治理与善治的理念引入国内，并梳理出关于治理内涵的五个主要观点。第一是治理主体包含政府与但政府之外的社会公共机构和行为者。政府并不是国家唯一的权力中心。各种公共的和私人的机构只要其行使的权力得到了公众的认可，就都可能成为在各个不同层面上的权力中心。第二是在为社会和经济问题寻求解决方案的过程中，国家正在把原先由它独自承担的责任转移给公民社会，即各种私人部门和公民自愿性团体，体现出国家与社会之间、公共部门与私人部门之间边界与责任的模糊性。第三是治理明确肯定了在涉及集体行动的各个社会公共机构之间存在着权力依赖，要达到治理目的各个组织必须交换资源、谈判共同的目标。第四是治理主体间会形成一个自主的网络，这一自主的网络与政府在特定的领域中进行合作并分担政府的行政管理责任。第五是达成善治的方式并不限于政府的发号施令或运用权威，还存在着其他的管理方法和技术，政府有责任使用这些新的方法和技术来更好地对公共事务进行控制和引导（俞可平，2001）。②

治理理论作为一种新的统治社会方式的理论指导，形塑着新的行动方式和生活世界。理解治理的前提是区分出治理与统治的概念差异，也正是

---

① 俞可平：《全球治理引论》，《马克思主义与现实》2002年第1期。

② Rhodes R，Policy Networks：A British Perspective，*Journal of Theoretical Politics*，Vol. 2，No. 3，1990，pp. 293 – 317.

在挣脱统治概念的束缚之后，治理对人类生活世界的行动选择和行动能力才具有实践指导意义。治理从统治中走来，但又不同于统治。统治与治理最典型的区别在于治理的权威来自于政府而又不限于政府，治理的主体可以是公共机构也可以是私人组织，更可以是公私合作；此外，治理在权力运行方式上也不同于统治，治理的权力运行向度是水平的，而不是官僚统治中的自上而下的垂直系统，其权力向度是多元的相互的。无论是权威垄断的打破还是权力运行方式和向度的更替都从本质上说明了治理与统治的差异，这种差异还来自于对国家与社会关系的思考。从最直接的原因来看，治理起源于政府统治与市场模式的失灵。在传统方式都失效的前提下，寻求一种新的理论范式成为必需，那么治理便承担起弥合政府失灵与市场失灵的困境的功能。从逻辑上可以看出，任何单方面的统治行动都无法取得最佳成效，那么治理试图统合这种单向度的差异，并建立起政府与市场的联系。但是，这种联系并不是简单的政府＋市场的堆砌，而是系统性的融合，其中最为重要的就是国家与社会的协调。虽然治理可以协调两者之间的关系，但是治理却并非是万能的，也正是因为治理的协调性带来了治理责任、功能边界、权力分配等方面的问题，从而演化出新的治理失灵困局。

2. 乡村治理的基本内涵

关于乡村治理比较清晰的国家层面的战略目标主要包括三份重要的政策文件。一是 2017 年 6 月 12 日印发的《关于加强和完善城乡社区治理的意见》，这是新中国历史上第一个以党中央、国务院名义出台的关于城乡社区治理的纲领性文件，提出了"两步走"战略，要求 2025 年到 2035 年时，城乡社区治理体制更加成熟定型，城乡社区治理能力更为精准全面，为夯实党的执政根基、巩固基层政权提供有力支撑。二是 2021 年 4 月 28 日，中共中央、国务院印发了第二份关于基层治理的纲领性文件，即《关于加强基层治理体系和治理能力现代化建设的意见》，对基层治理提出的要求包括：2025 年时要建立起党组织统一领导、政府依法履责、各类组织积极协同、群众广泛参与，自治、法治、德治相结合的基层治理体系，健全常态化管理和应急管理动态衔接的基层治理机制，构建网格化管理、精细化服务、信息化支撑、开放共享的基层管理服务平台；党建引领基层治理机制全面完善，基层政权坚强有力，基层群众自治充满活力，基层公共服务精准高效，党的执政基础更加坚实，基层治理体系和治理能力现代化水平明显提高，2035 年时要基本实现基层治理体系和治理能力现代化，中国特色基层治理制度优势充分展现。三是党的二十大报告提出要在基层坚持和发展新时代"枫桥经验"，完善正确处理新形势下人民内部矛盾机制，改进人民信访工作，畅通和规范群众诉求表达、利益协调、权益保障通道，完善网格化管理、精细化服务、信息化支撑的基层治理平台，健全城乡社区治理体系，及时把矛盾纠纷化解在基层、化解在萌芽状态。强化社会治安整体防控，推进扫黑除恶常态化，依法严惩群众反映强烈的各类违法犯罪活动。发展壮大群防群治力量，营造见义勇为社会氛围。此外，乡村振兴又把"治理有效"作为其政策内涵之一，由此可见，乡村治理是实现乡村高质量发展和全面振兴的关键，也是实现中国式现代化的基本前提。

二　现代化理论

现代化是一个使用相当混乱的词汇，而且经常被滥用。有人这样评价现代化理论：在 10 个使用现代化词语的人中，其含义可能有 11 种。还有人认为现代化和现代性这样的词已经贬值到想往里面塞什么就可以塞什么的地步了。① 因此有必要对现代化理论进行一个演变历程的梳理。

1. 现代化理论溯源

"现代化"指代由欧洲近代文艺复兴以来所经历的社会革命性进程的阶段，特别是由传统农业社会向现代工业社会转变的进程。具体表现可梳理为：社会经济领域的产业市场化、政治领域的民主法制化、教育文化上的普及多元化、社会结构上的阶层流动化、宗教信仰上的世俗化等变化发展。就时间尺度而言，"现代化"泛指中世纪的新时代精神与特征。② 现代性的起源应该追溯到启蒙运动时期。

第一是启蒙理性开启了现代性。现代性的起源存在于启蒙运动中，现

---

① 王浩斌、王飞南：《现代化理论与理论的现代化——对现代化理论历史演进的理性思考》，《吉首大学学报》（社会科学版）2004 年第 3 期。

② 罗荣渠：《现代化新论——世界和中国的现代化进程》，商务印书馆 2004 年版，第 5—6 页。

代性是以启蒙理性为指导的。哈贝马斯认为现代性就是一种启蒙理性,即怎样运用自己的思想去思考一切并运用理性对一切做出审查。① 从广义上来看,现代化指代人类认知和人类文明的整体进步。人类在文明演进历程中,一直在追逐对世界的认知进步,并通过认识和改造自然,推动人类社会的发展。启蒙运动就是一场思想上的现代化运动,也是西方世界现代化的先声。② 启蒙者在建立所谓自由、民主、科学、公正等文明价值格局及注重理性的精神中就几乎包含了西方早期现代化的全部因素。因此,启蒙在某种意义上就是一种与现代化同构的现代性。③ 启蒙运动带来的最重要的现代性因素之一就是现代理性。康德认为理性乃是人类的知识与道德的根本依据,它分别为科学认识与道德行为提供着先天的法则。④ 启蒙运动反对教会权威和宗教正统,推崇人性尊严和科学精神,以理性为旗帜,蕴含着"人的理性高于神的启示"的现代性因素。⑤ 启蒙思想家相信启蒙理性能够使人类获得关于自然、社会和自身的真理性认识。西方社会按照启蒙理性原则进行了一系列的具有现代化意义的实践。

第二是启蒙运动从不同层面推动了现代化的发展。一是价值理念现代化,启蒙理性重估关涉现代个体的价值理念,启蒙运动中个人主义的精神实质是"以人为本",个人是本原的,社会是由个人所组成并服务个人的。个人是目的,社会是实现个人目的的手段。启蒙理性突出人的个性、主体性和自我意识,形成了一种平等的、自由的、个体主义的社会氛围。二是社会制度现代化,在价值理念现代化的基础上,启蒙理性依据理性个体与生俱来的权利提出来天赋人权的观念,进而以抽象的个人主义和"主权在民"的社会契约论为理论基础论证了现代国家的建构原则。三是经济伦理现代化,在社会制度现代化的基础上,幸福不再是虚无的禁欲与虔诚,转而朝向一种现实导向的自我肯定。赚钱不可耻,产生了资本的赢

---

① 王治河:《作为一种生活方式的后现代主义》,《北京大学学报》(哲学社会科学版) 2006 年第 3 期。

② 刘小枫:《卢梭的敌友划分——纪念卢梭诞辰三百周年》,《兰州大学学报》(社会科学版) 2012 年第 3 期。

③ 骆徽:《对启蒙的现代性与后现代性的反思》,《南京师大学报》(社会科学版) 2006 年第 1 期。

④ 陈嘉明:《现代性与后现代性十五讲》,北京大学出版社 2006 年版。

⑤ 刘同舫:《启蒙理性及现代性:马克思的批判性重构》,《中国社会科学》2015 年第 2 期。

利欲和人们旺盛的工作欲，一种资本主义的经济伦理开始形成。

第三是启蒙理性孕育了现代性的内在矛盾。启蒙理性虽然开启了人类社会的现代化进程，但也在发展后期对现代化也产生了消极的影响。相较于培根、笛卡尔、伏尔泰等启蒙思想家认为现代优于古代、现代人优越于古代人的乐观观点，斯威夫特、德莱顿、卢梭等启蒙思想家则表达了深切的质疑，他们认为启蒙运动带来的科学与艺术不但没能敦风化俗使人类更加完善，反而把人类变得更加伪善与羸弱（刘同舫，2015）。① 此外，启蒙运动也催生了精英理性的僭越、工具理性的主宰和反理性的秩序等自反性的潜在危机。福柯曾经指出，连接起我们与启蒙的共同的态度，是这种对时代进行永恒批判的哲学气质，而不是忠实于某种信条（陈嘉明，2006）。② 所以启蒙理性一旦丧失了自我批判的能力，其本身就成为一种不可置疑的启蒙神话，这就与理性的内涵背道而驰了。③ 启蒙理性的内在矛盾所带来的社会危机是以"现代性问题"的形式凸显出来的。正所谓反思和批判启蒙理性是启蒙本身不可或缺的重要部分，是现代人制衡启蒙神话及现代性危机的重要力量（刘同舫，2015）。④

2. 现代性的发展阶段

作为一个术语，"现代性"一词来自于西方社会，吉登斯在其《现代性访谈录》中认为，现代性是现代社会或工业文明的缩略词（吉登斯，2001）。⑤ 在 20 世纪资本主义发展过程中，现代性成为具有世界影响的制度和行为模式。"现代性"这一词汇内涵和领域的不断拓展，逐渐形成以"现代化"基本认知来表示现代性的状态，并上升到阶级社会、统治阶级、治理工具形态，反映国家的现代性代表。1951 年 6 月，由《文化变迁》杂志编辑部举办的芝加哥学术会议被视为"现代化"一词使用的缘起。在会议上学者们将"现代化"一词用于表述农业社会向工业社会的转变，以此，"现代化"词汇逐渐形成。

---

① 刘同舫：《启蒙理性及现代性：马克思的批判性重构》，《中国社会科学》2015 年第 2 期。
② 陈嘉明：《现代性与后现代性十五讲》，北京大学出版社 2006 年版。
③ ［德］马克斯·霍克海默、西奥多·阿道尔诺：《启蒙辩证法：哲学断片》，上海人民出版社 2003 年版。
④ 刘同舫：《启蒙理性及现代性：马克思的批判性重构》，《中国社会科学》2015 年第 2 期。
⑤ ［英］吉登斯：《现代性的后果》，译林出版社 2000 年版。

作为一种实践,现代化指的是不发达国家进入发达阶段的一个多向度进程。在此观点中,人类社会在现阶段发生的史无前例的变化不仅限于经济领域,同时也在知识增长、政治发展、社会动员、心理适应等领域发生着变化。马克思在《资本论》第一卷里对现代化的理解是:"工业较发达的国家向工业较不发达的国家所显示的,只是后者未来的景象。"罗荣渠在其著作《中国现代化历程的探索》中的表述:"广义而言,现代化作为一个世界性的历史进程,是指人类社会从工业革命以来所经历的一场急剧变革,这一变革以工业化为推动力,导致传统农业社会向现代工业社会的全球化大转变,它使工业革命渗透到经济、政治、文化、思想各个领域,引起深刻的相应变化;狭义而言,现代化又不是一个自然的社会演变过程,它是落后国家采取高效率的途径,其中包括可利用的传统因素,通过有计划的经济技术改造和学习世界先进,带动广泛的社会变革,以迅速赶上先进工业国和适应现代世界各国走向现代化环境的发展过程。"①

1. 现代化理论奠基时期

20 世纪 50 年代以前,马克思、韦伯和涂尔干是现代化理论研究的先驱②,他们都是古典现代性理论的基本范式,由于时代发展的限制,从资本主义角度对现代性进行解释和展望,也被称为"工业主义"范式。③ 其中,韦伯对现代化理论研究最多,他对古代社会到现代社会的关注贯穿在他的学说之中。④ 他认为现代性既是一种"文化现象",也是一种"制度现象",由于所处时代的原因,他主要通过资本主义的兴起过程来解释现代化过程。⑤ 韦伯并不是偏重精神文化因素或者经济制度因素,他认为历史发展中不存在单一的独立变量,没有一个因素可以被挑选出来作现代生活的主要原因、动机力量或基础。⑥ 他在承认观念的相对独立性时,并没

---

① 罗荣渠:《现代化新论——世界和中国的现代化进程》,商务印书馆 2004 年版,第 5—6 页。

② 库马:《社会的剧变》,蔡伸章等译,台北:志文出版社 1984 年版。

③ [英]吉登斯:《资本主义与现代社会理论》郭忠华译,译文出版社 2007 年版。

④ [德]施路赫特:《理性化与官僚化》,顾忠华译,广西师范大学出版社 2004 年版。

⑤ 郑飞:《世界诸宗教之经济伦理——论韦伯的文化论研究》,《伦理学研究》2011 年第 2 期。

⑥ 麦克雷:《马克斯·韦伯》,孙乃修译,中国社会科学出版社 1989 年版。[匈]赫勒:《现代性理论》,李瑞华译,商务印书馆 2005 年版。

有否认或轻视政治经济利益对观念发展的影响。① 韦伯等学者在解决西方资本主义社会合法性问题的同时让资本主义成为现代化社会的一个范本。② 但是，和之后对韦伯现代化理论进行诠释的研究者不同，韦伯向来不是西方中心论者，反而是东西方民族不同文化背景、不同宗教背后的精神因素和人们对生活态度来分析东西方民族走上不同社会发展道路的原因，认为非西方的文明对世界来说也是有意义的。③

总的来说，这一时期的现代化研究主要是建立在现代社会转型的基础上展开的初步探索，学者们比较关注现代化转型的启动条件和影响因素，资本主义社会是主要的研究对象。这些早期研究对现代化理论的贡献不仅是对现代社会制度的社会学分析，也是对资本主义精神起源这一现代学子课题的经典性研究，还提出了阐明现代化理论之学问原则的学问论。④

2. 现代化理论发展阶段

20 世纪 50 年代，社会主义国家的崛起挑战了当时的现代化理论。与此同时，美国在欧洲衰落后当之无愧成为资本主义世界最成功也最强大的现代化国家，通过一系列对外援助计划向世界传播自己的现代化观念。在这种历史背景下，20 世纪 50 年代的现代化研究一个重要内容就是总结西方现代化历史经验，进一步指导现代化建设。⑤ 典型的观点如艾森斯塔德所认为的那样，从历史上看，现代化是一个朝向欧美型的社会、经济和政治系统演变的过程。⑥ 帕森斯是这一时期的代表，他将韦伯的现代性思想从德国引入英美，当时的主流观点认为帕森斯继承了韦伯的观点，将他的韦伯诠释作为韦伯研究的主导范式。但是事实上，帕森斯并不忠实于韦伯思想原貌，而是改造来服务于美国为巩固霸权在思想文化领域大力输出的结构功能主义现代化理论。帕森斯创立理想的工业社会模型，对发展中国家在制度建设方面的欠缺、传统农业社会文化特征等有一定启示，⑦ 但是

① ［德］本迪克斯：《马克斯·韦伯思想肖像》，刘北成等译，人民出版社 2007 年版。

② 王威海编著：《韦伯：摆脱现代社会两难困境》，辽海出版社 1999 年版。

③ 苏国勋：《理性化及其限制》，上海人民出版社 1988 年版。

④ 刘小枫：《现代性社会理论绪论》，上海三联书店 1998 年版。

⑤ ［美］亨廷顿：《现代化理论与历史经验的再探讨》，罗荣渠译，上海译文出版社 1993 年版。

⑥ 丁建弘：《发达国家的现代化道路》，北京大学出版社 1999 年版。

⑦ ［美］帕森斯：《现代社会的结构与过程》，光明日报出版社 1988 年版。

按帕森斯的观点，现代化的过程不仅是"西方化"，实质上是"美国化"，所以事实上是为了维护传统的线性历史观的西方式现代化理论，运用东方停滞说，抛弃了韦伯理论中对西方线性历史观冲击的合理思想。① 当时美国一批社会学家受帕森斯的影响，认为在人们价值观、行为规范和信仰等因素的影响下传统社会结构和价值观将被全新的社会结构和价值观所取代，这一过程就是现代化的过程，任何一个国家的社会变迁都将遵循这一规律，即"单线进化"。然而，查普夫等学者对这种现代化论点进行了反驳，他认为欠发达国家很难在短短数年的时间内完成现代化积累，因为这些国家不可能在短时间实现对能够引领现代化的精英的培养，也没有全体成员达成共识的社会契约。因此，这种经典现代化理论遭受到越来越多的批评，比如日本学者富永健一就认为，"其内在的困难，最终在于试图将现代化概念的一般化，认为非西方后期社会以及发展中社会在面向现代化时所面临的诸问题与西方发达社会在其现代化过程中曾经遇到的问题是相同的"。② 事实上，不管现代化论点在理论上是社会的还是单线的，其关于现代化的理论内核与判断标准还是在大部分的实践界与学术界达成了共识。

这一时期的现代化研究被一些学者称作"正统现代化理论学派"，涌现出许多影响深远的学者和理论。③ 总的来说，这一时期的观点可以概括为以下内容：一是内因决定论，发展中国家要实现现代化就应该从自身社会内部的文化传统、制度结构等入手来加以改造，代之以现代社会的制度结构。二是二元对立论，传统与现代是两极对立的，现代化就是由传统社会向现代社会的转型。三是同构论，现代化社会的社会结构都是一样的。四是西方中心论，将现代化简单化为西化。这一时期的观点的一个重要局限就是只注重现代化的外在形式或者实现手段，而没有去追问现代化的价值目的何在。因此现代化研究忽视了全球的不平等问题也忽视了人和物在现代化中的矛盾，简单地把目的和手段混同起来，

---

①　江丹林：《整体论、决定论还是中心论——兼论当代西方关于非西方社会的发展理论》，《上海社会科学院学术季刊》1996 年第 4 期。

②　［日］富永健一：《"现代化"理论今日之课题》，罗荣渠编，上海译文出版社 1993 年版，第 67 页。

③　陈晓律：《战后发展理论研究》，四川人民出版社 1995 年版。

认为全盘西化理所当然就能实现现代化，进而带来社会的整体转型。

20 世纪 60 年代的现代化研究有几个显著特点，一是偏重于经济现代化而相对忽视社会现代化。例如，阿恩特认为这一时期的普遍观点是社会发展问题从属于经济增长问题，以国民生产总值及人均国民收入的增长作为评判，把以工业比重的上升为主要内容的经济结构变革当作核心，把储蓄、投资的增加等看成现代化动力。① 二是重视宏大叙事而忽视个体价值。例如把传统农民作为历史进步代价的承担者。② 三是鼓吹以西方为范本的西方中心视角受到挑战，却忽略了西方资本主义国家在资本原始积累阶段通过殖民掠夺建立起先发优势这一历史事实。不论内部流派如何，依附性理论与内因决定论针锋相对，指出不发达的现象并非先天注定，是资本主义的各种形式的掠夺让边缘国家无法摆脱落后状态，这一发现对于指导南美洲的现代化发展具有重要的作用。③ 在对现代化理论的贡献方面，依附论相比于内因决定论，将现代化由时间维度拓宽到空间维度，更加丰富了现代化的内涵。

3. 现代化理论的多元化阶段

20 世纪 70 年代以后现代化理论开始了理论的修正与自我变革，进而进入一个多元发展时期。一是西方中心视角受到了越来越多发展中国家的挑战，现代化研究开始面向全球而非某一地区，关注全体人类而非局限于西方人。④ 布莱克突破了西方中心论的现代化观念，认识到每个国家都在其具体的历史环境的演变过程中形成了不同的历史遗产。现代化过程只能在继承这些历史传统的基础上起步和发展，落后国家应该有选择地借鉴西方现代化那些适合自己具体情况的经验。⑤ 亨廷顿也深刻意识到现代化不是西化，现代化不是普世主义。⑥ 摩尔在考察不同国家的社会经济结构特征后指出，不同国家内部各个社会集团的力量消长和分化组合的状况决定

---

① ［澳］阿恩特：《经济发展思想史》，商务印书馆 1999 年版。

② ［美］摩尔：《专制与民主的社会起源：现代世界形成过程中的地主和农民》，王茁、顾洁译，上海文艺出版社 2013 年版。

③ 金计初：《理论与历史——发展主义与拉丁美洲》，《史学理论研究》1994 年第 3 期。

④ ［美］斯塔夫里阿诺斯：《全球通史：1500 以后的世界》，上海社会科学院出版社 1999 年版。

⑤ ［美］布莱克：《比较现代化》，上海译文出版社 1996 年版。

⑥ ［美］亨廷顿：《文明的冲突与世界秩序的重建》，新华出版社 2002 年版。

了它们各不相同的现代化道路基本走向。① 沃勒斯坦对依附论进行了修正,在中心和边缘之外加上了半边缘国家的类型,构建了世界体系理论。他承认世界体系中存在中心和边缘的结构,但国家在世界体系中的地位可以改变,边缘国家可以升为核心国家,核心国家也可能下降为边缘国家。处于半边缘地位的少数国家就能够成功地实现依附性发展。②

二是不再偏重于经济现代化,而是以更加整合的思维来对待现代化的内容,佩鲁提出发展理论应抛弃投资推动经济增长、经济增长等同于发展的传统看法。发展应该是整体的、综合的,经济现象和经济制度也依赖于文化价值,把共同的经济目标同文化环境分开最终会以失败告终。③ 布莱克在进行现代化分类的时候也以社会结构与政治现代化为轴心,而不以经济成长为轴心。④ 曾经热衷于发展经济学的发展理论,在这一时期也从单一的经济增长论(发展=经济增长=工业化)拓展到综合发展论(发展=整个社会的变革=现代化)。⑤

三是从各个学科的角度深入讨论现代化,如发展哲学、发展社会学、发展政治学、文化发展观、历史学等,代表人物有斯塔夫里阿诺斯、霍布斯鲍姆、布罗代尔、诺思等。斯塔夫里阿诺斯创建的全球史观对现代化研究影响深远,霍布斯鲍姆重视下层社会的研究,他们向现代化理论注入了浓浓的现实关怀、强烈的社会责任感和凝重的人类使命感(梁民愫,2004);⑥ 亨廷顿从文化学视角进行研究,他认为世界文明是多样的,多样文明必然导致冲突,概括起来就是文化冲突论;佩鲁就试图从哲学与经济学的结合上重新认识发展问题,⑦ 史密斯从历史学与社会学之间的跨学科范式出发进行研究。⑧

---

① [美]摩尔:《专制与民主的社会起源:现代世界形成过程中的地主和农民》,王茆、顾洁译,上海文艺出版社 2013 年版。

② Wallerstein Immanuel, *The Modern World System*, New York: Academic Press, 1974.

③ [法]佩鲁:《新发展观》,张宁等译,新华出版社 1987 年版。

④ 罗荣渠:《西方现代化史学思潮的来龙去脉》,《历史研究》1987 年第 1 期。

⑤ 石中英、张夏青:《当代国外发展理论述评》,《学术界》2008 年第 3 期。

⑥ 梁民愫:《霍布斯鲍姆史学思想的现实关怀和意识形态立场分析》,《史学理论研究》2004 年第 2 期。

⑦ 李国强:《当代西方发展理论的变迁与危机》,《天津社会科学》1994 年第 4 期。

⑧ [英]史密斯:《历史社会学的兴起》,上海人民出版社 2000 年版。

　　四是逐渐在宏大的叙事中关注个体、关注人在现代化中的重要作用。佩鲁认为必须从"人"的角度确立自己的研究方向，从人的活动及其发展的角度探讨发展的主要动力和规律。个人的活动及其发展使人们之间形成了广泛的交往，为发展创造了前提。① 舒马赫的书名《小的是美好的》直接与现代化理论的宏大叙事针锋相对，他认为需要有一种崭新的思想体系，这种体系是以人为重点而不是主要以物为重点。② 发展理论从经济增长发展理论衍生出人的发展理论，从片面走向全面，从物为中心到人为中心，体现发展是一个通过付出和扬弃代价以寻求人的持续发展的过程。③

　　这一时期的现代化研究在反思和修正中走向多元。首先是在现代化的多元性方面，这一时期的观点逐渐放下了意识形态上的对立，西方资本主义国家普遍受到能源危机、经济危机的影响，正统现代化理论的那种西化神话破灭。依附论过于强调摆脱资本主义国家，也具有行动方案上的局限性，因此二者走向调和，发展出新的基于动态观点的世界体系论。学者们认识到现代化模式是多样化、多元化和差异性的统一，纠正了单一模式论、西化论等观点。其次是在现代化的内涵方面，这一时期的观点认识到现代化是一个极为复杂的社会变迁过程，是共时性和历时性的有机统一。现代社会需要经济、政治、社会、人文等多种因素的协同发展，纠正了那种单纯强调经济发展、认为工业社会或者后工业社会是现代化终点的观点。最后是一定程度上从物本主义走向人本主义，虽然在资本主义国家中现代化实践中的逻辑主要还是资本逻辑，但是在理论构建层面，很多研究者充分认识到人应该是现代化的目的。

三　中国式现代化理论

1. 中国式现代化的源起与发展

　　自近代以来，中国在西方现代化冲击下，被迫开启了探寻现代化道路的历史征程。中国的现代化实践可以追溯到洋务运动时期，此后的一系列

---

① ［法］佩鲁：《新发展观》，张宁等译，新华出版社 1987 年版。
② ［英］E. F. 舒马赫：《小的是美好的》，虞鸿钧、郑关林译，商务印书馆 1984 年版。
③ 石中英、张夏青：《当代国外发展理论述评》，《学术界》2008 年第 3 期。

救亡图存实践都是现代化的尝试,但在这些实践活动中,对西洋国家坚船利炮的崇拜驱使着改革者陷入西方中心论的思想,零散地学习西方现代化的表象,没有系统的现代化理论作为支撑,更没有形成适合中国国情的本土化理论。中国不仅失去了追赶西方现代化的历史契机,甚至丧失了国家主权与民族独立。因此,中国的现代化与国家命运和民族前途密切关联在一起,肩负着民族解放、国家复兴的历史使命。从器物、制度到文化,中国在求索现代化的历史征程中经历了失败与挫折、流血与牺牲,在不断总结经验与教训的过程中,"现代化"由西方话语逐步走向中国化。在马克思主义与中国社会结合的过程中,现代化成为中国发展的必然趋势、成为中国人民的必然选择。在实践过程中,现代化理论与中国现实进行结合却缺少发展。直到中国共产党成立后,在马克思主义指导下才逐步走上现代化轨道。中国式现代化道路是中国特定时空背景下的现代化发展模式,是中国共产党带领中国人民在寻求民族解放与国家富强的历史征程中创造的现代化发展之道。

新中国成立后,中国式现代化的重要内涵就是社会主义属性的确定。中国共产党带领中国人民积淀了现代化建设的物质基础、创造了现代化建设的制度条件。在现代化道路上,中国人民和中国历史选择了社会主义,选择在中国共产党领导下、社会主义制度指导下、在马克思主义理论指导下、在中国人民共同参与下,开启社会主义现代化建设的历史征程。从观念形态的现代化到道路形态的现代化,现代化的观念与理想在中国成为现实,并被赋予"社会主义"属性规定。1964 年毛泽东指出:"我们不能走世界各国技术发展的老路,跟在别人后面一步一步地爬行。我们必须打破常规,尽量采用先进技术,在一个不太长的历史时期内,把我国建设成为一个社会主义的现代化强国。"[1] 这是我国历史上首次提出"社会主义现代化"的概念。

改革开放以来,中国式现代化的重要内涵是中国特色社会主义制度。邓小平同志提出了工业、农业、教育科技和国防现代化的"四化"目标。1979 年 3 月,邓小平在会见英中文化协会执行委员会代表团时指出:"我们定的目标是在本世纪末实现四个现代化。我们的概念与西方不同,我姑

---

[1]　《毛泽东文集》第 8 卷,人民出版社 1999 年版,第 341 页。

且用个新说法，叫做中国式的四个现代化。"这既是邓小平在公开场合首次采用"中国式的四个现代化"的新提法，也是社会主义现代化探索中最早将"中国式"与"现代化"结合的文字记载。同年12月，邓小平在会见日本首相大平正芳时强调："我们要实现的四个现代化，是中国式的四个现代化。"并指出我国现代化的最低目标是到20世纪末实现"小康社会"。[①] 这一时期，中国共产党总结社会主义现代化建设经验，将社会主义制度优势与市场经济发展优势相结合，实事求是，解放思想，吸收西方现代化发展优势，将其转化为我国现代化实践的有利条件，形成有"中国特色"的现代化模式。与传统社会主义计划经济模式相比较，中国式现代化坚持社会主义经济体制改革与对外开放相统一。一方面，在社会主义制度之下建立社会主义的市场经济体制，汲取社会主义制度优势与资本主义物质文明成果。另一方面，将资本主义制度与资本主义物质文明成果相互区分，超越了意识形态在现代化发展中的界限，在保持社会主义现代化根本制度属性的同时，推动社会主义经济社会快速发展。在中国特色社会主义现代化道路指导下，我国经济社会发展取得了举世瞩目的伟大成就，我国现代化建设的领导优势、制度优势、理论优势、价值优势充分彰显。

党的二十大报告指出，进入新时代，我国社会主要矛盾已经转化为人民日益增长的美好生活需要和不平衡不充分的发展之间的矛盾，发展中的矛盾和问题更多体现在发展质量上。一方面，这是现代化发展进程中对社会主要矛盾的重新思考和二次认识，深刻认识到不平衡不充分的发展是我国现代化进程主要矛盾的主要方面，其重大意义成为我们在社会发展的关节枢纽制定战略、路线和方针的基本依据；另一方面，社会主要矛盾的变化反过来充实现代化概念的丰富内涵，使其成为一个动态的概念。今天的现代化已不再是工业、农业、国防、科技的"老四样"，而是随着"人民美好生活需要日益广泛，不仅对物质文化生活提出了更高要求，而且在民主、法治、公平、正义、安全、环境等方面的要求日益增长"的变化，对现代化经济、农村农业、工业等高质量发展提出了更高的要求。由此可见，对社会主要矛盾的深刻认识丰富了中国式现代化的动态内涵，同样中

---

① 唐亚林、周昊：《走自己的路：中国式现代化的理论演进、路径选择与价值追求》，《理论探讨》2022年第5期。

国式现代化概念集群的丰富也旨在解决社会发展中存在的社会主要矛盾，这是一个动态发展、日臻完善的过程。

2. 中国现代化的基本内涵

党的二十大报告明确指出我国将以中国式现代化全面推进中华民族的伟大复兴。该报告明确了中国式现代化既有各国的共同特征也有基于自己国情的中国特色，体现为人口规模巨大、全体人民共同富裕、物质文明和精神文明相协调、人与自然和谐共生、和平发展等方面。从本质上来看，中国式现代化是在中国共产党的领导下，坚持中国特色社会主义，既注重高质量发展又全方位发展全过程人民民主，既丰富人民的精神世界又促进全体人民共同富裕，在促进人与自然和谐共生的同时，创造人类文明的新形态。根据党的二十大报告，中国式现代化强国的战略安排与国家治理现代化的部署基本一致，均要在 2035 年基本实现、本世纪中叶建成。从乡村治理的中国式现代化目标来看，早在《中共中央 国务院关于加强基层治理体系和治理能力现代化建设的意见》中已经明确，即要在 2025 左右基层实现城乡基层治理现代化，在此基础上力争用 10 年左右的时间，基本实现治理现代化目标，充分彰显中国特色基层治理制度优势，农村不仅要具备现代生活条件、社会保持长期稳定，还要促使人的全面发展和全体人民共同富裕取得实质性进展。由此可见，中国式现代化在乡村治理方面的战略安排要早于国家治理现代化 15 年，这就对乡村治理现代化提出了更高要求。

从乡村社会的实际情况来看，尽管 2022 年中国城镇化率达到 65.22%，但是农村仍然有近 4 亿人口，人口规模巨大；尽管城乡一体化和乡村振兴战略的实施，城乡差距和城乡居民可支配收入差距日益缩小，但是城乡的基本公共服务、基础设施等方面还有较大差距；尽管"绿水青山"的建设成效明显，但是农村矛盾纠纷类型从邻里纠纷、田地纠纷转向土地流转和环境污染等城市化引发的新型问题层出不穷，人与自然和谐共生与乡村和谐稳定的秩序都受到极大挑战。有统计显示，截至 2022 年年底，我国粮食生产再获丰收，中央财政衔接推进乡村振兴补助资金用于产业发展的比重超过 55%、65% 的监测对象消除返贫风险、粮食机收损失率控制在 3% 以内，畜禽粪污、秸秆、农膜等利用率分别超过 78%、88%、80%，90% 以上的自然村生活垃圾得到收运处理，就地就近就业率超过 90%；全年农村居民人均可支配收入达到 20133 元、实际增长 4.2%，城乡居民人均收入比为 2.45，比 2021 年缩小 0.5；乡村教育、医疗、养老等公共服务水平稳步提升，积分制、清单制、数字化等治理方式全面推广。[①] 2022 年 11 月，习近平总书记在陕西省延安市和河南省安阳市考察时指出，全面建设社会主义现代化国家，最繁重与最艰巨的任务仍然在农村，乡村的现代化是中国式现代化的重要基础。而且，"城市像欧洲，农村像非洲"的典型现象是不符合中国共产党的执政宗旨，也不符合社会主义的本质要求。党的二十大报告指出，要"加快发展格局，着力推动高质量发展"；要"统筹乡村基础设施和公共服务布局，建设宜居宜业和美乡村"，这为各级政府进一步明确了乡村振兴重点，为乡村高质量发展和高效能治理提出了新要求、新使命。因此，在农村人口巨大的情况下推动乡村治理现代化必须要处理好基层政府、村级组织、村民、其他社会主体之间的关系，处理好乡村建设、发展、服务、治理之间的关系，处理好产业与环境、生态之间的关系，促进各民族村民共同参与到中国式现代化进程中，不断走向共同富裕，不断铸牢中华民族共同体意识。

第二节　历史逻辑

随着公共管理学的倡导，政府逐渐成为城乡基层的"元治理"中心。政府在各国乡村治理中的角色有差异，但都是作为乡村治理场域的力量源。无论是社会本位还是政府本位，都试图改变"单核治理"方略。随着治理目标的转型，志愿团体、民间组织等力量发展，对公共生活和社区治理的影响程度逐渐增加，各类公共管理理论兴起和应用，为治理问题解决提供重要的理论资源。它们提倡社会和政府共建共治，以满足群众诉求增进社区认同，助力社区的善治格局。由于我国历史和国情差异，政府长期包揽社区治理和服务，随着市场经济兴起、市民意识的觉醒及治理理论借鉴，我国不断地探索党委政府、社会、公众多元主体如何在法律、科技的支撑下，通过民主协商形成共建共治共享的社会治理格局。

---

① 《2022 年农业农村经济运行情况》，农视网，2023 年 1 月 18 日。

一　乡村治理体制逐步确立（1949—1978）

新中国建立以来，党和国家的重要任务在于除旧立新，逐步建立起《高级农业生产合作社示范章程》《街道办事处条例》《居民委员会组织条例》等制度体系，对乡村社会管理组织进行重构，确立了社员（代表）大会为最高管理机构，选举产生主任、副主任、监察委员等类似于"议行合一"的管理体制，农民的自治主体地位得以确立，村形成了以人民公社和户籍管理为核心的社会管控模式，依靠持续的社会动员，使基层社会迅速从新政权建立时的无序进入有序状态。这一时期的中国乡村治理具有以下特点：一是确立了乡村社会治理的基本内涵，比如组织机构、权力分配、职位设置等；二是建立了单向度的权力运作体制，虽然组织体系重构，但如何进行管理却没有经验和标准可遵循，一切都按照行政体制的管理办法对乡村社会进行全方位管理，资源整合力度较差，乡村对城市的无条件支援成为一种惯例；三是乡村管理以行政化手段为主，制度刚性消弭了农民的主体地位。综上所述，这一时期的乡村治理基本遵循了"政党下乡"的治理逻辑，通过中国共产党把分散的乡村社会整合到国家体系中，动员农民积极参与政治生活，较好地避免了亨廷顿分析新兴国家建构时可能出现的"部分群体被排斥，或堕落为个人宗派"的弊端。尽管人民公社时期的乡村社会管理体制为当代学者所诟病，但"政经社"三合一的体制使得乡村社会组织起来且农民能够当家做主。

二　乡村治理法制化（1979—2017）

1982 年开始，乡村社会的村民自治开始进入有法可依的时代，因为这一年颁布了《中华人民共和国村民委员会组织法》。该法颁布以来，乡村治理日益突显"自治化"特征，村庄成为乡村基层治理的基本单元，乡村治理实行以民主选举、民主决策、民主管理和民主监督为核心的"政经社合一"模式。1983 年中共中央、国务院发布了《关于实行政社分开建立乡村政府的通知》，要求在实行家庭联产承包责任制的同时，实行村民自治，村民的独立政治主体身份得以明确。随后中央层面颁布了《中国共产党乡村基层组织工作条例》，党的十七大、十八大报告等又明确了党组织、村民等主体在村民自治中的职责和具体执行规定，特别是党的十九大报告在把"乡村治理有效"作为"乡村振兴"的重要内容之后，乡村治理进入一个全新的历史时期。这一时期的中国乡村治理与城市一样开启了从"总体性社会"向"多样化社会"的转变，法治保障、科技支撑、民主协商成为基层治理的基本原则与实现路径；"社会管理"向"社会治理"转变，各级政府强调源头治理、依法治理、系统治理、综合施策的治理理念，"共建共治共享"的社会治理体系、"人人有责、人人尽责、人人享有"的社会治理共同体等成为新时代基层治理的基本方略。具有如下特点：一是以法制形式确立乡村治理的规则，包括村民自治组织的产生、组织、工作与监督机制、自治章程和村规民约等；二是明确了乡（镇）与村的关系，两者从领导与被领导的关系向指导与被指导的关系转变；三是农民作为自治主体的权利得到较好保障，比如江苏南京的农民议会、庄务委员会和农民议事会，四川成都的村民代表大会、村民理事会和村民监督委员会，浙江温岭的民主恳谈会、村务监督委员和议事监督委员会等，实现了治理单元与治理主体范围的统一；四是乡村治理机制与方式不断创新，智慧治理、网格化管理、四议两公开等，还有一些自组织和社会组织与村级组织形成分工合作关系，通过民主协商、协商治理、合作共治等方式推动乡村治理绩效不断提升；五是乡村治理能力显著提升，特别是基层党组织的引领能力。但是，同时也要看到，乡（镇）与村的关系、乡村治理行政化、农民自治权利等方面还存在诸多问题，距离现代化目标还有较大差距。

三 乡村治理体制逐渐完备（2018年至今）

2017年党的十九大报告提出了乡村振兴战略规划，随后中共中央、国务院发布了《关于实施乡村振兴战略的意见》，2018年2月4日中共中央办公厅、国务院办公厅印发了《关于加强和改革乡村治理的指导意见》，2019年6月23日中农办、农业农村部、中央组织部、中央宣传部、民政部、司法部联合印发了《关于开展乡村治理体系建设试点示范工作的通知》，这些政策文件对乡村治理及未来趋势提出了更高要求，主要包括以下内容：一是在目标上，将党的十六届五中全会提出的"管理民主"修改为"治理有效"，把其作为乡村振兴的基础和社会主义乡村现代化的最终目标，其核心内容包括基层党组织的领导和引领、人才培养和科技支撑等，通过释放基层治理效能，提升乡村治理的质量。二是治理体系上，在乡村原有的政治、经济、社会体系基础验上延伸出文化、生态、公共服务的治理体系，尤其是党的十九大后，"枫桥经验"在全国推广，自治法治德治的"三治"体系与原有乡村治理体系叠加，衍生出治理体系的横向一体化与纵向一体化的新格局。三是治理体制机制上，共建共治共享的社会治理制度、城乡融合协调发展的机制、村级权力监管机制、村民议事协商形式等都要全方位创新，形成了"'互联网'＋网格管理""一门式办理"、"一站式服务"等平台，把治理的管治重心转移到服务上来，通过供需对接的、有质量的服务来提升治理效能，通过多层次的基层协商来提升社区和居民的公共性与自主性，通过"自己的事自己办"来塑造农民的共同体意识和主人翁精神。四是农民权益保障上，自党的十九大以来，各级地方政府着力完善基层民主制度，保障农民在乡村公共事务治理中的知情权、参与权、表达权和监督权，畅通和规范群众诉求表达、利益协调，及时把矛盾纠纷化解在基层和萌芽状态，使农民自觉自愿地参与到乡村振兴中来。

第三节　现实逻辑

一　乡村治理现代化的政策要求

笔者在综合前面分析的中央和省级"十四五"规划基础上，增加了东中西省份其他政策文本的抽样，包括9个省份的政府工作报告、专项文件等131份，共计163份文本作为分析样本，未被抽样省份的政策文本作为理论饱和度检验，从政策内容和时空的维度进行编码后发现，央地"十四五"规划呈现高度一致性，这表明"十四五"规划作为公共产品的生产规划，具有超强的政治目标性与引领性。一方面，地方政府的城乡社区治理目标需要与中央目标激励相容，遵循中央的政治引导，体现中央的政治意图，从而使央地双方都能趋向于社会效用最大化；另一方面，地方政府的目标是中央政府目标的层层分解，即逐级发包，使得五年规划在各地正确响应，有效实施。

首先，从共性的角度来看。（1）政策目标。新发展理念下的城乡社区治理不再是仅仅关注社区和谐稳定的安全目标，更加关注政治、经济、社会、文化、生态等目标在社区的落地，比如党建引领、公园社区、智慧社区等；不仅追求治理体制、机制与工具、路径的创新，还突显治理的质量与效能；为了实现国家治理现代化目标，不仅要保证城乡社区治理质量，还要努力提升治理效率等。在央地"十四五"规划中可以明确看到，"现代化"是2035年的远景目标，"高质量""高效能"是"十四五"时期的主要目标。省级政府自行决定多元行动目标并在大多数时候与中央的目标函数趋于匹配，该过程不仅是央地关于乡村治理目标的耦合，更是央地两种治理机制的耦合，进而促进央地政策的激励相容。（2）政策工具。国家在推进城乡基层治理现代化政策文本中的命令型工具的占比达到68.46%，省级激励型工具平均占比高达70.75%，这显示出中央政策的强制性和地方政府政策执行的变通性；但是同时也广泛使用"胡萝卜＋大棒"的政策，即在政策文本中给予下级政府更多的激励导向。显然，在城乡基层治理现代化的2035年目标驱使下，如何发挥目前占比较小的政策工具的积极作用是本书政策优化的重点任务之一。从政策文本的分析中还可以看到，乡村治理政策目标的多元性，也促使了命令型政策工具的广泛使用，这就提醒着各级地方政府在贯彻落实上级乡村治理政策时，要考虑到配套政策的及时出台和条块关系的政策协同。通过对国家和省级131份政策文本的分析，显示出城乡社区治理的政策目标从单一性向多元化扩展，从注意过程引导向效能提升转变，从省级差异性目标向共同的多元目标转变。（3）治理和服务的内容耦合度加深，尤其体现在主体、供给方式与路径、技术赋能、党建和文化引领等，最终目的在于优化社区治理模式、创新服务供给，通过人本化的理念指导、生态化的环境营造、科学化的规划引领、数字化的智慧治理，通过"党建引领、基层政府主导、社会组织广泛参与、社区居民自治"的乡村治理体系保障乡村治理的高水平建设和高品质发展，着力营造高品质、生活味、未来感的社区环境。

其次，从差异性角度来看。（1）政策目标。国家层面更加强调新发展阶段和第二个百年奋斗目标，但省级层面的各项具体目标与指标的"及格线"有所差异，比如四川省强调两项改革对基层治理的激活机理，并在城乡社区服务规划中增设治理指标，注意治理和服务体系的融合共生；内蒙古自治区针对治理和服务中面临的主体边界、治理能力、人才队伍建设等短板与弱项来出台相关政策；河北省和湖北省的乡村治理目标与"国家线"一致，但安徽、黑龙江、云南等省份划定的"及格线"普遍高于国家线，出现层层加码现象。（2）政策着力点。中央强调降压减负、还权赋能和治理流程再造等，强调体制机制的变革和数字信息技术的广泛应用，将着力点放在基本公共服务和居民的生活品质，仍然注重"保基本"和"多层次"的差异化供给。但省级层面的公共政策突显数字化的同时，更加重视新型城镇化和社区共同体建设，东中部区域具有相似的实施路径，但东部省份的政策着力点在总体规划中所占比重大体相当，保持在4%—6%之间；中部地区却存在较大差异，精细化治理所占比重就远远高于排前第三位的共同体建设的近三倍；西部区域则倾向于借助新型城镇化来推动城乡社区服务的高质量供给和治理的高效能。尽管如此，这些着力点的注意力分配基本均衡，维持在4%—6%之间。整体来看，东部省份的政策着力点基本与中央保持高度一致，中部省份采取了"两手抓"策略，西部省份的选择更为"中庸"，对治理和服务采取"雨露均沾式"的共同发展模式。（3）政策工具。命令型工具具有强制性特点，可以提升组织活动的效率、秩序和规范。正如前面所述，城乡基层社会治理要在2035年实现现代化，为国家治理现代化第二步走战略目标的实现奠定基础，但是现有城乡基层社会治理现代化，尤其是治理体系现代化程度较低，极大地影响了国家治理现代化战略目标的实现。因此，命令型政策工具的注意力分配比再次逆转，一改"十一五"以来逐渐减弱的趋势，大幅度提升到68.46%。但是，省级政策文本中对于命令型政策工具的注意力分配却有显著差异，东部区域为59.79%，低于平均水平近10个百分点；中部区域只略低于平均值；西部区域却远远高于平均值近10个百分点。这表明，各省份在编制"十四五"规划和出台相关政策文件时，充分尊重了国家战略、当地的官僚体系运行现状和城乡社区治理实际，将政策工具的重点广泛放置在命令型与劝诫工具，而忽略变革型与激励型政策工具的使用比例。这种做法会带来一些问题，即缺乏激励与变革的政策供给，将加大政策执行的阻力，使得原有的瓶颈仍然可能继续存在。

最后，从乡村治理现代化公共政策的特点来看。一是价值理性为基，工具理性为要。从政策文本分析的整体结果来看，现代化战略是国家开展乡村治理的最高目标，美好生活追求是省级政府的突出目标，但中央和省级政府均强调新发展理念指导下的高效能治理、高质量服务，体现以人民为中心的价值取向。从历时性政策文本的统计分析结果来看，包括生态宜居、安定和谐的社区环境，人民群众三感提升的体验感知，以及基本公共服务均等化、生活品质提升等政策供给绩效在内的美好生活目标与以人民为中心的价值理性在国家层面和省级层面的政策文本中所占比率最高，尤其是"十三五"和"十四五"时期政策文本中的注意力分配非常突出。但是，从两级政府使用的政策工具来看，命令型工具对效率的高度重视似乎与对公平优先的价值理性产生了一定的矛盾。因为在乡村治理实践中如果缺乏对价值理性和人文关怀的重视，很容易导致一枝独大的命令型政策工具日益偏离理想的政策目标，并在执行过程中出现扭曲和异化，加速政策文件的价值理性与工具理性的失衡。如何调和两者之间的内在张力是保持城乡社区治理现代化和高效能方向正确性的关键。

二是权力分配结构为单向度，建设与运行结构体现组合差异。社会政策研究"瞄准偏差"视角认为，公共政策的制定过程就是公共资源的配置过程，既体现权力运作又体现权力结构再生产。单纯从乡村治理的政策工具来看，无论是国家还是省级政府均强调命令型工具的重要性，参考点所占百分比高达70%以上，一方面表明新发展理念背景下，实现城乡社区治理现代化2035年目标的权力必须牢牢掌握在政府手里，才能迅速解决复杂的城乡社区治理问题，提升治理效率与现代化水平；另一方面，高达17.19%的劝诫型政策工具使用率也表明，中央和省级人民政府也重视多种政策工具的组合效应，虽然命令型以外的其他政策工具的注意力分配较少，但至少也显示出多种政策工具的使用是必需的，并给下级政府留下一定的自由裁量空间。从前文的分析还可以看出，单向度的乡村治理的权力分配结构下，各省级政府的城乡社区治理权力建设与运行结构呈现出鲜明的组合差异。东部区域出现能力建设型向命令型和激励型转变的趋势，但这三种政策工具始终在所有工具集合中都排在前三位；中部区域出现激励型向劝诫型到激励型的回归，这表明激励型的政策工具在中部省份的城乡社区治理中所发挥的作用最大，但命令型政策工具牢牢占据第二名的位置；西部区域出现能力建设型向命令型转变的趋势，这表明西部区域自"十三五"期间大量使用命令型政策工具取得了较大的城乡社区治理绩效，因此在"十四五"期间进步强化该工具的作用（由34.35%上升到

45.24%），但命令型和能力建设型工具的使用率始终保持在前两位。由此可见，命令型政策工具是省级人民政府共同采用的导向性政策工具，但东中西三大区域却同时分别重视激励型、劝诫型和能力建设型政策工具的辅助功能。

三是公共政策的价值选择在冲突中达成共识。公共政策直接反映各级政府的价值取向，带有决策者和政策对象的期望，具有一定的抽象性。我国社会经济发展领域的公共政策经历了"公平—效率优先兼顾公平—效率与公平均衡"的转变，城乡社区治理政策的价值取向同样也经历了"民主与秩序—平等正义—发展效率"的转变。这种转变表明，公共政策的价值并不是单一的，是多元的动态体系；不是非 A 即 B 的单向选择，而是既可以单向也可以多维组合，其核心在于确保公共政策的价值选择是符合价值理性或工具理性，进而有效平衡公共利益与个体利益，实现国家的总体战略观。从央地"十四五"规划的统计结果来看，国家政策的价值取向基本保持了均衡状态，在保证国家新发展理念的指引下既关注城乡社区居民的民主参与、社区建设与服务，也强调治理体系与治理能力的集成融合效果；但是地方政府的价值取向具有明显的倾向性，对集成治理理念（9.37%）在城乡社区治理中的根本性作用预期不足，尤其是西部省份。从三大区域出台的各类城乡社区治理政策统计结果来看，东部省份的价值选择从注重效率倾向的集成治理向注重公平正义的以人为本，再到各类价值取向的均衡分配转变，显然，东部省份率先注重了发展与效率的价值取向，再回归到民主秩序与公平正义，进而保证了治理政策在"十四五"时期的均衡性；中部省份在确保公平正义基础上向发展和效率的价值取向转变，但并未向东部省份那样成功推动各类价值选择在政策文本中的均衡配置；西部省份选择了与东部区域不同的价值组合，长期注意公平正义、民主秩序的价值取向，最后殊途同归，实现了价值选择自由。

四是公共政策的价值选择与政策理性的调和。如前文所述，纵向与横向层级政府间有公共政策的价值选择冲突和政策理性冲突，必然也会带来政策理性与价值选择之间的张力。比如，中央政策建立在"为大多数人谋福利"的原则上，价值选择倾向于组合式，比如发展与效率、民主与秩序等的并重，但会根据其他社会经济政策进行适当调整。城乡社区治理政策在快速现代化理念指引下，发展与效率的价值取向在低层级的政策文本中体现得尤为明显。作为公共政策执行者的基层政府在城乡社区治理的实际过程中表现出"强公共性"和"强自主性"，居民因"现代化与我无关"而呈现治理"弱公共性"和"弱自主性"，两者之间的冲突随着政策理性失衡而越来越尖锐。以中部省份为例，城乡社区治理政策的价值选择与中央保持了高度一致，但政策理性却呈现较大差异。为了保证治理高效的乡村振兴目标实现，中部地区的政策表现为运用较强价值理性来推动治理体系的集成改革。显然，用一种主观的合理性和激励举措来推动复杂社会系统的体制改革是不现实的。因为城乡社区治理体制改革必然涉及制度、机制、组织、结构、权力等，需要设计一套完整和科学的技术路线图来匹配复杂多样的现实环境，并将内隐于政策对象期望中的价值理性以文本的方式用工具理性表征出来。这也间接表明，文本统计显示出政策目标和政策工具的不稳定性特征为中部省份城乡社区治理政策的价值选择与政策理性冲突带来直接后果。

那么，城乡社区治理的政策理性与价值选择到底是一致还是相互冲突呢？官僚制理论较好地诠释了央地政策理性与价值选择的一致性，省级政府间也具有较强的一致性，只是具体的实施路径有所差异；委托代理理论能部分地解释央地政府间、政府与城乡社区居民间的价值选择与政策理性冲突的必然性。尽管不同时期的城乡社区治理政策有不同的价值观占据主导地位，这些价值观和同一时期的价值组合与政策理性之间却始终存在一定的张力，各级政府为平衡双方的紧张关系，不断调整即将出台的周期性政策或配套相关政策，促使价值选择与政策理性的平衡，实现政治价值与社会价值的统一。基于该逻辑，城乡社区治理政策的价值选择与政策理性有冲突，但可以通过多种途径的调剂使其趋于一致。

二　乡村治理现代化的公共选择逻辑①

1. 公共选择的理论分析

在我国的国家政权建设进程中，乡村社会治理大多采取简约治理模

---

① 本节部分内容来源于衡霞、向洪讯《农村社区治理能力现代化研究》（中国社会科学出版社 2023 年版）一书。

式。随着法治社会的推进，乡村开始按照村民委员会组织法等法律法规自我管理、自我教育、自我服务，依法推行乡村社区自治，"总体性"的乡村社会治理逐渐走向开放、流动、多元。但由于我国乡村建制乡镇和行政村数量多、人口少，基本公共服务供给难、社会管理成本大、资源配置效率低，导致部分乡村行政色彩相对强化、治理功能相对不足，社会问题的处理方式多靠"一言堂"，并辅之以家族、传统礼治力量进行协调。尽管伴随扩权强县改革的推进，村镇行政区划进行了相应调整来打破行政壁垒，推动了生产要素合理流动，使财政支持重点更加集中、资金利用更加高效、资源配置更加合理，但是乡村社会形态的变化弱化了以血缘和地缘为纽带连接起来的社会关系网络，村民对社区的认同和集体行动力减弱，村社公共性弱化，乡村社会在"嵌入"或"融入"现代治理元素中仍然依赖于村"两委"实施简约治理，极大影响了国家治理现代化进程。对此，中共中央、国务院于 2017 年 6 月出台《关于加强和完善城乡社区治理的意见》，首次以官方文件的形式明确了城乡社区治理现代化的阶段性目标和现代治理能力的六大类型，以法治化、科学化、精细化和组织化作为衡量现代化的基本依据，力图推动乡村社区治理能力的现代化；2019年 7 月，中央农村工作领导小组办公室、农业农村部、中央组织部、中央宣传部、民政部、司法部联合印发了《关于开展乡村治理体系建设试点示范工作的通知》，重点围绕探索共建共治共享的社会治理体制、完善乡村治理的组织体系、探索党组织领导的自治法治德治相结合的治理路径等八大方面的试点，以此推进乡村治理体系的现代化。

　　学界对于社区治理现代化的研究成果丰富，但多围绕城市社区展开，关于乡村社区或乡村基层治理能力现代化研究的相关文献不多。张艳国、尤琳认为，尽管我国乡镇政府能力与乡村社区自治能力不均衡，但两者的合作能力在显著增强，要推动乡村基层治理能力现代化需要多途径着手改进多元主体的治理能力；[①] 李玲玲、李长健通过对乡村社区治理的显著特征和社区发展权理论的解析，认为乡村社区治理能力现代化是使乡村社区治理体系制度化、规范化、程序化、法治化，使乡村社区治理者运用法治

---

　　① 张艳国、尤琳：《乡村基层治理能力现代化的构成要件及其实现路径》，《当代世界社会主义问题》2014 年第 2 期。

思维和制度治理乡村，从而将具有特色的乡村制度优势转化为各种效能；① 田毅鹏围绕《关于加强和完善城乡社区治理的意见》，从文件出台背景及中心任务、难点与关键点、注意的问题等三个层面诠释了乡村社区治理能力提升的基本内涵。② 李强也对政策文件进行了解读，分析了城乡社区治理能力现代化的内涵，却没有结合乡村社区治理面临的现实问题进行综合解读。③ 李琳、郭占锋通过实地调查，认为精准扶贫政策实施过程中提升社区治理能力不仅有利于贫困社区整体转型，更影响着精准扶贫的实施及其效果。④ 这些研究宏观概括了乡村社区治理能力现代化的内涵、目标、要素、价值、路径等，但缺乏对乡村社区治理能力现代化困境及其影响因素等的具体分析。因此，对乡村社区治理能力现代化的理论内涵、公共性与自主性困境、经济与意识形态等影响因素的系统阐释十分必要。

公共选择理论认为，公共选择的实质就是一种把个人选择转化集体选择的民主决策过程，通过非市场决策的方式对资源进行配置，进而决定公共物品的需求、供给和产量。地方政府根据国家顶层设计，在政府工作报告和政策文件中把国家意志和乡村居民对治理能力提升的个人选择转化为集体选择，进而回应"以人民为中心"的价值取向，并对乡村治理现代化提出规划和要求，降低地方政府的差异性抉择、对中央政策变通执行等偏好和效用偏差对社会福祉的整体影响。

2. 公共选择结果的价值取向

一是地方政府的公共选择表达了以价值理性为追求标尺的治理现代化理念。价值理性关注的是手段与行为本身的价值。乡村治理现代化的公共选择体现着治理主体的价值理性倾向，通过凝结在治理理念中的价值智慧与价值理性良知，指导治理现代化的制度与行动选择。地方政府在选择不同的政策工具时，价值理念的不同，呈现出的治现代化目标的侧重点也会

---

① 李玲玲、李长健：《乡村社区治理能力现代化进路之思考——基于社区发展权理论的视角》，《华中农业大学学报》（社会科学版）2016 年第 2 期。

② 田毅鹏：《乡村社区治理能力现代化的新取向》，《政治学研究》2018 年第 1 期。

③ 李强：《提升城乡社区治理现代化水平》，《唯实（现代管理）》2017 年第 9 期。

④ 李琳、郭占锋：《精准扶贫中乡村社区治理能力提升研究》，《西北农林科技大学学报》2018 年第 3 期。

有所差异（表1-1）。在传统治理路径中，行政力量主导了乡村社会治理路径，合法性权威覆盖了以传统文化为主体的乡村社会治理价值，导致乡村治理现代化进程缓慢。随着国家治理现代化理念的提出，在以人民为中心的价值理念指导下，乡村治理强调党政主导下法治、德治、自治相结合，通过公共精神的恢复和自主治理理念的回归，促进传统性与现代性的融合，有利于乡村治理的现代化水平的提升。

表1-1　　　　　　　不同类型政策工具中的价值理性与治理理念

工具类型	价值理性	治理理念	治理能力	现代化目标
强制类	权威、规范、保障	效率与公平	服务供给为主	精细化
引导类	边界、支持与帮助	职能角色转变	综合能力为主	组织化
协同类	责任、多元、合作	多元参与治理	参与能力为主	规范化
自治类	自愿、平等、规则	民主协商、三治融合	参与能力为主	法治化

　　二是地方政府的公共选择彰显了以制度理性为导向的乡村治理现代化结构。作为在整合价值理性与工具理性的过程中逐渐形成的一种全新的理性模式，制度理性强调理念和行动的有机整合，倡导通过规则来确立规范的社会秩序，主张制度或治理结构设计之标的重在使所面对的矛盾和冲突处于合理的秩序中，并通过不断地自我肯定与自我否定改进和完善自身。乡村治理的现代化结构体现为各级政府公共选择中，以制度理性形式强化的专业认知能力、行动能力和协作能力。首先，乡村治理主体要具备清晰的专业认知能力，包括学历知识、专业技能、协调能力和创造能力以及对治理要求的清晰理解能力。其次，要具备高效的行动能力，包括决策能力、执行能力、互动与合作能力，迅速准确地落实各项治理工作。最后，要具备较强的协作能力，包括协调多元主体参与乡村社区共建共治，协调多源流资金的治理用途。只有改善能力结构，实现能力结构的现代化，才能从根本上建立现代化治理理念，进而影响治理行动。

　　乡村治理现代化除了依赖于能力结构的现代化以外，还要同步推进治理结构的优化。在地方政府政策工具选择实践中，无论是东、中、西部还是东北地区，强制工具与引导工具的使用都是工作的主要抓手，经济政策工具成为撬动乡村治理现代化水平提升的关键载体。伴随村镇行政区划调整改革的推进，乡村集体经济得以发展壮大，精英人才回流，新乡贤等多元主体广泛参与乡村治理，协同工具和自治工具正在成长为乡村治理现代化的全新突破口，民主协商和科技支撑的两大原则正在逐步重塑乡村治理体系，并充当工具理性与价值理性的连接器和润滑剂，让理念和行动得以在结构的统合下达成平衡。虽然地方政府的乡村治理现代化公共选择存在结构性偏差，但总体发展趋势倾向于实现治理的现代性和社会善治的目标。在这个过程中，地方政府需要通过制度供给、政策执行等方式将国家治理目标有效嵌入乡村治理中，并有效回应乡村社会对治理的需求，从而实现国家治理目标与乡村治理自主性之间的平衡，为实现乡村善治创造有利条件。[①]

三是地方政府的公共选择体现了以工具理性为基础的治理现代化行动。徐琴等人认为，从工具理性的逻辑向度来看，政策工具未考虑政策目标的意义和价值，只关注手段的有效性，忽略了目的的合理性。[②] 公共政策中的工具理性以有效性为核心，遵循可预测、可计算的理性决策模式，将各类公共政策的制定和执行当作某种技术化操作看待，使其具备科学性、技术性特征。工具理性的存在使得政府公共政策致力于通过具有科学性、技术性与针对性的手段来解决当前最为突出的公共问题，在这种方式中，工具理性承接了价值理性所表达的价值追求，保障了各种治理制度的执行与政策目标的深化落实。

当前我国乡村人口外流严重，乡村社区发展严重受制于资金、技术、人才等因素，治理能力提升的社会基础被不断削弱。为了推动社会治理的重心落到城乡社区和促进乡村振兴，地方党委和政府选派了一批干部下沉到乡村社区，但这些流动的治理者在村社工作的时间是有限的，仍然需要依靠乡村社区自身的治理能力提升。[③] 因此，乡村社区治理能力现代化首先必须解决的就是发展问题，这在政策文本中得以凸显。无论是从内容维

---

① 徐琴、叶娟丽：《嵌入式治理：国家政权建设与村落自主性关系模式的再审视》，《湖北民族大学学报》（哲学社会科学版）2020 年第 6 期。

② 李雪松：《论地方政府治理现代化建设的政策工具选择》，《四川行政学院学报》2017 年第 4 期。

③ 蒋英州：《社会治理重心下沉、乡村振兴与乡镇党政干部的流动》，《江西师范大学学报》（哲学社会科学版）2020 年第 5 期。

度、时间维度还是空间维度，位列前五的基本都是公共服务与基础设施、财税支持、产业扶持、产权与土地制度、人才培养与就业保障等，体现了地方政府公共选择中鲜明的工具理性色彩。

党的十九大以来，国家加强了法治化、科学化、精细化等现代化原则在社会治理中的应用力度，法治建设、信息化应用、综合联动治理、社区协商等工具的使用频率明显增加，这些政策手段的运用体现的仍然是地方政府为提升乡村社区治理能力现代化而采用的工具理性。政府将现代化的信息技术日益用于乡村社区治理，有利于政策执行，但也可能无法增加乡村治理实际效益，反而带来以选择性治理、形式化治理和空转性治理等问题。① 因而，工具理性并非政策工具的全部，作为一种承载着人类价值创造和美好向往的政策手段，政策工具本身应有其追求的理想与目标，即针对性与实用性。缺少对政策价值目标和人文关怀的重视，不仅容易使政策工具的选择日趋扭曲异化，也会增强政策工具内部价值理性与工具理性的张力，导致二者失衡，进而有损于政策工具本身的稳定性与效用的发挥。因此，在乡村社区治理能力现代化的进程中，地方政府对政策工具的选择既要正视工具理性对于处理乡村当前突出矛盾的实用性，也要重视价值理性对于治理结构与治理行动的引领作用，同时不断优化治理结构与制度设计，调和工具理性与价值理性的内在张力。

三　农民的现实需求与福利评估

社区是人民群众安居乐业的家园，是党和国家政策落实"最后一公里"，建设幸福美丽的新乡村，其基本原则与城市社区一样，党建引领是关键，政府主导是前提，居民参与是导向，以改革创新为动力，努力探索全面体现新发展理念，符合治理规律的乡村治理现代化发展新路。在中国现代化进程中，短板在乡村，没有农业乡村的现代化，就没有国家的现代化。党的十九大提出了乡村振兴战略，主要从户籍制度、社会保障制度、产业制度、区域协调发展制度等方面对乡村振兴的制度体系进行了全方位的设计，投入大量物力财力完善基础设施，搭建信息化平台，通过手机、

---

① 杜姣：《重塑治理责任：理解乡村技术治理的一个新视角——基于 12345 政府服务热线乡村实践的考察与反思》，《探索》2021 年第 1 期。

键盘、鼠标让乡村与城市、世界连接，使"山高皇帝远"变为"政府在身边"，推动社区治理主体协同化、治理手段技术化、治理内容多元化、治理方式规范化；从治理人才的多元开发渠道着手大力提升乡村振兴的制度执行能力，避免现代化治理体系成为摆设，通过人才治理理念与知识结构更新，熟悉并掌握新技术、新工具、新思维，使广大乡村从"村官自治"延展到线上参与，实现真正的"村民自治"、城乡融合治理。因此，乡村振兴重在治理有效，重在全面了解和把握农民的真实需求和可能的替代性需求，才能发挥乡村治理现代化的可持续生命力。

1. 乡村居民的现实需求

笔者在研究乡村社区治理现代化课题时设计了"您的意见建议"的开放式问题，旨在了解农民对于乡村治理现代化的需求和意见建议。问卷发放的省份除西藏和新疆两个自治区以外，共面向 29 个省份发放了 4000 余问卷，通过对回收到的 3160 份有效问卷进行统计分析时发现，受访农民的需求集中在以下几个方面。

图 1－1　乡村社区治理能力现代化需求与建议的共现图

第一，党建引领、为民服务、公开透明等高频词汇反映出农民对基层组织的公共性需求。在较长一段时间内，乡村基层党组织软弱、涣散成为常态，比如党组织班子配备不齐，书记以副业为主忽略基层党组织工作，

"三会一课"流于形式。笔者在对全国 2054 个农民集中居住小区进行调查后发现,虽然这些农集区的党员总数达到 26662 名,还有 3677 名流动党员,但是成立党支部的小区仅为 698 个,近两年开展过党建活动的小区仅为 433 个,仅占调研小区的 33.98%、21.08%;设有党群服务中心的小区为 731 个,66% 以上的社区干部为初中及以下学历,即使 2020 年年底至 2021 年年初村两委换届后,社区干部队伍的年龄和学历结构有所改变,具有致富带动能力的农民占了 70% 以上,但是除了有较大产业以外的两委干部,其他干部的带动能力仍然有限。在党员的先锋模范作用发挥方面,此次换届以前经常会出现村党支部书记与村委会主任互相扯皮、互拖后腿的现象,严重影响村两委班子的团结与战斗力以及乡村居民对基层干部的信任度。

第二,乡村振兴、基层设施建设、法律意识等成为乡村社区居民的现代性需求。自从 2013 年党中央开始实施精准脱贫战略以来,投入的专项扶贫资金高达 3000 多亿元,共有 1800 多扶贫干部牺牲在脱贫攻坚的第一线,脱贫成效非常显著。比如截至 2018 年年底,全国近 30% 的农户生活污水得到处理、乡村改厕率超过一半、80% 以上的行政村生活垃圾处理规范化;[1] 截至 2020 年年底,98% 以上的行政村开通了光纤和 4G,乡村信息化设施设备建设不断完善,并广泛运用于农业、物流等领域,极大地推动了乡村振兴进程。通过前面的问卷分析还发现,乡村的法律服务评估值达到 77.12 分,农民的法治认同度达到 77.74 分,村社干部与居民的依法办事分值为 77.36 分。这表明乡村社区干部与居民的法律意识均处于较高水平,但是东中西三大区域的各评估要素的响应值却有很大的差异,东部乡村社区依法办事能力各要素的响应值均超过了 64%,西部地区基本保持在 36.6%,中部地区仍然最低,响应值在 29% 左右徘徊。[2] 通过访谈发现,东部地区基本推行了"一村一法律顾问"的服务制度,中部地区部分省份直到 2021 年年初才出台了支持农民社区建立公共法律服务工作室的相关政策文件,西部地区多数乡村社区基本融入了"乡村一小时、城

① 农业农村部:《全国 80% 以上的行政村乡村生活垃圾已经得到了有效处理》,https://m.sohu.com/a/328480868_671510?_trans_=010004_pcwzy,央广网,2019 年 7 月 11 日。

② 以上数据来源于笔者调研所得。

市半小时"公共法律服务圈，能够享有较好的法律服务。因此，法律服务需求仍然是乡村社区居民最为迫切的需求之一。

第三，村规民约、传统文化、传统思想、矛盾纠纷、群众素质等是农民的传统性需求内容。根据相关政策法规，村规民约基本上都经过合法性审查，但是许多村规民约却带有很强的地方色彩，甚至有侵犯村民权益的条款，比如违反相关规定将取消村庄福利，包括水电费和医保补助、集体经济分红等。除此之外，乡村治理大多依赖乡镇政府支持和村庄精英实施简约治理，特别是乡村空心化、老龄化以后，基层政府从提高治理效率、降低治理成本角度出发，通过"为民做主"的方式快速推进基层治理，损害了居民参与村庄公共事务的基本权益；老龄化的社区干部缺乏先进信息技术的使用习惯，依靠经验、关系网络开展治理，村庄事务处理方式简单粗暴，矛盾纠纷的预防化解能力仍需要大力提升，问卷分析结果显示，该项能力的得分（68.98）仅次高于信息化应用能力，排在倒数第二位。在乡村散居院落的治理中，居民的矛盾纠纷主要来源于田边地角的边界划分与集体利益分配；在农民集中居住小区治理中，居民的矛盾纠纷来源更加多元化，比如部分居民将小区共有部分财产占为己有的现象时有发生，私自圈占绿地和公共场所种菜、饲养家禽，占用公共空间私搭乱盖、私接电线，破坏小区环境和秩序（如金堂县清泉镇全镇的"农集小区"、郫都区古堰社区汀沙园小区）。究其原因，在很大程度上与居民的个人素质、散居习惯、社区管理的双轨制与组织性等有关。

第四，群众参与成为农民自主性需求的高频词汇。在2054个农民集中居住小区的调研中发现，一是小区居民缺乏组织凝聚力。377个小区无物业管理，1036个小区属于自管，585个小区有完整的"三会"制度，602个小区有业委会，391个小区有自组织，242个小区有社会企业，80%以上的小区在近两年都没政府购买服务的情况（图1-2）。二是小区居民缺乏有参与的物理空间。由于新乡村建设和撤村并组等，农民集中居住的比例较高，原有村落的村委会、祠堂、茶馆、戏台、村口门头都是居民议事的地方，集中居住以后的小区缺乏相应的党群服务中心、居民议事堂屋、公共文化活动场所，调研结果显示，只有1个及以下公共空间的社区在调研社区中占比达到67%（图1-3），严重影响了居民商讨社区事务的公共空间导致居民之间、居民与其他社区治理相关方发生矛盾纠纷的缓冲平台缺失。三是缺乏居民参与的利益联结纽带。乡村的空心化、老龄化和半数农民的城镇定居使乡村社区更加分散和原子化，而集体经济组织却能通过农民承包地、村庄集体资源等的活化利用，从资源重组、集体产品生产和分配等环节中将分散的农民组织起来，形成利益共同体，进而关心乡村社区的公共事务。但是调查显示，79.46%的农集区没有集体土地、特色资源、特色品牌；82.14%的农集区的集体经济组织数量为零，虽然在政策作用下，几乎所有散居院落的村庄都建立起了集体经济组织，但无收入来源、无造血功能，现有集体经济中能够有效反哺社区治理的村社却微乎其微。从农民集中居住小区近两年的收支情况来看，均呈现入不敷出的趋势。

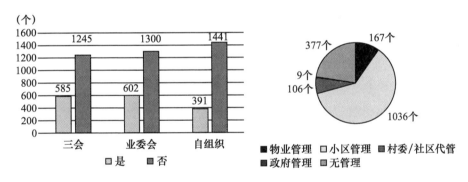

图1-2　农民集中居住区组织设立情况

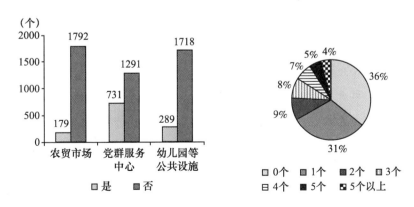

图1-3　农民集中居住区公共空间情况

第五，人才队伍也是乡村社区治理能力现代化自主性需求中的高频词汇之一。调研显示，农民集中居住小区的服务与治理人才缺乏，突出体现在"进不来""留不住"和"能力低"三个方面。"进不来"，一是因为乡镇（街道）截留人才，包括大学生村干部，无法真正进入乡村社区；二是流入人口因为户籍身份等多重原因无法参与小区治理，无平台为农集小区发展贡献智慧。"留不住"则是乡村社区人才缺乏的主要原因，一方面是农集小区工作繁杂而琐碎，面对的群体相对复杂，导致基层工作者常常"超负荷运转"，工作压力大；另一方面是缺乏合理的激励机制。农集小区的工作人员普遍收入不高，月均待遇在1500—3000元之间，长期加班且无加班工资，致使农集小区工作人员的付出与回报不成正比，从而导致其工作缺乏动力，难以激发其负责任工作的积极性。即使2020年对社区干部的薪酬进行了一定的调整，除了一类村书记的待遇提高至5000元以外，二三类村书记的待遇仍然维持在3000元左右，影响了致富带头人担任村两委干部的积极性。"能力低"主要是由于大部分农集小区的干部都是以前的村干部，村落的生产性事务与公共事务的管理范围与密度比集中居住区简单些，再加上对这类基层干部的知识提升、能力培育等方面的力度较小、频率低，从而导致农集小区干部的专业化程度不高，管理能力较弱。由此可见，社区干部队伍素质的高低和能力的大小在很大程度上影响了乡村社区治理能力的现代化，受访村民也急切希望改变这种现状，提升村庄治理水平。

2. 乡村居民社会治理替代需求及其福利评估

福利经济学认为，社会经济运行的好坏、社会和谐与否，在很大程度上归因于社会效用的最大化与社会福利的改进。无差异曲线函数反映出不同供给内容或不同组合的供给方阵均能满足需求者的效用，尤其是在同一坐标平面，可能存在无数条无差异曲线，曲线走向因为边际替代率递减而基本向右下方倾斜，距离原点越远的曲线，需求者的效用程度越高。部分学者认为，不同曲线带给需求者的效用可能相同，当某条曲线无法为需求者带来最大化效用时，其他曲线可以用于替代，进而满足需求者的最大化效用。但是，需求者因为个人特质、生存与发展环境、社会制度等原因而呈现不同的偏好，在选择供给内容时往往会存在公众认知的逆向选择结果，需求者的福利却没有受到任何损失。帕累托改进则反映了社会福利的改进，即无论社会状态如何变化，至少使得一个人的福利增加，且没有人的福利受损，这种状态在社会政策中反映出供给最优、需求最优、供给匹配最优的三种状态。庇古创造了"边际产品"概念，他认为在需求者衡量出当前供需匹配不能最优时，供给内容的边际效用递减，因此政策供给者的首要任务是要确保资源供给的配置效率并保证所有人的福利不受损，甚至还有增加的帕累托改进结果。

在西方经济学中，无差异曲线和帕累托改进主要用于企业产品消费行为的分析，它以序数效用论为基础，企业在不同曲线中找出消费者曲线的均衡状态，即消费者效用最大化，但更多地用于分析单个人的消费行为。阿罗认为，社会福利函数需要把各类个人偏好进行归纳，进而推导出社会偏好次序。尽管他的这种理论被经济学界称为"不可能定理"，但我们仍然可以从中得出大致相当的偏好次序，否则社会政策将无法出台。从图1-4 可以看出，不同的个体对社会政策的需求效用是有差异的，他们可能根据自己的需求从而选择曲线Ⅰ、Ⅱ、Ⅲ，而且需求者对公共政策的认知不同，他们甚至在同一条曲线上也可能选择不同的点（C 或 D，G 或 E），各级政府即使进行了最为广泛的民意调查，但仍然很难对每条曲线的不同点位（如 C、D、E、G 等）及时供给相应的公共政策，在有限的时间、空间里的资源也是有限的，它只能从多条无差异曲线中找到大致相同的偏好与效用，根据有限资源匹配出最大化的社会效用，出台对于大多数人来说没有任何福利损失公共政策。

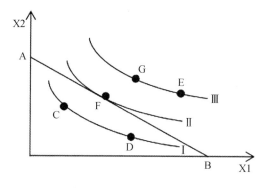

图1-4　需求者均衡条件

　　乡村社会的治理从来都是与政治、经济捆绑在一起，许多民政部门的同志在访谈中均认为，"乡村从来都没有治理，农业局负责发展经济、组织部门负责党建、民政部门负责选举和救助"，因此乡村与农民的需求获得回应的范围非常有限。在改革开放前，温饱问题是第一要务，农业科技、农业生产与经营风险、农民生产生活环境、电/网/路的互通、邻里关系等需求在国家极贫极弱情况下被温饱需求替代，农民的效用选择可能处于图1-4中曲线Ⅰ的D点。改革开放后较长一段时间内，农民的温饱问题已得到解决，城乡自由流动速度加快，社会信息无缝隙享有，农民的需求转而向优质医疗、卫生、教育等资源改变，在政府管理体制、机制很难快速适应这种变化时，农民依赖自己的消费能力从乡村向城市，甚至更为优质资源配置的区域转移，通过社会流动满足需求，并自下而上地推动国家政策变迁。当然，在农民自身消费能力有限却希望能有最低保障时，替代性的、较低效用的需求也会成为其最优选择。比如，农民工在雇佣企业给予有限社保补助时，他们会在现金或乡村户籍与城市居民同等待遇购买社保中做出选择，尤其是劳动合同法颁布至五六年前，农民工希望拿到更多的现金而放弃购买社会保险，国家基于良好劳资关系建立与社会和谐稳定而强制性要求企业不能发放现金才扭转了这种现状。到目前为止，农民工群体基本形成了社会保险的未来保障认知，这种主动的需求替代才被中止。

　　20世纪90年代以来，全国经济建设进入快车道，城市面貌日新月异。但是，无论城市有多漂亮和繁华，如果乡村凋敝、农业衰弱、农民贫穷，国家的现代化征程必然受到极大的影响。"十五"时期以前，农民最大的负担来自税、费、提留，基层干部的工作重心在催粮催款和计划生育，农民与基层干部的矛盾纠纷也基本来源于这两大板块，所以才有了"农民真苦、乡村真穷、农业真危险"的呐喊。2005年10月11日，党的十六届五中全会上提出了社会主义新乡村建设的二十字方针，包括生产、生活、乡风、村容、管理等事项，加大各级政府对农业和乡村的投入力度；2005年12月29日，全国十届人大常委会第十九次会议高票通过废除农业税的决定，农民负责由此前的每人年均800元下降到包含"农业排水费""经营性水费""一事一议"和"村组排水费"在内的每亩地不超过31元，这是国家战略和工作部署的重大转变，是对农民的科技需求、产业发展、土地权利、生活富裕、民主权利保障、邻里和谐、环境优美等需求的及时回应。显然，农民在这一阶段的需求向更高品质生产生活的需求进行转变，温饱地替代需求消失，无差异需求曲线呈现为 II 状态，且需求的满足与国家政策的供给在 E 点相切，呈现出国家效用、社会效用与农民效用的同时最大化。

废除《农业税条例》后，自此全国乡村进入无税时代（烟叶税除外），与此同时乡村长期自发形成的公共设施建设义务劳动制度也自动消失。有人通过对乡村水、路、电、厨、厕等基础设施投入的测算，认为国家未来在乡村的这方面投资将超过 5 万亿元；20 世纪 90 年代中后期每年全国农民在小型农田水利方面的义务工，大致是 100 亿个劳动日，按一个工 10 元来算，就意味着 1000 亿元①，农民负担的减轻意味着乡村财力的大大减少和国家投入的增加，因此新乡村建设的二十字方针面临巨大考验。另外，农民的需求在快速增长。农民的政治权利得到较好保障，即使农民工在外务工，仍然可以委托形式履行在地化政治权利，其他政治权利在务工地也基本与所在地居民享有相同权利；公共服务均等化推行以后，文化权利的需求得到保证；收入水平的提升、农民工人大代表比例增加等彰显出农民经济权利的保障和其他权利的转化，但是农民的社会治理需求却很难通过单一公共政策得以满足。在乡村，解决好土壤与河流的污染、垃圾堆放与处理、食品安全、农地承包权与经营权的分离、干群关系、集体收益分配、基层党建的引领、农民工参与村庄治理、公共服务供给、法治化与信息化、传统文化与现代文化的引领等社会治理问题成为农民的迫切需求；在农民工务工所在地，农民作为外来人口，却很难享有长期暂居地同等的社会治理权利。对于农民户籍所在地的社会治理问题，囿于镇村干部素质与治理习惯，数亿流动着的农民将未能在家乡享有或切身感受到的政策红利转向务工所在地的治理需求进行替代，然而务工所在地村庄为了保证原住民权益，几乎不会妥协分毫，这也形成了经济发达地区少数本地人管理着数万外地人的现状，无法通过数倍于原住民的外来人口中收集到有效的治理信息，导致各种安全事故、公共卫生事件层出不穷，以及其他外来人口密集区域的社会治安、食品安全、公共卫生等事件。显然，农

---

① 《全面理解社会主义新乡村建设"二十字方针"》，东方网，2006 年 2 月 15 日。

民的需求已经不局限于户籍所在地，不管家乡权益是否能够享有却仍然希望有保证，同时也期待享有务工所在地均等的各项权益，尤其希望参与到长期暂居地的日常事务治理中。如图 1 - 5 所示，农民需求无论什么原因未能在 A 地享有，则希望能在 B 地同等享有，甚至也希望 A 地的需求能同时满足，只有当 AB 两地的需求与当地的政策供给分别在 O_1、O_2、O_3 相切时，该农民的需求才能被替代，否则农民与政府之间的博弈将长期存在。

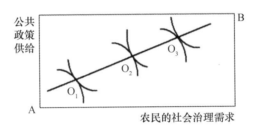

图 1 - 5　农民替代需求的埃奇沃思盒状图

从表面上来看，农民是弱势的一方，但事实上由于近来政府职能转型以及对民生的重视，对人民美好生活向往的努力实现，再加上社会力量的广泛关注，农民社会治理的公共需求替代性越来越小，社会福利也越来越好。

第四节　分析框架

帕森斯于 20 世纪 40 年代提出了结构功能主义概念，并将系统理论视为其理论核心。20 世纪 60 年代，政治学家阿尔蒙德将结构功能主义范式引入政治学研究中。从概念上来看，结构功能主义是研究系统功能实现，以及系统中的结构和功能关系。"'结构'指的是特定系统已形成的固定化关系模式，即系统行为所遵从的行为路径；'功能'指的是系统结构的活动后果或影响。"[①] 在结构功能主义的方法论上，它主要展现在两个方

---

① 董向芸：《结构功能主义与内卷化理论视阈下云南农垦组织改革研究》，博士学位论文，南开大学，2012 年。

面:首先,结构是功能的载体形式。结构是功能发挥的内在行动承载体,失去了结构的支撑作用功能是无法形成的;结构的内部要素的组合性与协作性构成了功能发挥的内在动力;结构的要素组合升级带来了功能的提升。这从三个方面说明了结构对功能的作用:一是结构是功能的实体形式;二是结构的内在要素组合是功能的来源;三是结构的变化决定了功能的变化。其次,功能是结构的质量判定标准。在结构功能主义研究者看来,功能是结构行为过程和其实现的内容,它是系统行为者之间互动产生的变化和综合效应。那么结构的质量如何,是通过功能展现出来的,功能发挥成为衡量结构内在组合性的合理性的外显标准,结构的不可判定性决定了功能必须是衡量结构的外显形态。①

综合来看,结构功能主义在理论上既关注到社会结构中的社会行动的性质,又表达了行动结构的功能作用,形成了多层次立体的分析框架。这一理论对结构与功能之间的内在关系做出解读,并解释了影响系统结构与功能的因素及其内在的因果关系。所以,结构功能主义不仅为研究任何社会系统的内在结构性与功能性提供了分析框架和概念要素,同时它还可以用来作为分析影响社会系统结构与功能发挥的因素来源。但是,结构功能主义也存在问题,它太过关注宏观的结构功能性社会系统,而对微观行动的作用分析不足。对此,有学者指出:"由于侧重提供社会规范的知识,结构功能主义显得'静态有余动态不足'。"结构功能主义的批判者和拥护者围绕这一分析范式的两极争论遗留出了一个中间分析空当。②

基于此,吴晓林立足中国场域建构出结构过程范式,试图在结构功能主义理论的动态性与微观分析两个方面做出突破。首先,在动态性上,均衡与冲突、整体与个体、宏观与微观的二元静态对立已经逐渐被打破,或者存在被打破的合理性与必要性。因为,在结构功能中,结构与功能并不是静态的架构,其中还存在着重要的过渡性概念,在他看来就是"过程"。他重新回到莫顿的中层理论中,将箭头指向行动过程对于结构与功

---

① 董向芸:《结构功能主义与内卷化理论视阈下云南农垦组织改革研究》,博士学位论文,南开大学,2012 年。

② 吴晓林:《结构依然有效:迈向政治社会研究的"结构—过程"分析范式》,《政治学研究》2017 年第 2 期。

能的分裂地带。因此他认为这种研究策略体现在"一是规避将所有因素纳入宏观分析框架、进而形成虚无主义的嫌疑,寻求行动与结构关系的处触发机制;二是规避对微观事件的过度迷信,寻回立足现实的结构关怀"。① 其理论核心在于三个方面:一是结构设定的是具体的行动模式和框架;二是过程起到联结行动与过程的作用;三是结构与过程是互赖的。其次,在微观性上,他认为在"我国的政治社会研究领域仿佛也正在酝酿一场'找到政治的微观基础'、'寻求日常生活的政治'等看似'清新'的潮流。"② 宏观政治的要素拆解无法顺延到微观的政治生活,也无法将政治对"众人管理众人之事"的生活性渗透到日常生活中。所以,侧重从微观基础和日常生活中来解构政治结构的研究成为结构功能主义研究范式的一个突破口。在动态性与微观性两个维度的融合中,吴晓林建构的"结构—过程"范式不是对"结构—功能"的反噬,而是扩展。因此,本书将在此基础上构建"理念—结构—行为"的分析框架对乡村治理现代化的实践进路与改进对策进行研究。

---

① 吴晓林:《结构依然有效:迈向政治社会研究的"结构—过程"分析范式》,《政治学研究》2017 年第 2 期。

② 吴晓林:《结构依然有效:迈向政治社会研究的"结构—过程"分析范式》,《政治学研究》2017 年第 2 期。

第 二 章

乡村治理现代化之"核"(一):
治理能力现代化

乡村振兴,治理有效是基础。乡村治理虽然发生在乡村基层,但其也是社会治理现代化的"基本单元",牵动着国家治理向现代化迈进的核心线索。从现实层面来看,传统的乡村治理依赖于村两委实施简约治理,党建引领作用较为弱化,尤其是乡村人口外流导致精英治理人才流失与外来精英无权参与治理,以及乡村社会事业发展滞后、发展利益分配矛盾、管理体制与能力难以适应新型乡村社会发展需要等问题时,乡村治理主体的能力现代化就显得尤为重要。

第一节 乡村治理现代化的必要性分析[①]

一 乡村治理能力现代化的紧迫性

党的十八届三中全会通过了《中共中央关于全面深化改革若干重大问题的决定》,提出了改革的总目标是"发展和完善中国特色社会主义制度,推进国家治理体系和治理能力现代化"。治理体系作为规范社会权力运行和维护公共秩序的一系列制度和程度,涉及谁来治理、如何治理、治理得怎么样三个基本问题,包含了制度化、民主化、法治化、效率与协调性五个方面的标准;治理能力集中体现的是制度执行的能力,涉及能力结构与能力状态两方面的内容,包含了科学化、制度化、法治化、组织化、

[①] 本节部分内容节选自衡霞、向洪讯《农村社区治理能力现代化》(中国社会科学出版社 2023 年版)一书。

民主化等衡量标准。只有治理体系和治理能力同步实现了现代化才能达到治理现代化的目标与愿景。在该决定的引领下，全国上下各个领域全面开启了治理现代化的新征程，在党政领域，着重解决了机构职能体系存在的障碍和弊端，确保党的领导全覆盖，着力推进重点领域与关键环境的机构职能优化，构建起现代的政府治理体系；在经济领域，重点解决供给侧问题，推动经济双循环战略的布置与实施；在社会治理领域，基层治理现代化、城乡社区治理现代化也拉开创新大幕，把增进人民福祉、促进人的全面发展作为出发点和落脚点。乡村治理能力现代化是乡村治理能力现代化和国家治理能力现代化的重要组成部分，是国家治理现代化的前提和基础。换言之，如果没有农村社会治理现代化的基础，国家治理现代化的2035 年和 2050 年目标将受到很大影响。中共中央、国务院印发的《关于加强基层治理体系和治理能力现代化建设的意见》和乡村振兴战略的系列文件都提出乡村治理现代化的"两步走"目标，治理能力的现代化程度决定了现代化治理体系的建设与运用，以及战略目标的实现，2035 年成为乡村治理现代化实现的关键时间节点，因此，必须要正视农村社会治理的短板与弱项，有针对性地加以改进和提升，才能顺利推动国家治理现代化目标的实现。

二 乡村治理能力现代化面临的现实困境

在很长一段时期内，"三农"问题都是国家治理的难点与痛点。在中国共产党的领导下，经过几代人的共同努力，农村基本消除了绝对贫困，农业供给侧结构性问题基本找到有效的解决路径，农民收入来源增加、收入水平显著提升、基本权益有保障；城乡居民基本公共服务非均等化问题基本破解，收入差距缩小，居民获得感、安全感、满意感显著增强。但是，在经济飞速发展的新时代，农村又出现了许多新问题。

一是农村基层党组织软弱涣散。农村税费改革后，不仅基层政府与农民的联结纽带减弱，村两委与村民的联结纽带也受到极大影响，缺乏召集村民集中议事的广泛平台；村庄空心化、老龄化以后，农村党员发展与培育路径有限，后备力量补充不足；部分村两委在分配空心村资源时，出现了权力寻租现象，尤其是部分两委委员为资源分配权而内斗、扯皮，导致农村两委工作瘫痪，并由此进一步降低了基层党组织在群众中的威信与认同，基层治理流于形式。

二是农村资源配置问题。中央为了避免基层贪腐问题，许多补贴直接打到农民个人账户，虽然有效保障了农民权益，但抑制了基层组织对农村社会治理的自由裁量权；农村基础设施建设的项目发包制，限制了无相关资质的村级组织的申请权，外来承包方与当地居民却因质量、占道等问题而矛盾纠纷不断；对于乡村社会来讲，资源匮乏是普遍问题，一方面是集体土地等公共资源匮乏，另一方面是乡村资源开发不足，如果没有"能人"的资源筹集和统筹整合，村庄发展举步维艰；虽然农村普遍建立了"一事一议"制度，但是空心化的农村往往缺乏足够的代表，进而导致集体资源分配规则的按人、地、户等标准的较大差异和农民权益受损问题。

三是农村自治悬浮问题。根据农村居民委员会组织法规定，农村村民实行自治，依法办理自己的事情，包括建设、发展、服务和教育等。但是，由于农村空心化和老龄化，导致村民代表大会召开难，村两委为了保证会议与经费使用的合法性，不得不支付现金或发放礼品等方式邀请到足额的人数，甚至在民主选举时出现无人投票、两委无委托代投、贿选等问题。虽然，每个村庄均设立有监督委员会，却相互不认识，缺乏沟通，使得监督也流于形式，村民自治的结果演变为村民"不治"或村干部"自治"。

四是农村共同体消解。在人民公社时期，农村的政治、经济、社会、文化管理高度重合，农民因"公社"而形成"集体""集中"，但是随着社会经济的发展，农村流动性增强，以催粮催款和计划生育为核心的社会联结点消失，再加上市场经济带来的农民自利性意识和权益意识的增长，农村原子化现象日趋严峻。虽然有些村庄通过大力发展集体经济，通过集体经济制度、资源、技术的嵌入，有力改变了乡村治理乏力的现象，但是，从近年来的集体经济发展成效来看，收效甚微。如何把农民凝聚起来，重新形成生活的、精神的、利益的、组织的共同体，成为农村社区治理现代化征程中的一大难题。

五是农村治理人才贫乏。调查显示，农村精英人才和青年人才流失非常严重，尽管部分农村出台了多项人才回引的"归雁"计划，但除了部分经济发达和资源较丰富农村以外，其他地方的回流人才仍然较少，"留不住""引不来"成为乡村治理能力现代化的关键瓶颈。大多数农村的两委干部普遍老龄化,他们与其他农民一样大多缺乏公共意识,排斥现代信息技术,依靠传统的、简单粗暴的口头治理和面对面治理,再加上近年来的撤村并组活动,农村治理范围和户籍人口大幅度增加,传统治理弊端更为突出。

三 乡村治理现代化的现实需求

乡村治理现代化不仅是人口规模巨大的现代化,也是实现人民美好生活的现代化,乡村治理问题在现代化进程中呈现复杂性,各级政府努力创新治理体系、提升治理能力去解决问题,但不可忽略的是农民需求的增长却在解决一个个问题中不断涌现。

一是城镇化进程中人口社会流动治理的需求。农民大量且频繁地向城市流动,产生了农民市民化的新需求、精准精细服务需求;农民集中居住后带来的风险防范需求(包括生存性、发展性、权利性需要),革新双轨制管理弊端的新需求;农民工在各种压力或条件驱使下返回家乡时,产生了政府和社会帮扶的新需求,以协助其迅速适应家乡生活、就业与创业。

二是土地权益的风险防范与矛盾化解需求。虽然国家通过"两权"和"三权"分置的不断改革,最大限度地保护了农民权益,但是空心村两委始终有"代民做主"的情怀,未经农民明确授权就流转其闲置土地,并在收益中截留部分款项;有的村庄因为高速公路、大型水库和农地征用等,出现了包括现金、房屋、就业等集体收益分配不公问题,导致农村在新年期间的集群行为屡屡出现,影响了农村社会的和谐与稳定。

三是社会结构变化引发的城乡社会关系协调的需求。农民的流动性使得农村的价值性"差序格局"向工具性"差序格局"转变,农村传统社会的血缘信任、地缘信息向利益追逐的社会结构转变;同时农民工因工作场所变换而出现社会不适和行为失范,再加上多起农民工"背锅"事件的发生,进一步加剧城市居民与农民(工)之间的情绪对立,双方信任机制缺失。

四是城乡公共资源均等化配置需求。虽然经过各级政府多年的不懈努力,城乡基本公共服务均等化机制基本建立,但城乡一体的信息资源、公共安全体系仍然有较大差距。笔者调查显示,农村社区的信息化应用能力在六大能力中的现代化评估结果为倒数第一位,虽然信息化的基础设施建设评估值较高,但信息化的应用情况非常差,中部区域的评估中还出现不及格的情况;相较于城市的密集性,分散农村似乎一直就是公共安全的短板,新冠疫情的出现,显示出乡村公共安全治理体系和人才的严重不足。

五是资源短缺引发的乡村治理能力提升需求。农民一方面忙于挣钱和休闲安排而缺失村庄治理的参与活动,主动放弃村庄治理的权益;另一方面又因为关键利益分配不公问题而积极参与(如集群、网络曝光、信访等),使得村庄治理低效和无效、村庄秩序无序。如何打造一支具备现代信息技术运用能力的高素质治理主体成为乡村治理中最为迫切的需求。

六是生态宜居的美好生活需求。农民工在不同城市流动中对城市文化、城市便利性和宜居产生高度认同,通过自身的持续努力,一幢幢新居在广袤的农村拔地而起。但是新居的建设并不代表农村居住环境的改善,垃圾、排污、道路、生态植被等的改善随着农民生活质量的提升而呈现强劲需求。虽然国家出台了相关政策,为农村危旧房和厕所改造保驾护航,通过人居环境整治工程改变了农村垃圾乱堆放等问题,但还有许多农村因为资金、自然条件等原因未能彻底改观。

四　乡村治理能力现代化的政策回应

针对上述问题和需求,国家及时出台了相关政策进行引领和指导。长期以来,农村重发展轻治理,为了提升农村公共服务水平,创新农村基层社会治理,2015 年中共中央办公厅、国务院办公厅就出台了《关于深入推进农村社区建设试点工作的指导意见》,突出村民自治、流动人口和多元主体参与、乡村法治和公共服务供给、文化认同、人居环境、公益性服务八大重点任务;2017 年出台了《关于加强和完善城乡社区治理的意见》,将治理体系分为四大类、治理能力分为六大类,并提出 2020 年社会治理格局基本形成、治理能力显著提升,2035 年治理体制成熟定型、治理能力精准全面,为国家治理现代化奠定坚实基础;2019 年出台了《关于开展乡村治理体系建设试点示范工作的通知》,主要内容包括探索构建"三共"体系、"三治"路径，以及乡村治理与社会经济协同发展的机制，创新现代乡村治理手段，通过试点在乡村治理的重要领域和关键环节形成可复制、可推广的经验做法。除此之外，国家还出台了关于基层治理现代化和乡村振兴的诸多政策文件，各级地方政府也出台了配套的政策文件，大力推动乡村治理现代化的新征程。2020年早已过去，农民的新需求是否得以满足，乡村治理的新问题是否得以解决，党组织领导、基层政府主导、多方参与的乡村治理体系和治理体制是否更加完善，乡村治理能力是否得到显著提升等均需要通过一定的技术和手段进行测度，如果该阶段的目标得以全部完成或者顺利实现，那么推进未来5—10年的乡村治理工作就会容易得多；如果该阶段的目标没有完成，甚至还有较大的差距，那么未来5—10年的重点任务就是大力提升乡村治理的现代化水平，特别是治理能力维度，通过能力的提升来促进治理体制、机制、结构等的健全和完善，同时还要在推进新问题的解决中努力完成2035年的终极目标，为推进国家治理现代化奠定坚实的基础。基于上述背景，本书在着力评价乡村治理能力现代化水平的基础上，发现其现代化的难点与困境，通过难点与困境的突破来实现2035年的乡村治理现代化目标。

第二节　乡村治理能力现代化水平评价实施

一　关键变量识别

1. 识别原则

根据乡村治理能力现代化水平评价的整体要求，关键变量不仅要能够全面系统、科学合理地提示出当前乡村治理能力现代化的客观现状、整体水平和趋势特征，同时还要具备可操作性和较强的实践性，因此，在构建指标体系前对各变量进行识别时必须要遵循一定的原则，才能保证研究结果的科学性。

一是系统性原则。乡村治理现代化水平的测度，涉及基层政府、村两委、村民和其他利益相关方，涵盖的内容包括居民参与、服务供给、依法办事、矛盾纠纷调解、文化引领、信息技术应用等，从决策到监督、执行、反馈等需要统一的理论进行全面指导，便于保持各变量的一致性和准确性。首先，要确保各变量来源的系统性，尽管现有学术研究中已经给出了有参考价值的编码节点，但在最终确立前仍然需要多渠道综合评判；其次，由于乡村治理区别于城市治理的单维性，覆盖面较宽泛，变量较多，指标体系必然复杂，全面详细地提示出当前乡村治理能力现代化建设的主要特征和现实问题，必然需要一个可靠的指标体系在整体上反映出乡村治理能力现代化的现状；最后，需要有系统思维模式，连通变量设计、选择、指标体系和权重值确立、评价实施与结果分析等各个环节，以整体目标为出发点，将各个子系统与大系统建立关联，使整体评估指标体系达到系统完整、平衡。

二是层次性原则。虽然通过编码的方式能够确定参考点、子节点和树节点等，但仍然需要通过内容分析法对编码结果进行再次验证，以使得各层次指标的设计过程是合理的。一方面，可以保证各变量得到最大限度的穷尽，保证指标体系的系统性；另一方面，可以保证指标体系的设计过程更加完整。同时，根据乡村治理文献资料的分析、地方实践经验的归纳与提炼和理论的分析得出适用性较强的三层次框架体系，即目标层、准则层和指标层之间的隶属关系、包含关系、重要性排序关系等，通过层层递进的逻辑思维路径，将最核心的目标通过三轮分解形成一个个指标，更加客观地描述出指标体系的形成过程。

三是可行性原则。乡村治理能力现代化指标体系构建的最终目的是通过评价来提供乡村治理能力的现代化水平，提高乡村治理绩效，因此，需要遵循可行性原则，从乡村治理的实际出发来构建指标体系。通过前面的概念和理论厘清，可以发现，乡村治理能力现代化是一个动态概念，也是一个长期循序渐进的过程，那么指标体系的确立就一定要紧扣现代化目标，推动顶层设计和基层创新的结合来提升乡村治理能力的现代化水平；要在理论搭建中融入操作层面的思考，力争以最精准的指标精确反映乡村治理能力现代化的现状，因而，评价指标不能太烦冗，也不能太精简，要简明扼要，清晰易懂，规范实用，同时，涉及的指标，不论是客观指标还是主观指标，所有涉及的数据资料都必须便于收集，或者说是可收集的而不是无法收集的空中楼阁资料，分级标准利于掌握和操作，这样才能保证可行性。

四是最小性原则。尽管系统性、可行性、层次性原则在关键变量选择和各级指标确立时给予较大的指导作用，但是如果依据上述三原则设计的指标体系过于庞大也将使整个评估结果失去专业性价值。乡村治理能力现代化涉及维度因人而异，如何保障变量之间是关联性最小、独立性最高，是客观评价的关键。如果各指标之间的关联性大、独立性低，势必导致指标敏锐性降低，直接影响评估效率；如果因为指标的关联性和独立性问题带来庞大的指标体系也将影响评估结果。因此，必须要遵循最小性原则，在保证评估结果的客观有效前提下，采用最少、合理、高效的指标来降低评估成本，提高评估效率。

2. 变量来源

根据党的十八届三中全会的相关内容，乡村治理能力现代化一般是指基层干部科学、规范、民主、法治执行公共政策的能力，但对于如何评价却没有统一的标准体系可供参考。中共中央、国务院印发《关于加强和完善城乡社区治理的意见》以来，各级政府部门对于治理能力现代化的理解更多是从培训入手，但培训有效果和有质量并不等同于基层干部的治理能力就现代化，毕竟基层工作大多数时候还是运用群众熟悉的语言和方式进行简约治理、权威治理，因而，实地调研的数据并不能客观地反映乡村治理能力的现代化水平。同样，上述文件确立了治理能力包括居民参与、服务供给、文化引领、矛盾纠纷化解、依法办事、信息化应用等六种类型，但这种划分并未获得学界的广泛认可，笔者也未能更多地获得可靠证据予以支持。对此，本书扩大了乡村治理能力现代化评价样本的资料来源，主要有：（1）实地调研资料，包括在重庆、四川、浙江、福建、辽宁、甘肃等省份41个市州进行蹲点观察获得的结构化访谈记录、问卷调查，通过整理、分析后用于编码分析；（2）学术文献，包括以"乡村、农村"＋"治理能力现代化"为关键词在"维普中文期刊服务平台""中国知网（CNKI）""万方数据库"、EB-SCO、JSTOR、Springer Link 等数据库检索出的期刊文献283篇，根据内容相关性的强弱保留了230篇；（3）政策文件，包括中央及各部委发布的《关于加强和完善城乡社区治理的意见》《乡村振兴战略规划（2018—2022年）》《关于深入推进乡村社区建设试点工作的指导意见》《数字乡村发展战略纲要》等12份政策文件，以及近年来各级政府工作报告中涉及乡村治理能力内容的文件，通过东中西三大区域各抽取三个省份的原则，共计34份。

由于调研资料的广泛性，乡村治理能力要点归纳的难度较大，再加上政府工作报告中涉及乡村治理的内容较少且大多与治理体系(权力、结构、制度等)有关，因此，最终使用的样本以学术文献为主，调研资料与政策文件作为验证性材料使用，并运用Nvivo.11软件，对230篇文献进行开放性编码、主轴性编码与选择性编码，最终得到597个节点数和61个基础概念，在充分挖掘基础概念之间的深层关系以及内在关联的基础上得出15个关系范畴，并把15个关系范畴与六大能力进行一一对应，进而得到乡村治理能力现代化的三级评估指标框架。为了保证"参考点—子节点—树节点"的文本编码结果信度与效度，笔者再借助三位同学将未列入文本编码的12份政策文件、34份政府工作报告、41份访谈记录进行重新编码，再将三人编码结果合并后运用Nvivo.11软件提到的"编码比较查询"进行了理论饱和度检验，编码一致性百分比达到76%，编码的覆盖率的kappa系数在0.65—0.78之间(本书的系数在0.6—1之间)，编码是有效且可信度较高。验证结果显示，《关于加强和完善城乡社区治理的意见》将城乡社区治理能力划分六大类型适用于乡村治理能力现代化的研究。

二　指标体系的确立

笔者将已经形成的概念与范畴整合归类制作成表格，以问卷的形式向高校专家和政府一线工作人员进行发放，征求其对笔者构建的乡村治理能力现代化指标改进意见，共回收有效专家问卷19份、政府问卷22份。通过多轮意见征集，将"居民参与能力"的三级指标进行了通俗化修正；将"公共服务供给能力"中的"靶向提供"修改为更为专业的表达"精准供给"；将"依法办事能力"中的"法律服务"修正为二级指标，并根据政府问卷修正了另外两个三级指标；将"矛盾预防化解能力"中的"过程化解"调整为三级指标；删除了信息化应用能力中的4个三级指标，最终形成了目标层的1个指标、准则层的6个指标、要素层的15个指标的评估指标体系。

表 2-1　　　　　　　　乡村治理能力现代化评估指标体系

目标层	准则层	要素层
乡村	B1 居民参与能力	C1 组织化参与
		C2 群众化参与
	B2 服务供给能力	C3 精准供给
		C4 多元提供
		C5 持续保障
	B3 文化引领能力	C6 价值引领
		C7 文化建设
治理能力现代化	B4 依法办事能力	C8 法治认同
		C9 法律应用
		C10 法律服务
	B5 矛盾预防化解能力	C11 源头预防
		C12 过程化解
	B6 信息化应用能力	C13 基础建设
		C14 资源整合
		C15 智慧应用

资料来源：经研究整理所得到。

第三节　乡村治理能力现代化关键变量的运用

一　问卷设计

为了充分了解年乡村治理能力现代化的水平与实际情况，笔者针对于此设计了面向农村社区居民的调查问卷，问卷内容主要包括"受访者基本情况""乡村治理能力现代化的现状评估"以及"乡村治理能力现代化的建议"三个部分，具体内容如下：第一部分的关键在于受访者个体的统计学特征调查。包括受教育水平、居住地、职业等基本情况。由于不同地区的乡村治理能力现代化的水平不尽相同，问卷询问了受访者所居住的地址，以便于后期根据不同地区的现状对其现代化水平进行比较研究。第二部分的重点在受访者对本书核心概念的理解。笔者在指标体系构建的基础上，通过设置具体问题的方式展开对农村社区治理六大能力现代化的探寻。例如，通过询问受访者"对公共事务足够了解""公共事务通过村民大会等形式决策""通过村委会参与公共事务"以及"社会组织是公共事务治理的重要主体"等问题，评价农村社区居民参与能力，其他五大能力也设置了类似的具体问题进行考量。本部分共设计 55 个问题项，为了量化居民对于农村社区治理能力现状的评估，采用了李克特量表形式对各部分各项指标进行测评，并对每一陈述设有满意与否的五种回答，分别对其赋分为 1—5分。第三部分询问受访者对于乡村治理能力现代化的建议。本部分以开放式问答的方式征求居民的意见，在一定程度上可以避免对于受访者产生引导，同时也能挖掘受访者对于农村社区治理能力更加真实、深刻的见地。

二　样本回收

本次展开问卷调查的实践为 2020 年 7 月至 2021 年 3 月，从问卷发放到回收历时 9 个月。总计发放问卷 4000 份，共回收 3909 份，剔除无效问卷 749 份，经过筛选和编号之后剩余有效问卷 3160 份，有效回收率为80.8%。其中有效问卷分布在重庆、江苏、四川、河南、甘肃、黑龙江、广东等 29 个省市，样本量在要求的范围内。在回收的调查样本中，基础信息如表 2 - 2 所示。

表 2 - 2　　　　　　　　　　基础信息统计

属性	类别	频率	百分比
性别	男性	1487	47.1%
	女性	1673	52.9%
年龄	20 岁以下	333	10.5%
	20—30 岁	847	26.8%
	31—40 岁	751	23.8%
	41—50 岁	734	23.2%
	50 岁以上	495	15.7%
民族	汉族	2924	92.5%
	少数民族	236	7.5%
职位	村干部	573	18.1%
	乡镇干部	401	12.7%
	居民	2186	69.2%

三 问卷的信度与效度检验

为保证问卷调查结果的准确性、统计分析结论的科学性，需对问卷调查结果进行信度分析和效度分析。通过对问卷调查结果的内部一致性及其结构效度的检验，进而评价分析该问卷调查结果的科学性与可用性。

信度检测。信度检测，是"检验测量工具的可靠性和稳定性的主要方法"[1]，现在通用的信度检测工具包括"克朗巴哈 α 模型（Cronbach's α）、折半信度系数模型、Guttman 模型、平行模型和严格平行模型等方法，而其中最常用的方法是克朗巴哈 α 模型"。[2] 而克朗巴哈 α 信度系数的公式为：

$$\alpha = \frac{k}{k-1}\left(1 - \frac{\sum_{i=1}^{k} Var(i)}{Var}\right)$$

其中，k 为量表中评估项目的总数，$Var(i)$ 为第 i 个项目得分的表内方差，Var 为全部项目总和的方差。"克朗巴哈 α 信度系数是量表中项目得分间的一致性，属于内在一致性系数，该方法普遍适用于态度、意见式问卷（量表）的信度分析。"[3] 如表 2-3 所示，克朗巴哈 α 信度系数总是处于一定的范围内，并且具有不同的代表性。

现有研究认为，在基础研究中克朗巴哈 α 信度系数至少应达到 0.8 才能接受，在探索研究中克朗巴哈 α 信度系数至少应达到 0.7 才能接受，而在实务研究中，克朗巴哈 α 信度系数只需达到 0.6 即可。通过 SPSS24.0，对农村社区治理能力现代化评估问卷的指标进行信度分析，得到了如表 2-3 所示的信度结果。

表 2-3　　　　　　　　　　　可靠性资料统计

Cronbach's Alpha	项目个数
0.991	55

资料来源：根据 SPSS24.0 计算得到。

① 洪楠：《SPSS for Windows 统计分析教程》，电子工业出版社 2009 年版。
② 时立文：《SPSS19.0 统计分析——从入门到精通》，清华大学出版社 2012 年版。
③ 时立文：《SPSS19.0 统计分析——从入门到精通》，清华大学出版社 2012 年版。

根据表 2 - 3 可知,农村社区治理能力现代化的克朗巴哈 α 信度系数为 0.908,通过了信度检测,即本书的问卷及数据具有较高的可靠性。

效度检测。效度是指"测量工具或手段能够准确测出所需测量的事物的程度。效度分为三种类型:内容效度、准则效度和结构效度"。由于农村社区治理能力现代化指标体系是通过文献梳理、专家咨询、政策学习等方式构建出来的,所以其内容效度和准则效度具有可行性。因此,本书以结构效度为主要聚焦点。"结构效度分析所采用的方法是因子分析,即利用因子分析测量量表或整个问卷的结构效度。"笔者首先利用此前回收到的有效问卷进行因子模型的适应性分析,其次再用因子模型进行效度检测,最后再计算相应的 KMO (Kaiser-Meyer-Olkin),结果如下表:

表 2 - 4　　　　　　　　　　KMO 检验统计量

取样足够度的 Kaiser-Meyer-Olkin 度量		0.991
Bartlett 的球形度检验	近似卡方	216248.744
	自由度	1495
	显著性	0.001

资料来源:根据 SPSS24.0 计算得到。

如表 2 - 4 所示,本书选定研究因素的 KMO 值达到 0.991,因此本书的统计量非常适合进行因子分析;同时,也反映本问卷所收集的数据具有较高的效度。进而再次用 SPSS24.0 进行因子分析,得到如表 2 - 5 所示的结果。

表 2 - 5　　　　农村社区治理能力现代化量表因子分析结果

成分	初始特征值			提取平方和载入			旋转平方和载入		
	合计	方差的%	累加%	合计	方差的%	累加%	合计	方差的%	累加%
1	36.754	66.825	66.825	36.754	66.825	66.825	10.318	18.759	18.759
2	1.717	3.122	69.948	1.717	3.122	69.948	8.335	15.154	33.914
3	1.261	2.292	72.240	1.261	2.292	72.240	7.622	13.858	47.772
4	0.999	1.816	74.055	0.999	1.816	74.055	6.939	12.616	60.388

成分	初始特征值			提取平方和载入			旋转平方和载入		
	合计	方差的%	累加%	合计	方差的%	累加%	合计	方差的%	累加%
5	0.954	1.735	75.790	0.954	1.735	75.790	5.047	9.176	69.565
6	0.797	1.450	77.240	0.797	1.450	77.240	4.221	7.675	77.240

提取方法：主成分分析

资料来源：根据 SPSS24.0 计算得到。

通过因子分析，采用主成分分析法，提取出6个公因子，与本书的问卷设计相符，且这6个主成分累积解释百分比达到了77.24%，这也说明该问卷作为测量工具能够有效测算受访者的主观想法，具有较高的效度。

四　关键变量权重确定

客观评价乡村治理能力现代化的水平，不仅要筛选出可靠的指标体系，还要对不同层级的指标进行合理赋权，否则，不同赋权后计算出来的水平值将会有较大差异。从前面的分析可以看到，乡村治理能力现代化各维指标涉及乡村治理的各个层面，每个层级的指标对于总目标的解释程度和重要程度截然不同，越契合研究目标就越有可能影响评价结果。由于本书采用编码方式确立的六个维度，编码过程反映的是编码者的主观判断，因此本书选择了学界针对此类问题常用的主观赋权法——层次分析法进行赋权。

由于评估指标中包含主客观评价成分，为了保证两种评价结果的统一性，本书运用层次分析法，通过构建层次分析结构模型，计算每个层次各个属性相较于上一层次某类属性的相对权重，再用加权求和的方法递阶归并，以求出各方案对总目标的相对权重，从而确定方案的优劣次序，进而为后面的评估提供基础和依据。为了获得科学合理的指标权重值，笔者通过电子邮件和线下会议发放相结合的方式，向四川大学、大连理工大学、华中师范大学等6所高校的相关学者和乡镇工作人员分别发放了20份权重赋值问卷，共回收有效问卷31份，运用SPSS24.0进行分析，对每一个赋值进行求平均数，计算出乡村治理能力现代化各层级评估指标的权重值（表2-6）。

表 2-6　　　　　　　　　乡村治理能力现代化评估指标体系权重表

目标层	准则层	要素层	
A 乡村 治理能力现代化	B1 居民参与能力 0.177	C1 组织化参与	0.493
		C2 群众化参与	0.507
	B2 服务供给能力 0.172	C3 精准提供	0.337
		C4 多元提供	0.323
		C5 持续保障	0.340
	B3 文化引领能力 0.160	C6 价值引领	0.506
		C7 文化建设	0.494
	B4 依法办事能力 0.167	C8 法治认同	0.342
		C9 法律应用	0.328
		C10 法律服务	0.330
	B5 矛盾预防化解能力 0.165	C11 源头预防	0.505
		C12 过程化解	0.495
	B6 信息化应用能力 0.159	C13 基础建设	0.345
		C14 资源整合	0.338
		C15 智慧应用	0.317

资料来源：根据计算结果自制。

五　模糊综合评价

前面对评估指标进行权重赋值时采用了层次分析法构建了结构模型，因此这里借助模糊综合评价法对多因素、多层次复杂问题评判效果较好的特点，结合乡村治理能力现代化的实践特征，选用了模糊算子模型，既能客观反映评估对象在评价因素集中所占的比重，还能显现出这个数值在评价因素集各个因子所占的比例，可以根据比例数值的不同而提出不同的解决措施。本书遵循确定评价因素集、评语集、构建隶属度矩阵、建立权重集等程序对乡村治理能力现代化现状进行模糊综合评价，并通过总体一致性检验后得到评价结果（表 2-7）。

表2-7　　　　　　　　　　模糊综合评价结果

目标层	准则层	要素层
A 乡村 治理能力现代化 77.82	B1 居民参与能力 78.08	C1 组织化参与　79.62
		C2 群众化参与　76.60
	B2 服务供给能力 78.64	C3 精准提供　78.72
		C4 多元提供　78.18
		C5 持续保障　79.04
	B3 文化引领能力 78.24	C6 价值引领　79.88
		C7 文化建设　76.50
	B4 依法办事能力 77.41	C8 法治认同　77.74
		C9 法律应用　77.36
		C10 法律服务　77.12
	B5 矛盾预防化解能力 77.24	C11 源头预防　77.84
		C12 过程化解　78.70
	B6 信息化应用能力 77.20	C13 基础建设　72.90
		C14 资源整合　75.58
		C15 智慧应用　80.44

资料来源：根据计算结果自制。

第四节　乡村治理能力现代化的多维分析

从模糊综合评价结果来看，乡村治理能力现代化整体情况得分为77.82 分，处于"一般水平"与"较高水平"之间，且更偏向于"较高水平"（图2-1）。该评估结果表明，城乡一体进程快速推进中，随着乡村振兴战略的实施、社会治理和服务重心向基层下移，乡村以稳定、服务和发展为建设目标，在推进社区多元共治中强化了居民参与能力、矛盾纠纷化解能力等，使得乡村的发展治理更加规范化、精细化、法治化、智慧化和科学化，现代化程度得到极大提升。

农村社区治理能力现代化评估得分

低水平　　　　　一般水平　　较高水平　　高水平

图2-1　乡村治理能力现代化评估得分

一　乡村治理能力现代化水平的单维分析

从六大能力评估结果来看，各要素评估值的差别较小，服务供给能力和文化引领能力排在前两位。显然，近年来，我国政府通过资源配置、政策扶持、制度建设等不断推进城乡公共基本服务均等化，允许更多的社会组织、企业等主体参与乡村公共服务供给，并借助信息技术等平台，精准识别居民需求，使其服务能够与居民真正所需高度吻合，增强居民对公共服务的获得感和幸福感；通过文化自信激发了党和人民对传统优秀文化的历史自豪感，把传统的"仁、义、礼、智、信"等文化充分运用到乡村治理中，以弥补精英人才流失、现代性与传统性冲击中带来的治理迷思，进而在乡村中形成公共意识和公共精神。但是，信息化应用能力却排在最末尾。从信息化应用能力的要素层指标来看，很大程度上与乡村信息化的基础设施建设滞后有关，应用型人才缺失、留守老人和儿童的信息化应用能力较差也是导致该指标评估结果较差的主要原因。

从要素层各指标评估结果来看，首先乡村智慧应用比重最高，分值达到 80.44，其次是乡村的文化引领与居民的组织化参与也较高。结合访谈资料发现，智慧应用分值偏高的原因在于大多数乡村基本上都建立了 QQ群、微信群以及公众号等掌上社区平台，将分散在各地的居民有效联结，拓展了居民参与社区事务的渠道，加强了与政府的沟通，提升了矛盾纠纷的化解能力；与此同时，基层政府从催粮催款向积极提供公共服务和公共产品转变，乡村利益分配的转向，较大程度地激发了居民参与乡村公共事务的热情与意愿。尤其是乡村党组织功能的强化和乡村集体经济的蓬勃发展，居民的组织化程度提升，更加愿意规范化地表达利益诉求，参加社区治理。

尽管乡村智慧应用程度较高，但基础建设和资源整合能力较弱。一方面，乡村分散，基础设施投入较大，基层政府难以把有限的资源以较高比例投入建设中；另一方面，乡村各类资源流动性较大、隐性资源难以核查，导致信息系统的资源整合难度较大。近年来，社会主义核心价值观的宣传深入人心，对传统文化在社区治理方面作用也极为重视，因此文化引领能力在评估中的分值较高，但是由于前些年农家书屋的功能发挥差强人意，以及乡村的空心化，导致乡村的文化建设较为滞后，其评估分值排在所有指标的倒数第二位。

　　乡村的依法办事能力和矛盾预防化解能力的各要素评估分值居中，这表明在我国全面加强依法治国，加快推进社会主义法治化国家的背景下，乡村工作人员的法治意识、廉洁作风以及工作人员和居民对法律的了解程度均有了大幅度提升，不仅干部遵章办事，居民也逐渐学会运用法律知识和法律途径合法维护自身权益，部分地方政府的民政、政法、司法等部门联合开展无讼社区建设，丰富了传统的三大调解方式，通过法律服务较好地化解了社区矛盾纠纷，解决了越级上访、缠访等难题，实现了"小事不出村、大事不出乡"的目标，促进了社区和谐。

二　乡村治理能力现代化水平的区域比较

　　本研究的有效问卷基本是平均分布在东、中、西三个地区，因此，期望通过三大区域的比较，以发现不同区域在不同治理能力上的优势与短板，据此作为进一步提升的依据。从整体来看，三大区域乡村治理能力现代化趋势基本一致，只不过东部乡村的现代化水平最高，得分 74.84 分；其次是西部地区，得分 70.10 分；中部地区排在最后，其得分最低，仅有68.56 分。从六大能力的分值来看（图 2-2），东部地区六大能力的现代化程度基本一致，且均高于中西部地区，无明显短板；中部地区依法办事能力的现代化程度最低；中西部地区信息化应用能力的现代化程度基本一致，均处于较低水平。东部地区乡村现代化治理能力水平现代化较中西部强的原因在于其对基层治理能力的重视。以浙江省为例，2019 年农业农村部公布了首批 20 个全国乡村治理典型案例，其中浙江有 3 个乡村入围；2020 年又出台了《关于高质量推进乡村振兴确保乡村同步高水平全面建成小康社会的意见》，强化公共服务供给能力；政府网站中有关"矛盾预防化解"的政策文件共 171 条；全国信息化发展指数为 95.89，已连续多年排名全国第 3 位、各省区第 1 位。① 中西部地区虽然也出台了多种政策，进行了一些创新性探索，但大多局限于城市社区，乡村多流于形式，提升乡村六大能力现代化方面仍然有较大差距。

---

　　① 2016 年浙江省信息经济发展综合评价报，http://tjj.zj.gov.cn/art/2018/7/10/art_1562012_22862875.html，2018 年 7 月 10 日。

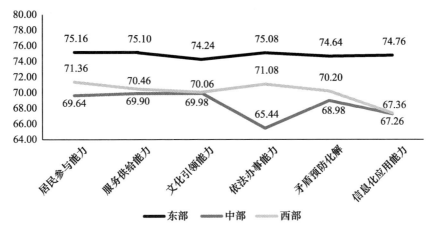

图2-2　乡村治理能力现代化的区域比较

　　从居民参与能力维度来看,东、中、西部地区乡村的"组织化参与"均明显高于"群众化参与",中部地区的"组织化参与"(38.40%)和"群众化参与"(31.60%)都较东部(60%以上)和西部地区(40%左右)低。调查显示,江苏省的社会组织位居全国第一,占全国总量的11%;河南省2018年才出台政策要求城市社区至少有2个社区社会组织,乡村推进社区社会组织发展;云南省的社会组织虽然超过了2万个,但仅为江苏省的1/4。从居民参与的便利性来看,江苏省充分利用现代互联网技术,在乡村人居环境整治方面通过"随手拍"平台,畅通问题线索征集反映渠道,发动农民群众和社会各界广泛参与;中西部省份大多是从政府层面出发去引导居民参与社区治理。

　　从服务供给能力维度来看,东部地区内部差异性不大,中西部地区的精准供给和持续保障要素基本一致,但两个区域的多元主体参与供给的能力较弱。总体来看,东部地区(60%以上)乡村服务供给能力的现代化程度高于中(35%)西部(37%)地区。这种现象形成的原因主要在于东部地区的市场发育成熟度较高,各类社会组织数量较多且参与社区服务供给的意愿较强、信息化程度较高居民能够便捷地享受到各类社区服务;而中西部地区社区党组织功能较弱、社会组织数量较少且对政府依赖性较大,同时地方政府的社会治理政策工具较少使用协同、自治、服务工具,这也是导致与东部地区较大差异的原因之一。

从文化引领能力维度来看，东部乡村（62.7%）的"价值引领"与"文化引领能力"功能均强于中（40.4%）西部（39.30%）地区。相较而言，西部乡村文化引领能力的现代化程度低于中部地区，尤其是文化建设指标，这是其他维度比较中较少出现的现象。笔者在政府网站检索中发现，北京市的相关词条达到22186条以上，政策文件接近97份；贵州省的相关词条仅了1212条，政策文件12项。由此可见，文化引领能力现代化进程中，地方政府的重视程度起到了关键性作用。

从依法办事能力维度来看，西部地区的法律服务与东部地区保持一持，评估结果均为74.52分，其他指标在评语集上的响应度却有较大差异。东部乡村依法办事能力各要素的响应值均超过了64%，西部地区基本保持在36.6%，中部地区仍然最低，响应值在29%左右徘徊。调查发现，东部地区基本推行了"一村一法律顾问"的服务制度，中部地区部分省份直到今年年初才出台了支持农民社区建立公共法律服务工作室的相关政策文件，西部地区多数乡村基本融入了"乡村一小时、城市半小时"公共法律服务圈，能够享有较好的法律服务。

从矛盾预防化解能力维度来看，东部地区"源头预防"在"较高水平"一项所占比例达到了59.3%，远高于中部地区的31.9%和西部地区的36.5%。同样地，东部地区"过程化解"在"较高水平"一项所占比例达到了63.4%，远高于中部地区的36.1%和西部地区的38.8%。尽管三大区域在具体指标的评估值上有差异，但该维度却高于整体平均值。显然，三大区域均把矛盾预防化解能力提升作为推进当地乡村治理能力现代化的工作重心。调研显示，全国各地均在积极探索社治综治的双线融合，把矛盾纠纷化解作为基层治理现代化的关键环节，规避因为全领域转型带来的断裂所造成的社会风险。其中贵州省余庆县创造了"小事不出村、大事不出镇、难事不出县、矛盾不上交"的矛盾化解在基层的"余庆经验"，获得了中央、省、市领导的高度肯定。

从信息化应用能力维度来看，不仅总体平均值排在六大能力末尾，而且三大区域的智慧应用能力均未达到总体平均值。虽然我国在2007年就出台了《关于推进社区信息化工作的指导意见（征求意见稿）》，推动乡村信息化建设；也有部分省份借助物联网、云计算、大数据等信息化技术，推进智慧社区建设，但是由于乡村的多样性、复杂性，政府投入不足、乡村居民的文化水平较低、资源整合难度大等，使得乡村信息化应用的重视程度和推进力度比城市社区较弱，这也是评估值较低的主要原因。

三　乡村治理能力现代化水平的省际比较

虽然前面根据统计数据对全国三大区域进行总体比较，但不同省份之间仍然有较大的差异。为了客观反映出不同省份的乡村治理能力现代化程度，本书分析从东中西区域各抽取三个省份进行横向对比。结果显示（图2－3），东部乡村治理能力现代化的排序由高到低分别是江苏、浙江、广东；西部区域分别是甘肃、四川、云南；中部区域分别是内蒙古、河南、江西。其中甘肃、四川、云南三省的乡村治理能力现代化程度高于广东省，该结果与实地调研有出入。从六大能力的评估结果来看，九省份在"服务供给能力""文化引领能力"和"矛盾预防化解能力"三大方面的得分较为稳定，整体相差不大，而在"居民参与能力""依法办事能力"和"信息化应用能力"三个方面则波动较大，呈现非趋同状态。其中，浙江省、四川省与甘肃省的六大能力现代化程度均明显好于其他省份，但是江西省的"信息化应用能力"却远滞后于其他省份，河南等省份在实现六大能力现代化方面还需要努力追赶。

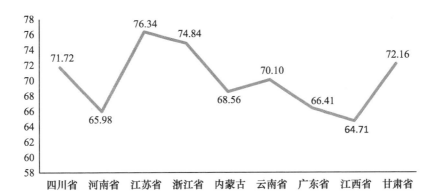

图2－3　九省乡村治理能力现代化水平评估结果对比

从居民参与能力维度来看，江苏省处于"较高水平"（76.82），江西省最低（63.94）；广东省两要素层"组织化参与"（70.26）和"群众化参与"（60.66）得分相差最大；内蒙古自治区居于九省份中间（69.64）。
（2）从服务供给能力维度来看，江苏省"服务供给能力"最高（76.20），
广东省得分最低（65.67），云南省居中（70.46）。其中，江苏和云南两
省的"服务供给能力"得分均略低于各自总体评价值，广东省则略高于
总体评价值。要素层在评语集的映射结果显示，江苏省仍然保持在较高水
平上，广东、云南两生活上处于一般水平。（3）从文化引领能力和维度
来看，江苏省得分最高（74.72），江西省得分最低（62.36），广东省居
中（68.63），但江苏、江西两省该层得分均低于总体层得分，而广东省
则高于总体层得分。（4）从依法办事能力维度来看，江苏省最高
（77.46），江西省最低（61.76）。虽然七五普法以来，乡村依法办事能力
有了显著提升，但"法律认同""法律应用"与"法律服务"等要素在
评语集上的响应值呈现较大差异，江苏省的三个要素响应值均接近80%，
但云南省的平均得分却维持在20%—30%之间。各省市在"依法办事能
力"上的不稳定状态，与依法治国导向有差距。（5）从矛盾预防化解能
力维度和要素层评估结果来看，江苏省得分最高（76.7），且高于其总体
评估值；河南省得分最低（66.94），且低于其总体评估值；甘肃省居中
（71.8），也低于其总体评估值。（6）从信息化应用能力维度来看，江苏
省得分最高（75.88），略低于其总体评估值；江西省得分最低（58.8），
低于其总体评估值；四川省居中（67.78），也低于其总体评估值。从要
素层在评语集上映射的响应值来看，江苏省"基础建设"项所占比例达
到了42%，远高于江西省的6.6%和四川省的25.2%；"资源整合"项所
占比例达到了82.7%，远高于江西省的7.5%和四川省的33.6%；"智慧
应用"在"较高水平"一项所占比例达到了73.3%，远高于江西省的
38.3%和四川省的43.8%。

四　乡村治理能力现代化测度结果的理论解析

现代化是一个光谱性的概念，其背立面并不是非现代化，而是现代化
的强弱程度，是逐渐积累和获得现代性的过程。乡村治理能力现代化同样
如此，需要在积累现代性过程中趋向现代化的实现。从自国家治理现代化
概念提出以来涉及乡村治理能力现代化的政策文本中可以发现，乡村治理
能力现代化遵循了以乡村振兴为内核的能力现代化理念、以制度为导向的

多维度发展结构、以"三共"为价值指引的行动实践,通过前文的评估也能发现各地现代化实践中的基础条件、约束条件,同时还发现了乡村治理能力现代化中的"公共性"与"自主性"和"传统性"与"现代性"的双重困境等,这些都说明乡村治理能力现代化是逐步累积现代性,进而实现现代化的过程。

1. 乡村治理能力现代化体现了"理念—结构—行为"的行动框架

理念是行为的先导。只有乡村治理具备了现代化治理的意识,才能建构起与之匹配的能力结构,通过持续性的乡村振兴目标和共建共治共享的以居民为中心的治理理念,才能促进以制度为导向的乡村治理能力结构的多维变革,进而执行正确的现代化策略。乡村治理现代化评估结果显示,以乡村振兴目标的现代化价值引领方面的评估值最高,文化引领能力最强,这表明近年来开展社会主义核心价值观宣传使得现代化的价值内化于民心。深入挖掘、继承创新优秀传统乡土文化,把保护传承和开发利用结合起来,赋予中华农耕文明新的时代内涵,促进了社区干部治理理念的现代化。从六大能力的评估结果来看,评估值差距在 1.5 分以内,这表明乡村治理中制度供给的均衡性、社会资本的充足性、智慧治理技术的广泛应用性等提升了六大能力的现代化程度;地方政府从倾向于行政主导型路径向党建引领、行政主导与多元共治相结合的路径转变,促进了六大能力现代化的均衡性。从要素层测度结果来看,乡村治理能力现代化水平从高到低依次为东西中,这表明西部地区比中部地区具有更强的习得性行为,在借鉴东部地区经验基础上加大了创新性实践,从而缩小了现代化差距。显然,各地乡村在积累现代性进程中,不自觉地构建了"理念—结构—行为"的现代化实现路径,提升了乡村治理能力的现代化程度。

2. 乡村治理能力现代化的实现需要具备一定的基础性条件

由于乡村社会事业发展滞后、发展利益分配有矛盾导致乡村党建引领较为弱化、本地人才流失、外来精英无权参与,乡村简约治理在很长一段时间内已然是主流,极大地影响了国家治理现代化和乡村治理现代化两步走战略。因此,要提升乡村治理能力的现代化水平,首要任务在于明确多元治理主体的真实需求与偏好、现代化的预期福利等,进而解决发展矛盾和利益分配问题。四川省彭州市通过集体经济全员化模式,促使村民由利益共同体向组织共同体和生活共同体的转变,社区治理满意度居成都首位。显然，集体经济的发展实现了乡村振兴，改变了乡村治理结构，提升了居民的组织化程度和法治意识。因而，乡村振兴是乡村治理能力现代化的基础性条件。集体经济的发展提升了农业现代化水平，改善了乡村生产生活生态环境，其关键在于提升了农民和社区干部六大能力现代化的意识，促使他们自觉加入现代化洪流。

按照村民委员会组织法等法律法规，乡村为居民自治；中央多个文件均强调市场在资源配置中的决定性作用，但是鉴于乡村空心化现状，乡村治理需要党建引领、行政主导与居民自治相结合，因地制宜地建立起村两委与集体经济组织同构的组织体系，通过理性选择机制和合法化机制解决不同基层组织的功能冲突问题，通过经济组织与党政组织的互嵌，进而解决乡村治理能力现代化中的资金、技术瓶颈，提升多元主体社区治理能力现代化水平。然而，问卷统计与调研结果显示，乡村治理体系很可能成为制约治理能力现代化的约束性条件。乡村中不仅有村两委、集体经济组织、社会组织和各种自组织，还有类似"三会""三共"的临时性自组织参与社区治理，导致居民对社区发展治理的供给主体产生错觉，更倾向于传统手段解决社区问题的实用性，导致法治化、组织化和智慧化治理社区的能力局限于传统性，难以适应新型乡村社会发展需要。

从东中西三大区域的对比分析可以看出，东西区域乡村中的居民参与能力与依法办事能力分值远远高于其他能力的评估值，这表明居民积极主动并依法参与社区治理同社区治理现代化水平呈正相关，同时也间接表明居民参与与法治水平是社区治理能力现代化的重要保障。东部地区发达的经济水平和西部地区的奋起直追，使得两个区域的乡村居民更加关注分配的公平正义和自身权益保护，居民大多通过"三会"、自组织或社会组织广泛参与社区建设、发展、治理全过程，其中江苏省的居民参与能力排全国第一，这与其占全国总量11%的社会组织（97284家）有很大关系；地方政府出台的关于推进依法行政、加快建设法治政府的政策文件，强化了由律师和法律服务工作者所组成的"乡村法律顾问团队"，以"一村一法律顾问"的"法律门诊"形式满足乡村日益增长的法律服务需要，同时也促使居民与两委干部自觉增强法治意识和法律应用能力，有效促进了德治、自治与法治的融合，辅以信息化手段推居民动矛盾纠纷的预防化解，进而提升其他能力的现代化水平。

3. 乡村治理能力现代化面临公共性与自主性、传统性与现代性的双重困境

有学者认为传统性在现代化的冲击下而成为"异端",现代性却因社会观念和制度结构等而成为空中楼阁;有学者认为,农民天生缺乏公共性,而自主性在空心化等背景下又面临诸多风险。前文研究显示,传统性、现代性、公共性、自主性并非独立演进,反而相互交织影响,尤其是通过要素层 15 个指标的分析,发现乡村社区治理能力陷入了传统性与现代性、公共性与自主性的双重困境中。一方面,乡村传统文化在社区治理中强调合理性,比如居民少数服从多数的投票机制,合理却不一定合法;但现代化的终极目标是获得现代性,而现代性则是时空分离和脱域的,强调科学、法治、平等、民主,这就导致了中西部地区的"一村一法律顾问"流于形式;另一方面,乡村社区治理主体单一,行政主导模式较为普遍,"三治融合"难,导致"管"与"治"的理念冲突、"礼"与"法"的制度摩擦、"拙"与"智"的工具碰撞。与此同时,在对 15 个三级指标进行公共性与自主性分类后发现,"公共性"和"自主性"通过主成分分析后的正向得分都没有过半,而且社区层面体现为公共空间与公共设施积极构建的强公共性,居民层面体现为公共意识淡漠的弱公共性;社区因承担过多公共事务和公共责任而呈现较弱自主性,居民因流动缺乏社区归属感而呈现较强的个体自主性,这就导致遵循公共性而妨碍社区自治、保证居民个体自主性而影响社区公共意识形成的双重困境。

第 三 章

乡村治理现代化之"核"（二）：
治理体系现代化

  治理的核心是解决人民集体行动问题，促进人民过上良善的集体生活。所以，在国家与社会的二元论争中，在民主与威权的竞争冲突中，一个强盛的国家还是一个深厚的社会的二元取舍不是最重要的，重要的是在这样一种国家和社会结构中的人民是否享受到福祉，是否呈现出良善的集体行动，并过着良善的集体生活。西方国家的理论总是"围绕着'政体'兜圈子，结果都不能有效地解决新兴国家的内在问题"。① 用西方理论来直接剪裁中国政治现实是不现实的，也是危险的。国家与社会不是非此即彼的零和困局，而是互动合作的正和博弈；众人管理众人之事的关键在于治理，而治理不仅在于治理之制，也在于治理之道。反观中国，2013 年党的十八届三中全会提出的"推进国家治理体系与治理能力现代化"的要求，将政治发展的重心从回答人民应该过什么形式的集体生活的解释主义转移到如何开展集体行动过好良善集体生活的"解决主义"范式中。在学界，回答如何过好良善集体生活的问题本身面临多重选择。

  乡村治理能力现代化和乡村治理体系现代化是乡村治理现代化的重要组成内容，但是围绕能力与体系却陷入制道之争。一部分学者从治理体系入手，将治理体系的制度安排视为解决国家、社会问题的最佳方式；另一部分学者则选择将解决问题的核心放置在治理制度所释放出的治理能力上，从提升治理能力的角度做出理论贡献。然而，从治理理论的研究现状

---

① 杨光斌：《关于国家治理能力的一般理论——探索世界政治（比较政治）研究的新范式》，《教学与研究》2017 年第 1 期。

来看，偏向治理体系的论述逐渐趋于下风，而治理能力的讨论则正在逐渐兴起。一方面，因为随着国家治理体系的制度安排趋向合理，对治理体系的研究趋近共识；另一方面，人们逐渐认识到国家治理能力缺憾及其重要性，就如同王绍光所言："十八大提出'国家治理体系和治理能力'，'治理能力'四字非常关键，没有相应的治理能力，'治理体系'就只会是一个空架子。"① 显然，两者之间会产生相互影响。

习近平总书记指出："国家治理体系和治理能力是一个国家制度和制度执行能力的体系，国家治理体系是在党领导下管理国家的制度体系，包括政治、经济、文化、社会、生态文明和党的建设等各领域的体制机制、法律法规安排，是一整套紧密相连、相互协调的国家制度。"由此可见，治理体系涵盖国家的法律法规、治理体制机制等在内的制度体系、权责结构、主体关系等的法治化、民主化、规范化。同理，乡村治理体系也包含上述诸多内容，这些内容很难用统一的、具有公信力的标准体系进行测度。本书在第三章、第六章对乡村治理现代化和乡村治理能力现代化进行了评估，能够大体上从两者的评估值来推导乡村治理体系目前存在的差距，以及地方政府所做的创新性努力。

第一节 全国乡村治理体系建设现状

乡村治理体系作为国家治理体系的重要组成部分，不仅是国家政权体系在基层的延伸，也是理解我国乡村社会治理变迁的内在基础。改革开放以来，我国乡村社会逐渐由此前"政经社"高度重合的治理模式向三者分离转变，村民自治成为乡村治理的显著特征，村民委员会虽然是自治组织，但具有极强的国家授权属性，长期作为国家治理的"神经末梢"，演化为半行政化组织，日益脱离自治初衷，使得乡村社会治理呈现"悬浮"特征。党的十八大以来，我国城乡基层治理取得重大新进展，逐步健全了党组织领导的自治、法治、德治相结合的城乡基层治理体系，初步构建了共建共治共享的社会治理制度，为加强乡村治理体系建设夯实了制度基

---

① 王绍光：《国家治理与基础性国家能力》，《华中科技大学学报》（社会科学版）2014 年第 3 期。

础。但是，随着城市化进程的加快，乡村精英人才流失，老龄化、空心化加剧，乡村价值规范的生产能力不断下降；再加上部分经济发达地区对原住民权益的过度保护，导致乡村社会治理主体呈现"走出去""进不来"的两种尴尬境地，减弱了高度简约的自治体系的社会基础条件，更加满足不了农民追求富裕和共享公共服务的需要。农民之间的关系也越来越倾向于"村域空间"的居住者，原子化家庭的私人生活与城市关联成为农民生活的主轴，乡村社会也开始具有了格式化、规则化的现代性形态，呈现出了一定的"脱域"特征。[①] 一旦农民从各种地方性的关系与规范中脱嵌出来，并逐渐倾向于城市化的生活方式，乡村治理事务的关系嵌入性程度就会大幅度降低，在居住空间获得高质量的公共物品与公共服务开始成为农民治理需求的核心。[②]

党的十九届五中全会开启了全面建设社会主义现代化国家新征程，明确了"十四五"时期要以高质量发展为新主题，以国家治理效能提升为新目标，以完善体系建设为新任务。因此，新时期的乡村治理体系具有突出的任务属性和公共属性，"三治"体系作为创新性的乡村治理体系，能有效解决治理主体的"失语"与"失范"、治理规则的"失衡"与"失序"以及治理结果的"失效"与"失落"等困境；村级党组织、村民委员会和集体经济组织同构，强化了基层党组织的引领功能，强化了国家意志的贯彻能力，规范了村级权力，提升了村民对组织的认同感，以公共服务为纽带在国家和农民之间建立起了更为稳固的公共关联，有助于推动基层治理的现代化进程。但是，"三治"体系与原有村级治理体系的叠加很难在短期内改变村级治理所必需的社会基础条件。虽然"一肩挑"的制度安排适应了当前乡村社会高流动性的现实，"场景式治理"成为常态，却没有从根本上解决"谁来治理"和"治理什么"等问题。与此同时，村级自治体系也因为既有治理主体知识结构老化，针对一老一小的治理更倾向于传统路径，排斥法治理念和法治思维，形成传统性与现代性的冲突；以及倾向于不顾集体利益而极力维护"自己认为的"权益，放弃法

---

① ［英］吉登斯：《现代性的后果》，译林出版社 2000 年版。

② ［德］马克斯·韦伯：《经济与历史：支配的类型》，康乐等译，广西师范大学出版社 2010 年版。

律制度赋予的"四个自我"等方面的权益,形成公共性与自主性的矛盾;① 村民与村干部因为治理信息不对称、村庄利益分配机制不完善等使村民自治有异化风险、治理与发展关系紧张等。

根据第三章和第六章的评估结果,乡村治理现代化的整体评估值为 67.48 分,乡村治理能力现代化的评估值为 77.82 分;从东中西三大区域的评估值来看,治理现代化的整体评估值分别为 75.51、48.77、51.86,治理能力现代化的评估值分别为 74.84、70.10、68.56。如果单纯从国家治理现代化等同于国家制度和制度执行能力两个维度来看,那么乡村治理体系就成为拉低整个乡村治理现代供给的关键因素。东部区域的整体现代化程度与能力现代化程度差值为 0.67,表明东部区域的治理体系和治理能力的现代化程度大致相当,甚至治理体系的现代化程度略高于治理能力现代化,整体现代化程度为全国最高,也是最有希望在 2030 年基本实现乡村治理现代化的区域;中部区域的差值为 -21.33,西部区域的差值为 -16.7,表明中西部两大区域的治理体系现代化程度远远低于治理能力的现代化程度,尤其是中部区域乡村治理体系的现代化程度最低,如果要实现城乡社区治理、基层治理和乡村振兴的战略目标,中西部两大区域还需要在治理体系上努力。从评估值来看,西部地区略胜于中部区域,这也与西部地区近年来不断开展的制度创新工作密不可分。

从全国来看,自 2019 年 6 月由中共中央办公厅、国务院办公厅印发《关于加强和改进乡村治理的指导意见》以后,农业农村部就出台了多部门《关于开展乡村治理体系建设试点示范工作的通知》,试点内容包括:探索共建共治共享的治理体制、探索乡村治理与经济社会协调发展的机制、探索完善乡村治理的组织体系、探索党组织领导的自治法治德治相结合的路径、完善基层治理方式、完善村级权力监管机制、创新村民议事协商形式、创新现代乡村治理手段 8 个方面的内容,在东部的 11 个省份和中部的 8 个省份中分别选取了 42 个县(区、市)作为乡村治理体系建设首批试点单位,西部 12 个省份中选取了 31 个县(区、市)试点单位,显然,前面的评估结果表明,乡村治理现代化程度并未受到乡村治理体系试点单位数量多少的影响。换言之,乡村治理体系现代化建设试点成立与

---

① 衡霞:《乡村社区治理能力现代化的双重困境研究》,《理论探索》2021 年第 12 期。

否并未影响整体现代化的结果，这也许与治理体系的复杂性有较大的关系，或者地方政府在治理体系方面的创新程度对整体结果的影响非常大。本书将结合参与式观察中的两个典型案例为主来进行分析，再通过文献资料整理结果进行印证。

从学界的研究成果来看，学者们普遍认为乡村治理体系的集体融合，或者一体化将极大地提升乡村治理现代化水平。袁方成等人认为，需要将乡村和农民组织起来，打破基层组织的封闭性，以城镇为中心规划基层治理单元，构建更加开放、包容、城乡一体的乡村治理体系，促进社区和社会的整合与融合。① 事实上，全国各地乡村均在探索创新性的乡村治理体系，尤其是多种治理体系的融合与一体化。当然，这里提到的一体化明显区别于金观涛等人提出的政治结构与意识形态结构的一体化，他所谈到的一体化主要用来解释中国封建社会超稳定原因的分析框架。② 成都市宝山村自 20 世纪 80 年代初就建立了村两委与村集体企业"三位一体"的组织架构，以利益为纽带，采取契约治理模式调动村民参与积极性，保证了村庄的长期繁荣和村民的共同富裕；宜宾市兴文县自 2018 年以来探索村庄三大组织的横向同构和"县—乡镇—村社"集体经济组织的纵向一体化，将村庄内外资源整合，撬动了省级贫困县的乡村振兴之路，甚至在 2021 年时与共同富裕的国家战略"不期而遇"，极大地调动精英返乡参与乡村治理的积极性，提升了基层治理的现代化程度。由此可见，部分乡村地区的乡村治理体系一体化实践与国家治理现代化的宏大叙事理念一脉相承，核心在于重构乡村治理的社会基础，寻找村庄以外的社会资源，建立起流动性极强的乡村社会所必需的管理体系和稳定治理资源的生产体系，通过治理体系的重构来促进新战略背景下农民权利与义务的重新匹配。针对部分乡村治理体系一体化实践所带来的治理效果，本书重点在于考察典型案例在历史变迁中治理体系一体化的基本形态和内在机理，以期更清晰地认识乡村治理体系创新的内在逻辑及历史关联，准确把握乡村治理体系

---

① 袁方成、杨灿：《从分治到融合：中国乡村治理体系之变》，《中央社会主义学院学报》2018 年第 10 期。
② 金观涛、刘青峰：《兴盛与危机：论中国社会超稳定结构》，法律出版社 2011 年版，第 31—33 页。

现代化的实践逻辑与理论内涵。

第二节　案例研究方法及样本选择

一　案例研究方法

本章重点探讨乡村治理体系现代化的实现路径及其内在机理。由于治理体系涉及制度、结构、权力、责任等内容，也包括政治、经济、社会、文化、生态等体系，以及各地村庄构建的"三治融合"体系和其他创新性治理体系交织，很难运用客观的指标对其进行科学的评价，单案例研究也不能反映全国的共性，因此，本章采取定性的多案例比较。

多案例定性研究能够帮助回答乡村治理现代化"为什么""是什么""怎么样""怎么办"等问题。在乡村治理体系现代化进程中，传统的乡村治理体系被打破，新的治理体系日益渗入，通过多案例比较助于厘清现代化的时代背景、实现路径、内在机理与改进建议。同时，多案例研究有助于推动形成普适性结论。本章所选择的八个典型案例在不同治理体系的融入方面均有一定的创新性，但同时也有一些共性值得借鉴。这些内容并不能在既有文献中找到准确答案，但是通过上述典型案例异同点的比较分析，有助于为其他乡村提供借鉴模板。

二　案例选择原则

在定性比较分析中，数据资料的完整获取和实证研究的开展都是基于案例展开，因此，案例选择的科学性对研究的深入开展和结果呈现与过程解释都具有重要意义。

一是关注案例的典型性。选择具有典型性的乡村治理体系现代化案例的首要前提是思考如何识别并认定一个案例具有现代化特征。结合实际情况来看，各地擅长以"伪创新"的形式标榜自己所在村庄具有现代性，但能否真正被认定为具有创新性、现代性则有待考究。本书研究的案例样本需要具有全国多数乡村的普遍共性与可复制性，因此样本来源主要为官方或者权威机构评选活动中的十佳案例，比如，由人民网和中共中央党校（国家行政学院）政治学部主办的"全国创新社会治理典型案例"评选，中央多部委联合开展的"全国乡村治理体系建设试点"村等。

　　二是确保案例的多样性和研究的适用性。在通过上述原则确定出的备选案例集中，每个案例集因其时间空间和主要内容等的不同而影响着案例集的适用性与可行性。一方面，在国家政策激励下，乡村治理体系创新的类型和内容丰富多样，比如，将"三治体系"、数字治理体系与传统乡村治理体系融合和乡村的基层党委、自治、经济"三合一"治理体系等。这些体系有的是地方政府自上而下推动的，有的是村庄自行探索的。备选案例集的乡村治理体系通过自主申报和推荐等形式参与评选，范围更加广泛，内容丰富，符合案例选择的多样性要求。另一方面，上述评选活动持续的时间较长且定期举办，或相关试点工作持续推进，为乡村治理体系现代化的研究提供了充足的样本，但是为了保证样本来源的合理性，本书还借助笔者长期在全国各地调研和部分区域驻村所搜集到的典型案例进行补充，进而提升样本的典型性与适用性。

　　三是确保研究的可行性。在通过上述两个步骤选定多案例作为研究对象后，进一步完善了样本选择标准。由于党的十八届三中全会才提出治理体系和治理能力现代化概念，城乡社区和城乡基层治理分别于2017年和2021年才提出，乡村治理体系创新示范于2019年开始，若从2017年开始搜集相关案例则难以满足多样性、充足性要求，若选择了近两年的案例又会因为时间太近无法检验现代化的实践成果，因此案例范围时间为党的十八届三中全会后的2015年（考虑到概念社会化所需要的时间）至2020年。在区域层面，乡村治理体系现代化时间较短，各地乡村开展情况不同，因此，案例来源地没有进行区分，参照现代化的组织化、规范化、标准化等维度进行筛选。

三　案例来源

　　为了保证案例的典型性、代表性和借鉴意义，本章的案例来源主要包括几个部分：一是中央农村工作领导小组办公室、农业农村部、国家乡村振兴局公布的全国乡村治理典型案例（2019年发布首批20个、2020年发布第二批34个、2021年发布第三批38个）；二是中央农村工作领导小组办公室、农业农村部、中央宣传部、民政部、司法部公布的全国乡村治理示范村镇名单（包括北京市平谷区刘家店镇等99个全国乡村治理示范乡镇和北京市海淀区温泉镇白家疃村等998个全国乡村治理示范村）；三是中央农村工作领导小组办公室、农业农村部、中央组织部、中央宣传部、民政部、司法部征集并批复的全国乡村治理体系建设试点单位名单中的115个县。同时，为了确保案例资料的真实性和可信度，文献资料来源要求限定在中央与地方政府的政策文件、国内外权威期刊的研究论文和官方新闻媒体的报道，最后在筛选出的多案例基础上，通过文献检索、电话访谈、实地调研等方式，获取完整的案例信息，在剔除信息不全或较为模糊的样本后还剩余20个有效性较高的案例，分别是北京市怀柔区洞台村、上海市闵行区永联村、广东省东莞市雁田村、福建省厦门市同安区莲花镇军营村、福建省厦门市海沧区集美后村、浙江省宁海县前岙村、上海市金山区护塘村、上海市宝山区天平村、山东省曲阜市阮家村、河南省信阳市郝堂村、辽宁省建平县小平房村、安徽省天长市光华村、湖南省新化县油溪桥村、江西省大余县竹木村、四川省彭州市宝山村、陕西省礼泉县袁家村、湖北省天门市七屋岭村、海南省海口市秀英区石山镇施茶村、内蒙古自治区伊金霍洛旗乌兰木伦村、四川省兴文县自由村共计17个省20个村庄，涵盖我国东中西部三大区域。

第三节　案例分析

一　组织同构：乡村治理体系现代化的组织创新

组织趋同理论认为，当存在强有力的外生性权力、组织的功能性或规范性吸引力、组织负责人在认知及规范上形成一致性，或面临较强的竞争压力时，组织趋同不可避免。目前，大多数西部乡村基本实现了村党组织书记的"一肩挑"，"三位一体"模式广泛建立，交叉任职的村两委委员和集体经济管理团队从便利性出发不自觉地保持三大体系的价值、制度、决策、程序和技术的基本一致，形成了所谓的规范性趋同。但是，基于市场逻辑和多重竞争性逻辑的强制性趋同和混合趋同机制也在两个案例中同时具备。

1. 基于市场逻辑的强制性趋同：村庄内部治理体系一体化

乡村治理现代化不仅需要多个治理体系的系统集成，还需要符合市场逻辑的制度设计。市场逻辑表现为市场经济遵循等价交换原则，而市场交换又会将事物都价值化、货币化，给一切东西标注上价格。一方面，基于价值和利益的市场逻辑与乡土社会中基于亲缘和地缘的人情逻辑完全不同，促使乡村中的农民传统交往原则发生一个巨大的变化，就是理性化的趋向明显增强。另一方面，市场逻辑带来的开阔视野和机会促进了村民的流动，大量乡村剩余劳动力流向城镇，促使农民生活的交往半径大大增加。这种村民人际交往的变化自然也会发生在村民进行组织的过程中，从而表现为市场逻辑对村庄组织和治理体系的影响。

宝山村、永联村等村庄随着集体经济的不断发展壮大，"集体经济组织生产的主要'产品'抽象化以后被乡村这个大系统所利用和'消费'，与乡村治理形成类似的共同信念和知识体系一起成为'合乎情理的逻辑'而被社会所承认"[1]，全新的治理体系应运而生（图3-1）。在"三位一体"的组织架构中，村两委积极倡导集体经济组织的组建与发展，并尊重其争取经济发展自主权利和拓展活动自主性空间的诉求，通过与集体经济组织的对话、沟通与协商将经济发展的相关权力让渡给集体经济组织，从而在村落内部重构一个新的权力平衡体系和职能分工体系。它们遵循同一套选聘、考核、分配标准和激励机制，遵循按劳分配为主、按资分配为辅的多样化分配形式，保障共同富裕；允许村两委成员与集体企业中高层管理人员自由流动和外部优秀人才的引入，确保村庄发展治理在村级党组织的掌舵下通过授权，依照市场机制而不是单纯的行政指令控制。另一方面也尊重村两委对村域内的经济发展职权，通过继续发挥党组织的引领作用来处理好集体经济组织所关注的成员利益和村委会所关注的村庄利益之间的关系，防范村庄内部的利益分化。

市场逻辑促成的横向一体化不仅仅表现在集体经济组织作为经济组织的代表成功嵌入村两委等体制性组织为主的正式乡村治理体系中，还表现在对体制外组织的整合上。宝山村原本也存在着一些独立运行的村社组织，但是集体经济的发展让集体经济组织拥有充分的资源和能力来承办这些组织所关心的具体事务。例如在产业发展和村庄建设上，集体经济可以支持村民议事会的需要；在农民技术培训和村社文化活动上，集体经济可以支持农民协会、文体健康协会的需要，等等。另外，集体经济组织的管理层也会在其他组织中兼职，例如兼任村民议事会成员或者兼任村务监督

① 衡霞：《组织同构与治理嵌入：乡村集体经济何以促进乡村治理高效能——以四川省彭州市13镇街为例》，《社会科学研究》2021年第2期。

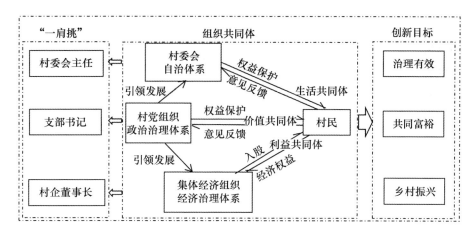

图3-1　村庄治理体系横向一体化

委员会成员等。集体经济组织功能的横向拓展进一步促进了组织之间的要素沟通与事务合作,推动村庄社会关系网络的建构。这些横向一体化都体现了集体经济组织与其他村社组织间的同构,这种乡村治理体系和同构机制表明市场化、契约化、组织化越来越深地嵌入乡村基层治理机制之中。

　　由此可见,乡村治理体系横向一体化的核心仍然是原来的政党治理、村民自治、集体企业治理体系,而且"三会"制度也没有因为一体化的治理体系而弱化,反而强化了"经受市场化洗礼的农民诉求"的整体性愿望;"宝山文化""正方精神""家风家训""社会主义核心价值观"等德治元素反而深刻融入企业治理体系;契约化的村规民约并未因其严苛性、惩罚性被村民排斥,反而在数十年的集体经济发展中发挥"软法"作用,具备了合法化要素;村民自觉接受市场化的治理规则,尽管分布在村庄内不同行业领域就业,却积极通过电话、微信、参会、列席等形式献计献策,或组建社会组织和志愿者组织,较早地形成了共建共治共享的社会治理格局。在调研中很难准确判断这些村庄治理体系的社会属性,但百分之百的村民满意度和远远高于县域、省域的乡村治理现代化程度[①]却客

---

　　① 本书写作时,笔者正在对全国乡村治理现代化现状进行测评,包括治理体系和治理能力两个方面,其中宝山村的现代化程度在彭州市抽样中为最高 (77.8),其他抽样村的分值均未超过70分;在四川省和全国抽样村的评估中,宝山村仍然是西部山村的翘楚,即使在东中西三大区域的评估中,分值仍然在第一方阵(评估值最低的村仅为48.77)。

观呈现了村庄内治理体系一体化所带来的治理效能，它不仅源于对市场规则的遵守，还在于市场体系的无形压力促使其强制性趋同，当然也能在其中看到模仿性、规范性趋同因子。

2. 基于政府逻辑的规范性趋同：乡村治理体系纵向一体化

乡村治理是国家治理体系中最基本的单元，乡村治理体系的法治化、科学化、精细化水平事关乡村基层的和谐稳定。党的十九大以来，"三共""三治"等多元乡村治理体系的构建成为基层政府的核心任务。兴文县自由村等村庄在此背景下探索了党的领导、村民自治、村资管理"三位一体"的横向一体化治理体系，两年前又开始探索以集体经济组织为载体的纵向一体化治理体系（图3-2）。在自由村治理体系横向一体化中，虽然组织同构了，但它的价值导向、制度体系、运行机制等方面远远没有达到宝山村等村庄数十年融合的深度，契约规则在治理的应用中也要弱一些，但是纵向一体化的治理体系却更有创新性和推广性，它把县和乡（镇）都捆绑到村级治理中，提升了治理效能。

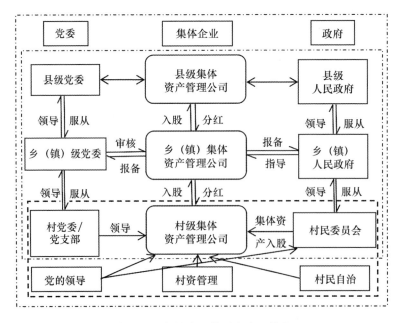

图3-2 乡村治理体系纵向一体化

纵向一体化由共乐镇党委和政府在自由村一体化治理体系基础上启动，以借资形式使全镇所有村庄入股镇级集体资产管理公司（共乐镇农发公司），在镇农服中心指导下，各村支部书记推荐选举产生农发公司董事长、总经理、监事长等四名管理人员，其薪酬来源于公司收益，占纯收入的 20%；其业务范围不与村级集体资产管理公司重合，但需要在镇农服中心指导下事先做好规划报镇党委批准，然后年底向各村级股东分红。与此同时，在县农业乡村局指导下，国有独资公司"兴文僰苗文化旅游责任有限公司"下设县级集体资产管理公司，由全县所有乡镇农发公司为股东，其管理模式与镇级农发公司的管理模式基本相同。事实上，全县所有镇村通过资金、资产、资源入股等形式，将长期沉睡的固定资产转化为收益，不仅村民每年能从镇、县两级集体资产管理公司获得分红，集体资产管理公司还能将部分盈余用于村庄公共服务和治理。根据规范性趋同理论，专业人员支配着组织改革的意图和方向，影响着组织的形式和功能。[①] 以自由村为代表的村庄治理体系纵向一体化实践，拓展了党政、村社、村民和社会力量在乡村治理中的积极意义，不仅实现了政府治理意图在乡村的真正贯彻，整合了乡镇和县级部门派驻乡镇机构承担的职能相近、职责交叉工作事项，建立集综合治理、市场监管、综合执法、公共服务等于一体的统一平台；构建县乡联动、功能集成、反应灵敏、扁平高效的综合指挥体系，推动各级投放的公共服务资源以乡镇、村党组织为主渠道落实，着力增强乡镇统筹协调能力，发挥好乡镇服务、带动乡村作用，还极大地增强了农民的向心力与凝聚力。

3. 基于多重竞争性逻辑形成的混合趋同机制

乡村治理体系一体化是乡村社会适应自身结构变化的调适，在于激发治理的内生性的有序，确保政府"出场"与"退场"时机恰好能避免社区与居民的"空场"与"缺场"，消除乡村治理制度脆弱性，优化乡村社会治理韧性。从上述村庄治理体系一体化过程来看，在市场逻辑与政府逻辑之外，还有历史的、发展的、责任的等多重竞争性逻辑存在；除了强制性和规范性趋同以外，三种趋同机制往往是在混合趋同的共同作用下形成

---

① 田凯、赵娟：《组织趋同与多样性：组织分析新制度主义的发展脉络》，《经济社会体制比较》2017 年第 3 期。

了一体化的治理体系，北京市怀柔区洞台村表现得更为明显。从主体结构来看，多个村级组织在规范与事实间不断耦合，共同形塑强大治理力量的公共场域，尤其是基层党委的政策领悟与执行能力、自身的致富能力和战略思维，促进了治理体系的创新与国家战略的高度一致，极大提升了村民对村庄各类组织的认同感与信任度，从而确保了组织体系、制度体系、运行体系、评价体系和标准体系的一体化运营。从权力结构来看，村庄内部组织基于村民流动性现状，在平行空间中耦合，在从属关系中解脱，具有法理特征的契约关系（股东）正在逐步建立，村庄内的自治能力不断增强，在极大程度地改变着乡村治理的生态环境，促使乡村治理结构和模式发生根本性的改变；从运行向度来看，以强制性趋同为主的横向一体化与以规范性趋同为主的纵向一体化，均在致力于摆脱乡村治理中强势主体根固与新兴力量挣脱的拮抗，以及治理体系中形式理性与实质理性的纠葛，有效避免了乡村治理体系中权力结构的运行危机。

二 职能重组：乡村治理体系现代化的流程再造

党的十九届五中全会指出，要"推动社会治理重心向基层下移，政府向基层放权赋能，加强乡村治理体系建设，减轻基层特别是村级组织负担，加强基层社会治理队伍建设，构建网格化管理、精细化服务、信息化支撑、开放共享的基层管理服务平台"。这表明，村级组织的管理职能较多、任务较重，借助乡村治理体系一体化契机重组各大组织职能就显得尤为必要。

1. 职能属性

乡村治理体系一体化背景下，村级各组织的职能属性与职能边界成为履行一体化治理体系的基本前提。中共中央办公厅、国务院办公厅印发的《关于加强和改进乡村治理的指导意见》明确规定了不同村级组织的职能属性，要求建立以基层党组织为领导、村民自治组织和村务监督组织为基础、集体经济组织和农民合作组织为纽带、其他经济社会组织为补充的村级组织体系。

村级党组织原有政治属性根据相关规定适当延伸，并拓展到一体化治理体系的各个治理组织，充分发挥党的全面领导功能，全面领导村民委员会及村务监督委员会、村集体经济组织、农民合作组织和其他经济社会组织,将党的战略方针、宏观政策落实到发展治理双维中,体现行政、社会和文化的治理属性,在发挥好引领者角色的同时,重塑村级公共服务者角色。山东省曲阜市在全市所有乡村打造"党建＋小微权力清单""党建＋合作社联盟""党建＋说事必回""党建＋新时代文明实践中心""党建＋和为贵调解室""党建＋党员划片"等六大品牌工程,破解乡村治理难点问题,构建"六位一体"乡村治理新格局,不仅强化了小微权力的监督和基层社会矛盾的化解,还破解了村集体经济收入薄弱和乡村治理最末端服务难等问题。

村委会的半行政属性回归到自治的公共属性,致力于乡村公共事务的治理而不是乡镇(街道)及以上层级政府下达任务的完成,使其从"要我治理"变为与村民共同的"我要治理",使得村庄不仅是生活的共同体,更是新时代背景下价值共同体、精神共同体和利益共同体的公共场所,更是发展与行动的公共空间,从而提升乡村社会的公共精神和现代治理理念。随着村党支部书记与村委会主任"一肩挑"的全面展开,村委会更多数时候是履行决策实施权,比如,内蒙古自治区伊金霍洛旗乌兰木伦村。一是在村党支部履行决策组织权确定正式议题时,村委会需要给予协助,重点看这些议题是否合法合规、是否切合实际、是否符合群众意愿;二是村委会根据党支部确定的正式议题组织召开村民代表会议,由村民代表会议表决通过并形成决议。在村民代表会议履行决策表决权时村委会给予协助,重点看程序是否合法,依据、定性是否准确恰当;三是由村委会自身履行决策实施权,严格按照村民代表大会表决通过的会议事项组织实施,严格执行,并随时公开实施进度和实施结果,接受村党支部和村民监督委员会对村委会的组织实施过程进行全程监督,不定期将工作开展情况和监督情况向村"两委"班子联席会议反馈。村级事务的执行权、决策权和监督权相互分离、互相制约,从源头上杜绝了"一言堂"和权力滥用。

村级集体经济组织历来只有经济属性,专注于村庄集体资产管理、集体经济发展、集体资源开发和服务集体成员等方面的作用,以利益为纽带建立起与村民更为稳固的公共关联,但是一体化治理体系中,高度趋同的组织结构和治理体系,促使集体经济组织呈现鲜明的服务治理属性,日益与村级党组织和村委会的公共属性趋同,这反过来又进一步强化了乡村治理体系一体化的形成和推广，以及国家意志的贯彻，也在一定程度上促进了乡村治理迈向现代化的步伐。比如，陕西省汉中市留坝县小留坝村和四川省兴文县自由村，均由村党支部书记通过法定程序担任扶贫社理事长或集体资产管理公司董事长，股东包括政府、村集体和村民，但这里的政府主要是指基层政府，以直属的农业服务公司名义入股却不投资，主要起监督作用，在村集体经济组织成立初期拥有一定的话语权，保证经济组织运营不偏离各级政府的政策要求；当村集体经济组织发展壮大后，政府直属部门再退出。再比如，福建省厦门市同安区莲花镇军营村，在发展壮大集体经济以后，对完善后的传统乡村治理体系"村党组织—村民小组长—邻长—村民"进行资源、资金和技术的反哺，增进了邻里感情，提升了服务能力和村庄凝聚力。

2. 权责分配

乡村治理体系一体化中的组织同构与职能属性的趋同意味着乡村正在形成一种有序的集体治理行动，不同体系通过组织、制度、运行、标准等体系的互动关联和系统集成来实现村庄治理资源的最大化利用和治理的高效能。图3-2清晰地展示出不同治理体系是如何在村庄内部实现关联和整合的，以及在不同案例中均呈现出主体间的默契配合和村庄社会秩序的井然状态，因而不同治理体系中关键组织的权责分配就成为乡村治理体系一体化的关键。以倡导一体化机构闻名的美国学者古利克认为，经过整合的组织是"人类在文明过程中挺起腰杆、提高自身地位的鞭礴"[1]，整合后的一体化组织更有利于民主控制的职责明确分配。从一体化的乡村治理体系来看，村级党组织、村民委员会、村级集体经济组织和其他组织的责任非常明确，村级党组织既有加强党的建设责任，也有义务培养党的后备干部和村级致富带头人，提升村民对党的认同感，强化党的合法性基础；村民委员会回归自治职能，强化基层治理的公共性与现代性，实现流动性和复杂性较强的乡村社会"良序善治"，满足村民和基层政府的整体性需求；村级集体经济组织的责任在乡村振兴背景下和一体化治理体系中的责任似乎更大，不仅要贯彻落实党的战略意图，更要具有强大的治理反哺能

---

① ［美］卢瑟·古利克：《组织理论评论》，载于［美］卢瑟·古利克与［英］林德儿·厄威克合编《行政科学论文集》1937年英文版，美国纽约：美国国家公共行政学院，第4页。

力，带领村民早日实现共同富裕。当然，有责任也会赋予相应的权力。近年来，党和政府陆续出台了多部有关于乡村基层党组织、村民自治、集体经济组织的法律、条例和规章，明确赋予不同村级组织在一体化治理体系中应有的权力，保证创新性治理体系的生命力与可持续性。由此可见，资源统筹职能在创新性治理体系中的重要性。

清单制则是乡村治理中对权责分配进行的一个重要探索。针对基层小微权力"任性"、管理服务事项不清责任不明、监督无章可循等问题，基层政府将清单制运用到乡村治理中，通过梳理清单、制定操作流程、明确办理要求、建立监督评价机制等措施，形成制度化、规范化的乡村治理方式。这些清单包括村级组织自治清单、村级组织协助政府工作清单、村级小微权力清单和其他特色清单。基层政府在对村级小微权力事项进行全面梳理后因地制宜编制清单，在遵循法律基本要求的前提下，明确每项清单的权力主体、权力内容、操作流程、决策方式、责任追究等细节，让群众按图办事，干部按图履责。比如，浙江宁海县全域构建乡村反腐新机制，通过小微权力清单标本兼治推进乡村依法治理，妥善地解决了乡村社会经济快速发展进程中出现的小微腐败及其带来的村级矛盾纠纷问题。该县编制了《宁海县村级权力清单36条》，编制了村级组织的权力行使流程图45张，涵盖了17项便民服务事项和19项公共权力事项，基本实现村级权力全覆盖，为基层治理现代化提供了范本。事实上，全国建立起并有效执行清单制的乡村较多，比如上海市金山区护塘村的"四张清单"、福建省厦门市海沧区的"6张清单"、安徽省天长市新街镇的"三张清单"等，均有力地压实镇党委主体责任、纪委监督责任，强化村务监督委员会主体监督、群众民主监督职能，把小微权力关进制度笼子。

3. 资源统筹

根据吉登斯的观点，"资源"是权力得以实施的媒介，是社会系统的结构化特性，以互动过程中具有认知能力的行动者作为基础，并由这些行动者不断地再生产出来。[①] 可见，治理主体凭借自身的"资源禀赋"参与乡村治理活动，治理主体的权力大小和其在治理权力体系中的地位取决于其拥有的资源，资源的多寡和各种资源组合还同时决定着行动者治理能力

---

① ［英］吉登斯：《社会的构成》，李康、李猛译，生活·读书·新知三联书店1998年版。

的强弱。在乡村治理中，村党委和村委会的等正式制度安排下的主体首先是掌握公共权力，因此拥有权威资源；其次是作为村社集体资产的所有权代表拥有对集体经济的支配权力，再加上可以直接对接上级政府的资助，因此拥有经济资源；最后是身处政府的科层体系内拥有组织资源。除了这些正式主体，也存在很多非正式制度中的主体，可以成为村庄内部形成的村社组织，包括经济性（例如合作社、技术协会、专业技术协会等）、社群性（例如家族、庙会、老人会、文体健康协会等）和社会服务性（例如互助社、互助组、红白理事会及志愿者组织等）等"功能性组织"。这些村社组织首先是贴近社会和易于发挥农民的主体地位，更能代表和反映村民的利益诉求，因而容易得到村民的支持，掌握着村庄内部的社会资本；其次是其中的合作社等经济组织也通过经济业务对村民的整合掌握着一定的经济资源；最后是这些非正式组织往往吸纳了很多体制外的村社精英，包括富裕农民、农民企业家、致富能手、致富返乡的农民工、农村知识分子等。他们往往掌握着一定的关系网络，或是源于个人魅力、血缘关系、同学关系、朋友关系、经济互利关系等因素，或是源于村庄外部的个人官方资源背景、与村外某强势人物的联系等因素，这些关系网络为这些非正式的村社组织带来了关系资源。①

　　基层政府官员在访谈中多次提到治理责任的属地化与资源的部门化冲突，不同部门均有相应的负面清单限制相关资源的使用范围。村级组织工作人员印证了这一说法，同时还反映出不同治理体系单独运行时对资源配置产生的负面影响。自由村党支部书记认为，本级组织同构以前，低保户的确认难、书记主任扯皮多导致公共政策的执行难和资金使用效率低，这些都反映出不同治理主体在一体化之前各自运用自身资源造成的困局。但是，村庄治理体系一体化运行以来，这些现象得到及时扭转。从典型乡村治理体系一体化运行现状来看，同构的村级组织有效地整合了各种组织、制度、人才、技术资源，培育出多种专业化的社会组织和志愿者组织，发挥他们在意见收集、困难帮扶、教育服务、公共安全、村民参与等方面的长项，为村级党组织决策提供依据。不论是横向一体化还是纵向一体化村庄的党委通过整合村社和村民资源，形成了股份制集体企业，建立了多种

---

　　①　陈潭：《治理的秩序》，人民出版社 2012 年版。

集体经济分配形式，促进村民共同富裕。同时，通过发展壮大的集体经济反哺美丽乡村建设，宝山村集体经济组织反哺资金最高一年超过三千万，在近四十年的反哺中将村庄建设成为全国"百强村""文明村"和四川省"红旗村""小康示范先进村"；其他村庄党委把致富能人培育成为党员和村党支部书记后，努力将一个集体资产为零的村庄发展为数十万元的先进村庄，村民的公共精神与自治意识明显提升，村庄环境明显改善。在这些村庄的不同群体访谈中均得到一个共同结论，即村庄治理体系一体化以后，村级党委的资源统筹能力明显增强，资源整合效用的时间明显缩短。当然，资源统筹的层级不只是组织层面的资源，也包含村庄内外的各种资源。

4. 流程再造

村庄治理体系一体化实践曾受到诸多地方政府和学者质疑，尤为关心的是"三位一体"后是否会导致村党支部书记的权力过大，缺乏村委会主任和集体经济组织负责人的制衡而出现决策垄断、权力寻租等后果，但典型案例的实践者均认为，治理体系一体化促进了村级党组织的政治引领功能强化，自治职能归位，发展较好地反哺了乡村治理。取得这一成果的最大根源在于村庄治理体系横向与纵向一体化，甚至是横向与纵向治理体系的系统集成，均在流程上更新了治理技术、优化了治理方式。在新型治理体系中，村民自治体系按照既有规章制度将国家治理意图整合到村庄政治治理体系的决策过程，经济治理体系以集体利益为纽带，在法治体系保障下与村庄的政治、自治体系耦合，并通过德治体系保证经济治理体系的秩序性、自治体系的规范性，同时与政治体系系统集成。在传统乡村社会中，流程再造的技术很难借助于现代信息技术完成，更多的是采用传统手段从组织上进行整合同构，从制度、标准上保障运行，特别是村内各大组织经过流程再造后，从领导与被领导、代表与被代表的关系转化为平等协商的一体化运行关系；村内各大组织与乡（镇）和县级党委政府的关系也发生了一定的变化，尤其在集体经济发展道路上，县（乡）党委和县（乡）人民政府与同级集体资产管理公司的关系定位非常明确，不是参与、合作关系，而是报备、审核、指导关系；下级集体资产管理公司与上级集体资产管理公司的关系不是领导与被领导关系，而是股东关系、指导关系。正是一体化治理体系对不同体系的流程再造，形成了新的组织结构、职能体系、权责关系和治理机制，带来了两个村庄繁荣振兴的新面貌。

在村级治理体系流程再造方面除了自由村等村庄的县、乡镇和村三级组织体系的融合，也反映在办事流程的再造上。比如，北京市怀柔区依托全区政务服务三级体系，创新"三棒接力"办事流程新模式。"第一棒"是村级政务服务站代办员在做好代办信息采集、材料整理、提交申请的基础上，为村民提供全程无偿代办服务，完成由村跑镇的交接。"第二棒"是镇（街道）政务服务中心办事员快速处理村级代办员报至镇（街道）的申请，并负责代替跑办需要到区级政务服务中心或分中心办理的事项。"第三棒"是区级政务服务中心或分中心窗口人员对能够即时办的事项"即接即办"，承诺事项压缩时限办。办结后第一时间联系"第二棒"办事员，及时现场取件或邮件送达。这种互动接力式办理的服务模式，实现了由多次跑变为一次办、由群众跑变为干部跑、由等候办变为承诺办。为了保证这种办事流程的执行，还配套了相应的机制，包括例外事项特批机制、代办承诺机制、容缺后补机制、第三方暗访检查机制等。上海市金山区护塘村甚至还根据村级重要清单事项，绘制了每个事项办理的程序流程图，明确事项的名称、实施主体、办理流程、运行过程的公开公示等内容，让百姓一目了然。

三 治理嵌入：乡村治理体系现代化的实现路径

周飞舟描述了税费改革后的国家与农民的松散关系，以"悬浮"来描述原本作为国家和农民直接发生关系节点的基层政府的状态，深刻揭示了后税费时代乡镇政府与乡村社会两个场域若即若离的状态。[①] 此后，悬浮型政权也成为乡村治理研究中对国家与农村样态的一个常用表述和共识。很多学者将"嵌入"作为克服"悬浮"的一个重要手段，探索破解"悬浮型"政权所造成的乡镇政府"半瘫痪"状态、国家和农民之间的"真空"状态等实践弊端。各种形式的嵌入为悬浮下的分离提供了一种有效的弥合，可以有效应对乡村治理危机。嵌入式治理不仅从社会学研究领

---

① 周飞舟：《从汲取型政权到"悬浮型"政权——税费改革对国家与农民关系之影响》，《社会学研究》2006 年第 3 期。

域中进入治理研究领域成为常用概念，也成为近年来基层治理实践中的常态。

　　嵌入式治理是社会学领域中的常用概念，也是近年来基层治理的常态，包括党组织、社会组织的主体嵌入，文化、关系等内容嵌入，以及管理技术等路径嵌入等。随着市场经济体制的建立，执政党对乡村各类组织的监控能力和奖惩能力逐渐减弱，后者对前者的组织依赖程度也逐渐弱化，导致乡村地区的简约治理和悬浮治理日渐成为常态，严重影响了乡村治理的现代化进程和乡村振兴步伐。按照顶层设计，村级党组织将发挥统筹乡村社会的整合功能，然而乡村党员大量外出务工，滞留党员素质不高导致基层党组织软弱涣散，在基层治理中发挥的作用不充分，这就为各类组织的嵌入提供了外部环境。党的十九届四中全会提出要"坚持和完善共建共治共享的社会治理制度"和"建设人人有责、人人尽责、人人享有的社会治理共同体"，这又为学界研究地方政府如何在实践中将集体经济组织嵌入乡村社会治理提供了研究方向。彭州市等根据乡村社区特质和经济社会发展现状，及时将集体经济的发展壮大与乡村治理高效能链接，以集体经济全员化为转轴，通过制度供给、治理资源输入、新型治理权威塑造等途径嵌入乡村治理过程中，实现激发乡村社区活力、增强了农民的政治认同等多重治理效果。

　　1. 制度嵌入

　　自主治理理论认为，当环境变量改变并重新组合时将影响治理主体的策略选择，进而形成新的治理规则供给。

　　一是以集体经济作为制度嵌入的载体。我国乡村集体经济组织在新中国成立后较长时期内与其他基层组织合二为一，虽然在改革开放以后，这种组织结构被打破，却仍然悬浮于乡村社区。党的十八大以来，先后发布了《中共中央、国务院关于加快发展现代农业进一步增强乡村发展活力的若干意见》和《乡村振兴战略规划（2018—2022年）》等11份支持乡村集体经济发展、改善乡村治理成效的政策文件；连续8年发布的中央一号文件也再次强调了发展集体经济的民主协商方式，加强村党组织对村级集体经济组织的领导，村党组织书记通过法定程序担任村委会主任，通过带领群众共同富裕、动员群众参与乡村治理，维护乡村和谐稳定。自2013年以来的多份中央一号文件均强调农民合作社等集体经济组织既是发展农村集体经济的新型实体，也是创新农村社会管理的有效载体。显然，中央政府试图以集体经济发展为基础，通过民主协商和法定程序等治理规则的嵌入和引导，将集体经济组织的经济属性和政治属性向社会属性延伸，充分发挥乡村内生秩序的社会规范作用。彭州市根据众多中央文件和省市要求，对乡村合作社、乡村集体经济组织等降低了工商准入门槛，并给予了大量经费支持，把具有较强行动能力和经济价值生产能力的乡村精英纳入基层党组织和乡村治理体系中，作为逻辑起点的乡村集体经济环境变量与作为最终选择结果的组织同构，与村民自治偏好契合，及时有效地回应了各个治理主体的需求，保证了中央制度嵌入乡村治理的规则有效和可持续；通过党组织将原子化的村庄重新组织起来，密切群众与各类组织的情感距离和空间距离，避免乡村社会治理精英的非理性外流，使得村两委与集体经济组织在目标耦合中实现治理价值同轨，利用嵌入的制度规范正确引领乡村内生社会秩序。

二是以治理创新作为制度嵌入的策略。积分制最早是基层政府在精准扶贫中的实践创新，因为激发了贫困村的内源动力逐渐自下而上被总结为成功经验。2018 年《中共中央 国务院关于打赢脱贫攻坚战三年行动的指导意见》总结了基层扶贫中以表现换积分、以积分换物品的"爱心公益超市"等自助式帮扶做法，实现了社会爱心捐赠与贫困群众个性化需求的精准对接。此后，积分制的做法也被借鉴到更广泛的乡村治理中。为了实现村规民约落实、农村人居环境整治、文明乡风营造、社会综合整治等治理目标，针对治理工作中的薄弱环节和农民群众最关心、最迫切的治理问题入手，很多地方在乡村治理中创新出"积分制"的工作办法。主要以积分评价管理为主要形式，将乡村治理的相关事项量化为积分指标并制定积分评价办法，运用该办法对相关主体行为进行评价并形成积分，并根据积分给予相应的精神鼓励、物质奖励或者行为约束。以推进村规民约落实为例，村委会将村规民约的各项要求细化为积分事项，鼓励的事项（例如五好家庭、文明示范户）为加分项，禁止的事项（例如道德失范、乱搭乱建、恶意上访等行为）为减分项，制定积分评价办法，经村民代表大会审议通过后实施。根据积分评价办法可以形成每户的积分台账，一方面可以开展积分应用，例如每户还可根据积分兑换适量生活用品或者享受特定优待，另一方面也可以通报积分排序推行"3 榜积分"。以月积分为依据,分别对积分排名前列的家庭通过红榜公示;对积分排名靠后的家庭通过黑榜进行曝光;以年度积分为依据,对各村年度积分榜总积分排名靠前的家庭进行奖励。让村民在红黑榜和年度积分榜中体会荣辱感,达到警示村民的作用,调动村民的积极性。例如,湖南省新化县油溪桥村,通过专注"小积分"答好"新考卷",探索出了村级事务积分考评管理的新办法,将曾经的省级特困村和有名的软弱涣散村转变为党组织引领有力、村民积极参与有动力的村庄。采取类似做法并取得积极成效的村庄还有江西省赣州市大余县、安徽省天长市新街镇等。

三是以治理重心下沉作为制度嵌入的基础。制度嵌入的目的并不是要让国家制度掌控农村社区,相反,制度嵌入要以保护村民利益和提高村民自治能力为着眼点。北京市怀柔区总面积 2122.8 平方千米,其中山区面积占89%,受自然条件限制,村庄距离镇级政务服务中心都比较远,农民经常为一件事跑几次路,虽然有线上办理的方式,但是很多农民还不会用电脑、不会填写表格,难以获得有效服务。因此,2018 年怀柔区创新提出"足不出村"办政务改革,推出 101 个高频可义务代办事项,实现了权限下放、窗口前移、服务下沉,打通了政务服务"最后一公里",提升了村公共服务效能。首先是服务体系的构建。在区级建立"1+6"政务服务体系,即区级政务中心行政审批大厅和人保、医保、公安、税务、不动产和民政 6 个区级政务服务分中心,在镇级有 16 个街镇政务中心共59 个窗口,可办理1404 个政务服务事项。在村级每个政务服务站都设置1 个综合窗口,可受理村居级 101 项政务服务事项。其次是服务功能的丰富。利用村级政务服务站场地,整合资源,搭载功能,探索推广了"政务+村务+商务"村事服务站,一站式解决了银行取款、邮寄购物、预约挂号、农副产品销售等问题,实现"单一式服务"向"综合式服务"转变。最后是服务方式的完善。提升村级代办服务,全方位服务老、弱、病、残等弱势群体。通过电话邀约、上门服务等方式,满足村民代办需求,努力实现全天候应需应急办理。

四是以法治乡村建设作为制度嵌入的保障。法律下乡是制度嵌入的重要内容,也是制度嵌入的重要保障,因此要推进法治乡村建设。要规范农村基层行政执法程序,加强乡镇行政执法人员业务培训,严格按照法定职责和权限执法,将政府涉农事项纳入法治化轨道。大力开展"民主法治示范村"创建，深入开展"法律进乡村"活动，实施农村"法律明白人"培养工程，培育一批以村干部、人民调解员为重点的"法治带头人"。深入开展农村法治宣传教育。加强农村法律服务供给，发挥人民法庭的职能作用，推广车载法庭等巡回审判方式。加强乡镇司法所建设。整合法学专家、律师、政法干警及基层法律服务工作者等资源，健全乡村基本公共法律服务体系。深入推进公共法律服务实体、热线、网络平台建设，鼓励乡镇党委和政府根据需要设立法律顾问和公职律师，鼓励有条件的地方在村民委员会建立公共法律服务工作室，进一步加强村法律顾问工作。完善政府购买服务机制，充分发挥律师、基层法律服务工作者等在提供公共法律服务、促进乡村依法治理中的作用。比如，海南省儋州市为了推进法治乡村建设，不仅完善了法律服务制度、内容，还努力打造"智能化"公共法律服务并创新普法宣传载体，推动法治思想深入民心。

2. 资源嵌入

农业税取消打破了原来基于"征税关系"而成的"基层利益共同体"，同时也削弱了乡镇向下的资源汲取能力。但是，村庄内部本身就缺乏经济资源和内生价值能力，因而导致除了国家、政府、村党委与村委会等行政性、单向式、集权式管理等特征明显且以单纯的"强制性秩序维持"为"核心目标"的组织之外，缺乏其他治理主体的参与。这种主体弱化的传统治理结构也带来弱化的乡村基层政权治理能力，公共服务能力的不足而且与乡村社会关系日渐疏离，呈现出乡村治理体系的"悬浮"。可以看出，这种悬浮的根本原因在于资源的缺乏。近年来，各级政府在乡村社区的治理资源投入力度越来越大，为各村社匹配了相应的社区发展治理保障资金，用于社区治理；鼓励有条件的村社培育本土社会组织或引进外地社会组织为本地村民提供公共服务、生活服务。更为重要的是，许多地区开启了乡镇治理现代化、市域社会治理现代化的试点工作，探索基层党建引领下，以村民自治为基础、农民专合组织和集体经济组织为纽带的乡村治理体系的建立健全，推行基层干部"基本报酬＋考核绩效＋集体经济创收奖励"的报酬制度和上升通道。

宝山村、小留坝村与全国其他许多地区一样，开启了乡村治理现代化的创新性探索。一是文化资源嵌入。尝试将乡村固有的礼、信、仁、义等传统文化与集体经济组织中的契约文化结合，形成组织同构后的新型村规民约，并内化为村民间平等、民主参与社区公共事务管理，以及相互协作、互利共荣的思想与理念，多数村落的矛盾纠纷从五年前的近百件下降到目前的几件，甚至零件。二是关系资源嵌入。村党委对村民来讲，是党政体系，是乡村社区发展治理的领路人；村民自治委员会是村民的自治组织，维护村民权益；集体经济组织是集体利益的代言人，在长期"政经"一体化影响下，村民对其发展持观望态度。正是三类组织代表不同的利益群体，在"政经社"三合一体制下，其治理行为有着更为复杂的关系嵌入；也正是集体经济发展势头良好，年均反哺社区治理的资金才能占到集体收益的30%以上，村民与村两委和集体经济组织建立起信任机制，集体经济组织在发展过程中逐渐改变先前由政府和"类政府"（村党委与村委会等）等体制性色彩极强的组织所主导、以"强制性秩序维持"为核心目标的"单中心"治理结构，走向以"多主体协同"为手段和"协商性整合"为取向的新型治理结构，[①] 有效激发了村民参与公共事务的意愿，促使契约关系、行政关系与乡村关系迅速融合。三是治理资源嵌入。宝册村等一些较为偏远的乡村地区，外生资源较为缺乏，集体经济以内生型为主。在村两委与集体经济组织同构后，文化、关系资源的不断嵌入，加速了内生治理主体的培育进程，保证了内生治理需求并未受到外部治理方案的主导而弱化。

3. 技术嵌入

如果说制度嵌入为集体经济与村两委的组织同构提供了必要前提，资源嵌入为组织同构提供了基本保障，那么技术嵌入则是保障同构后的组织良性运行的客观存在。党的十九届四中全会提出新时代的社会治理体系必须强化科技支撑，因为科学技术正在形塑着社会的时空结构，以一种权力主宰者的角色向经验现实靠近，潜移默化地深度进入城乡空间场景，不断改变着社会秩序结构与运行架构。[②] 在传统的乡村社区中，村党委在治理中既采取管控和法治举措又要及时回应村民诉求，村民委员会重点在自我管理，这两种治理路径均强调维护和平衡村民的多项权利诉求。集体经济组织却更加注重村民的经济权利，较少将其技术性管理路径融入乡村社区

---

① 赵泉民:《合作社组织嵌入与乡村社会治理结构转型》,《社会科学》2015 年第 3 期。

② 张亚鹏:《技术的社会嵌入与国家治理转型》,《中国延安干部学院学报》2020 年第 2 期。

事务治理中来。彭州市在推动集体经济全员化发展过程中，充分结合村党委在社区治理中的方向性作用、集体经济组织与社区治理同频共振、村民委员会的事后监督机制，将天府市民云、网格化管理系统与集体经济组织的管理系统进行整合，率先在宝山等村社形成一体化平台，打破了乡村社区碎片化治理的传统格局，为全员化的集体经济组织成员提供了便捷的社区事务参与渠道。特别是宝山村等集体经济发展较好的村社还把村民的技能与素养提升、乡村治理参与度等通过信息技术平台予以公示，其结果与年底集体经济分红挂钩。由此可见，技术嵌入路径扩大了集体经济组织与村两委组织同构后的政社互动和村民参与乡村治理的机会，从理念层面促进乡村社区树立整体性治理思维，通过科学化、精准化来改变乡村社区的简约治理现状。

上海市宝山区运用现代信息技术，探索建立了以党建为引领、以移动互联网为载体、以村居党组织为核心、以城乡居民为主体、以有效凝聚精准服务为特点的智能化治理系统——"社区通"。自创立以来，全区的居委和村全部上线，超过 63 万村（居）民实名加入。在"社区通"的构建和运作过程中，宝山区进行了一系列的设计和努力。一是建立社区治理架构，村民实名认证成为用户，各村形成小治理单元。乡镇构成基层大治理单元，全区形成完整工作系统，各部门加入后台提供支撑。二是完善内容板块，打造"移动互联"工作载体。设立爱宝山、宝山大调研、党建园地、社区公告、左邻右舍、议事厅、警民直通车、家庭医生、公共法律服务等功能板块。针对农村地区专门开设了"乡村振兴""村务公开"等板块，全方位展示乡村振兴工作进展，全透明公开村内财务收支、各类票据、动迁房分配、村干部报酬等村务信息。三是建立"社区通治慧中心"，对村民发帖、点赞、评论等数据进行深度分析，描绘基层"社区画像"，发布不同人群、街镇、阶段的十大需求列表，对社区舆情苗头实时预警，实时发现群众"痛点"、民生"堵点"。四是确保群众问题快速处置。建立村情问题"自动收集、分层处置、全程记录、结果反馈、群众测评"的跟踪系统，对群众问题时限内回应处置，并将处置情况纳入考核，确保问题处置无遗漏。建立问题分层分类处置闭环，其中自治共治能解决的问题，由村解决；超出村范畴的，智能对接区网格化管理平台解决；历史遗留问题，约请职能部门解决。

除了上述典型村庄以外,湖南省娄底市和涟源市建立了"一网一微一栏"线上线下相结合的工作平台;浙江省桐乡市乌镇以"乌镇管家"云治理平台为抓手,运用物联网、大数据、云计算、人工智能等技术来创新乡村治理体系;陕西汉阴县完善了"321"基层治理信息系统和"三线"人员手机 App,实现"数据多跑路,群众少跑腿"。这些典型案例的实践经验表明,技术嵌入呈现如下优势:一是干部群众便捷互动,进一步连通了党心民心,基层组织力持续强化。通过党建连上网、书记当群主、百姓当"粉丝"的方式,推动干群间互动方式深刻改变。这种便捷的互动方式也可以促进群众参与水平提高,从少到多,从老到青,大量群众只需要通过信息技术就可以线上参与到社区治理中。村民成为信息发布的主体之一,群众与党和政府之间的互动沟通从单向转为多维,有利于基层线上线下同时践行群众路线,密切了干群关系。二是群众需求精准把握,进一步连通了需求供给,城乡服务更加精细智能。通过大数据技术在后台进行深度分析可以梳理出群众需求并根据用户信息进行分类,实时发现群众"痛点"和民生"堵点",实现精准治理。可以说,技术嵌入提升了服务群众的精准性、实效性。三是群众问题快速处置,进一步连通了多元主体,基层治理体系进一步完善。以往的议题设置都是自上而下进行的,但是技术嵌入使得基层的治理主体可以从自身实际出发,自下而上提出议题、形成项目、订立公约,形成崭新的议事协商模式。

4. 文化嵌入

进入新时代,以习近平同志为核心的党中央把文化建设提升到一个新的历史高度,把文化自信和道路自信、理论自信、制度自信并列为中国特色社会主义"四个自信"。统筹推进"五位一体"总体布局、协调推进"四个全面"战略布局,文化是重要内容;推动高质量发展,文化是重要支点;满足人民日益增长的美好生活需要,文化是重要因素;战胜前进道路上各种风险挑战,文化是力量源泉。如果说制度嵌入为乡村治理体系的完善提供了必要前提,资源嵌入为乡村治理体系的运作提供了物质保障,技术嵌入是保障乡村治理体系良性运行的客观存在,那么文化嵌入就是真正保证乡村治理体系长久生效、内化于心的柔性规训。

文化嵌入的主要内容包括:(1)需要积极培育和践行社会主义核心价值观。推动社会主义核心价值观落细落小落实,融入文明公约、村规民约、家规家训。通过新时代文明实践中心、农民夜校等渠道，组织农民群众学习习近平新时代中国特色社会主义思想，广泛开展中国特色社会主义和实现中华民族伟大复兴的中国梦宣传教育，用中国特色社会主义文化、社会主义思想道德牢牢占领农村思想文化阵地。（2）实施乡风文明培育行动。弘扬崇德向善、扶危济困、扶弱助残等传统美德，培育淳朴民风。开展好家风建设，传承传播优良家训。全面推行移风易俗，整治农村婚丧大操大办、高额彩礼、铺张浪费、厚葬薄养等不良习俗。（3）加强村规民约建设，强化党组织领导和把关，实现村规民约行政村全覆盖。依靠群众因地制宜制定村规民约，提倡把喜事新办、丧事简办、弘扬孝道、尊老爱幼、扶残助残、和谐敦睦等内容纳入村规民约。建立健全村规民约监督和奖惩机制，注重运用舆论和道德力量促进村规民约有效实施，对违背村规民约的，在符合法律法规前提下运用自治组织的方式进行合情合理的规劝、约束。（4）思想道德建设。发挥道德模范引领作用，深入实施公民道德建设工程，加强社会公德、职业道德、家庭美德和个人品德教育。大力开展文明村镇、农村文明家庭、星级文明户、五好家庭等创建活动，广泛开展农村道德模范、最美邻里、身边好人、新时代好少年、寻找最美家庭等选树活动，开展乡风评议，弘扬道德新风。（5）农村文化建设。加强基层文化产品供给、文化阵地建设、文化活动开展和文化人才培养。传承发展提升农村优秀传统文化，加强传统村落保护。结合传统节日、民间特色节庆、农民丰收节等，因地制宜广泛开展乡村文化体育活动。加快乡村文化资源数字化，让农民共享城乡优质文化资源。挖掘文化内涵，培育乡村特色文化产业，助推乡村旅游高质量发展。河北省邯郸市肥乡区对农村高价彩礼的专项整治和移风易俗建设、山东省沂水县的殡葬制度改革、福建省厦门市同安区莲花镇的"爱心厦门、同安在行动"活动等均有力地改变了传统乡村陋习，促使社会主义新风尚的日益社会化。

通过典型案例的实证分析，可以发现文化嵌入有几个重要路径。第一是发挥党的引领作用。文化嵌入的一个重要目标就是嵌入社会主义先进文化来取代村庄内生的落后文化和腐朽文化。先进文化是以马克思主义为指导，以培养"四有公民"为目标，面向现代化、面向世界、面向未来的健康积极向上的社会主义文化。社会主义先进文化是马克思主义普遍原理与中国文化相结合而产生的新的文化。可见，先进文化的重要特征就是以马克思主义为指导,以社会主义为内涵。因此,中国共产党需要担负起新的文化使命,大力推进社会主义文化强国建设,坚持文化为人民服务、为社会主义服务,努力促进满足人民文化需求和增进人民精神力量相统一。在农村,基层党组织要坚持马克思主义在意识形态领域的指导地位,不断推进马克思主义中国化、时代化、大众化,坚定文化自信。基层党员干部要以身作则遵守先进文化要求、支持健康有益文化活动,努力改造落后文化,坚决抵制腐朽文化。党员干部还应该发挥先锋模范作用,自觉坚持以社会主义核心价值观引领农村的文化建设、带动农民的理念转变。第二是发挥社会的参与作用。文化建设是"先进性"与"大众性"的统一。一方面,先进文化在被人民群众接受时才能实现其功能和价值。文化发展必须植根于群众生活,深入到大众心理,塑造正确的价值观,对社会产生积极影响。另一方面,群众是创造、实践和享受文化的主体。大众文化的发展程度直接影响社会文化的整体水平。先进文化建设就是建设先进的大众文化。因此,要真正动员社会力量自觉吸收并遵从先进文化才是文化嵌入的真正目的。在抵制彩礼的移风易俗活动中,由民间的义务红娘队、巾帼志愿者、热心大姐、爱心女性等优秀妇女广泛参与从事免费婚介服务所提供的志愿服务和一些志愿服务联谊活动、公益联谊相亲等活动,都体现出大众文化的进步,有效保证了移风易俗真正深入人心。

第四节　乡村治理体系现代化的经验与启示

一　整体性治理理念是乡村治理体系一体化的关键与保证

整体性治理理念是针对新公共管理理论的"碎片化"治理而形成的政府改革理论,村民委员会和村级集体经济组织虽然不存在政府部门复杂的条块关系,但是村级党组织与上级党组织的被领导关系仍然存在;村委会的半行政化地位决定其与上级政府的依附关系,却又因其自治本质而游离于法律规范的行政主体范畴之外,它虽然是集体经济组织的实质管理主体却不干预其独立自主的经济活动。虽然党的十九大报告提出要构建自治、法治、德治相结合的乡村治理体系,但是这三大体系仍然要依附于乡村原有的政治、经济、社会治理体系。因此,传统乡村治理体系的孤立状态未能符合新时代新战略要求。宝山村和自由村的乡村治理体系一体化探索在相关政策支持下，运用整体性治理思维，试图破解以工作任务为核心的碎片化组织设计和以效率为主的乡村弱公共性与弱自主性困境。多个典型案例的分析表明，建立乡村治理工作协同运行机制，党委农村工作部门不仅要发挥牵头抓总作用，强化统筹协调、具体指导和督促落实，严格落实责任，加强部门联动，对乡村治理政策措施开展评估，还要组织、宣传、政法、民政、司法行政、公安等相关部门要按照各自职责，强化政策、资源和力量配备，做好协同配合，形成工作合力。只有通过多个治理体系的系统集成与耦合，针对大量跨界性和交织性村庄公共事务的扩张现状，系统提供无缝隙的多元服务，以弥合人才短板与治理结构失衡、多个治理体系过度分化隔离与协调性缺失问题。

二 现代化的治理能力是乡村治理体系一体化的核心与基石

长期以来，乡村重发展轻治理。虽然近年来中央先后出台了《关于深入推进乡村社区建设试点工作的指导意见》和《加强和完善城乡社区治理的意见》等政策文件，但很难在短期内改变乡村社会治理悬浮现象，尤其是乡村空心化与老龄化后，治理主体缺失、治理能力低下，基层治理低效与失效并存。宝山村四十年如一日的横向一体化治理体系之所焕发勃勃生机，以及自由村纵横向一体化实践获得市县高度认同与推广，村级组织的现代化治理能力的提升功不可没。在治理体系横向一体化实践中，村级党组织对"乡村富不富关键在党支部""我们共产党人是人民群众的带头人，要带领群众走共同富裕的道路"等共产主义信仰有着长期的坚持与坚守，正是村级党组织的坚强有力、党员的先锋模范，村级动员能力、服务供给能力、矛盾纠纷化解能力、依法办事能力得以显著增强，乡村治理法治化、科学化、精细化水平和组织化程度较高；在治理体系纵向一体化实践中，基层政府为民服务能力和基层治理创新能力尤为突出，在共乐镇（自由村）级集体资产管理公司的成功运作后，全县所有乡镇都开始借鉴学习，并推动县级集体资产管理公司的成立，加强不同层级政府部门和村级组织的关联与治理体系的耦合，尤其是制度、标准、运行体系的同步推进，为不同层级集体资产管理公司的现代化能力提升提供了保障。正如学者王绍光所说，"没有相应的治理能力，'治理体系'就只会是一个空架子,乡村治理体系一体化需要以治理能力的现代化为核心与基石"。[①]

三　乡村振兴是乡村治理体系一体化的牵引与动脉

实施乡村振兴战略是党的十九大做出的重大战略部署,是全面建设社会主义现代化国家的重大历史任务。从中央颁布的乡村振兴战略规划来看,产业、人才、文化、生态和组织振兴是重要的着力点,是稳定经济发展大局的"压舱石"。从乡村治理体系一体化实践成果来看,产业振兴与人才振兴是关键。从产业振兴来看,宝山村自20世纪80年代初就建立了以集体经济为主、个体经济为辅的发展道路,工农总产值超百亿,集体纯收益的四成用于村民收入再分配,其余用于扩大再生产、村庄建设、公共服务的按需供给和公共事务治理,村民对党组织高度认同,对村庄服务与治理的满意度接近百分之百,同构的组织架构与一体化的治理体系逐渐形成并稳固;自由村的"十万亩稻虾产业园"得益于中心镇建设,每亩近千元的纯收入除了两成用于管理层激励以外,大部分用于村庄公共事业、公共福利和村民分红。从人才振兴来看,除了固定的"三会一课"以外,还有脱产和在职培训、网课学习与考试、后备干部培养计划、技能大比武等,甚至开通了村两委与村集体企业管理层的交流任职通道,使企业管理的规范、技术高度嵌入乡村治理体系。其中,兴文县153个行政村中以致富带头人身份担任村党支部书记的比例高达94.1%,村党支部副书记或支委委员百分之百兼任村纪律员和村务监督委员会主任,保证了乡村治理体系一体化大动脉的顺畅与风险规避。

四　乡村集体经济是乡村治理现代化的物质基础

乡村集体经济全员化是全体村民在合法化机制引领下做出理性选择的结果,通过制度、资源和技术的嵌入实现经济组织与治理组织同构。组织同构进程中,制度性趋同、竞争性趋同和模仿性趋同交织进行,并在较短时间内将集体经济组织嵌入乡村治理体系中,及时补位治理主体的缺位场景,降低了乡村治理成本,提升了治理效率与效能,加快了治理现代化

---

① 王绍光:《国家治理与基础性国家能力》,《华中科技大学学报》(社会科学版)2014年第3期。

进程。

1. 乡村集体经济促进乡村治理高效能有三个维度

推进乡村治理现代化需要大量的、持续的财力投入，完全依靠国家兜底是不现实的，必须要增强乡村的"造血功能"，依靠集体经济来增强乡村治理的"硬核"能力，依赖于利益联结、经济支持、引领发展等三个维度来实现。从利益维度来看，集体经济全员股份化形成全村"一荣俱荣，一损俱损"的利益共同体，村民为了更多的共同利益而重新聚合；而集体经济组织将三成以上收益反哺社区，为村民提供多样化社会保障后，同构后的村级组织具有更强的动员能力和治理权威。从经济维度来看，集体经济全员股份化以后，村集体的收入直接影响村民的收入，当集体经济发展得越好，村民认同度越高，对治理主体的信任度和对村庄公共事务治理的支持度也越高。从发展维度来看，通过集体经济组织嵌入乡村治理，实现村两委与集体经济组织同构，有效解决了空壳村和薄弱村的发展问题，在发展中重新凝聚规则、共识，为乡村高效能治理奠定物质基础。

2. 乡村集体经济为乡村治理现代化强基固本

乡村治理现代化需要足够的人力、财力、技术作支撑，而乡村集体经济的发展将有助于培育致富带头人的社会责任意识，增强村民的凝聚力，通过日益增长的集体经济收益反哺资金的支持来提升乡村治理效能。因此，农民以土地入股，突破了集体经济发展瓶颈，推动了集体经济的规模经营和现代农业的发展；通过村庄发展学院等的帮扶引导，把致富能手培养成党员，使其由"致富强"转变为"引领强"，把党员培养成致富能手，使其由"思想先进"转变为"致富先锋"，为乡村高效能治理提供人才保障。彭州市乡村集体经济在发展过程形成了整村共富模式、区域联动模式、租赁自营模式、村企共建模式和平台孵化模式等多种类型，它们的共同特点均是因地制宜发展集体经济，通过组织同构路径将经济元素嵌入治理体系中，以共同问题解决为导向建立临时共建、共治、共享单元，在乡村社区治理中形成"三共""三会"和"政经社"三位一体的多级议事体系，形成政府依法治理与群众依法自治有效衔接的协商治理方式，解决服务群众"最后一公里"问题，促进乡村发展与治理的深度融合。

第 四 章

乡村治理现代化之"道"：
基于实践现状的评估分析

党的十九大对全面实施乡村振兴战略做出重大部署，指出要紧紧围绕"产业兴旺、生态宜居、乡风文明、治理有效、生活富裕"的总要求，全力推进乡村人居环境整治、产业发展、乡镇财源、生态文明、脱贫攻坚、乡村党建等农业乡村重点工作，这不仅为建设高质量乡村奠定了坚实基础，也为新时代农业乡村振兴发展提供了根本遵循和行动指南。党的二十大指出，全面建设社会主义现代化国家，最艰巨最繁重的任务仍然在农村，因为农村不仅涵盖着巨大规模的人口，更背负着推动城乡居民共同富裕和人与自然和谐现代化的重大使命。由此可见，乡村治理现代化既是实现国家治理体系和治理能力现代化的重要内容，实施乡村振兴战略的有力抓手，也是推进乡村治理体系和治理能力现代化建设的关键一役，实现乡村全面振兴、巩固党在乡村的执政基础、满足农民群众美好生活需要的必然要求。事实上，经过中国共产党多年来对现代化的探索和追求，乡村治理体系和治理能力现代化成效显著，尤其在制度化、多元主体、内容和形式多样性等方面表现突出。但是在这个过程中也依旧存在诸多问题，如"去乡村化"倾向以及简单的乡村现代化思维（将更多的乡村变为城镇）等。这种成效与问题夹杂的情境就要求对乡村治理现代化进行一次评估以掌握目前的实际情况，方便后续补齐短板和明确进一步努力的方向。也就是说，要写好乡村治理现代化的这篇"大文章"，迫切需要对现阶段的现代化水平进行合理客观的认识，就是要结合乡村日新月异的变化发展，不断反思治理体系和治理能力本身的问题，以及治理能力与治理效能的关系问题，在乡村治理的实践中不断探索和总结，让处于动态变化的乡村治理不断适应新形势、新情况。

第一节　乡村治理现代化的标准体系建设

随着国家治理现代化战略的深入推进，乡村治理也注入了现代化元素。标准就是治理技术的现代化，标准化则是把国家治理制度清晰化、规范化，通过剔除乡土社会中的人格化因素，减少政府、社区与居民因"脱域"而带来治理的机动性与可变性，从而赋予乡村社会关系以稳定的秩序。自 2012 年 8 月国家颁布了《社会管理和公共服务标准化工作"十二五"行动纲要》以来，农村基层党支部建设、社会治安综合治理、美丽乡村建设等国家标准陆续出台，相关地方标准也逐渐广泛地用来指导乡村治理实践，刚性和原则性较强的法律、制度和政策变得更有操作性；乡村社会固有的村规民约、约定俗成的方法与习惯纳入标准体系，增强了标准的针对性，有效弥补了社会规范缺失带来治理的"真空地带"。这种标准化治理现状正好与马克斯·韦伯在《儒教与道教》一书中评价传统中华帝国因为标准化的治理方式滞后而导致国家治理体系粗放、治理效能陷入无效均衡格局相反①，也说明了标准化治理所受到的广泛重视，在新的时代背景下发挥着技术规范作用，降低了乡村社会治理的制度成本。

一　乡村治理标准化的基本目标

激励性规制理论认为，为了破解垄断和信息不对称所带来的巨大交易成本，政府应当凭借其法定权力对社会经济活动施加特定的限制和约束，进而确保社会福利的最大化。② 但是，这些限制性文件的原则性较强，缺乏操作性，因此又允许各级各部门将其精练简化，形成操作指南或手册，该过程就是标准化。习近平总书记在第三十九届国际标准化组织大会的贺信上指出，加强标准化工作，实施标准化战略，是一项重要和紧迫的任

---

① 何蓉：《〈儒教与道教〉里的世界与中国》，《广东社会科学》2020 年第 11 期。
② 吴世坤：《合谋的制衡：以激励性规制理论优化地方政府与社工组织关系》，《重庆行政》2015 年第 10 期。

务，对经济社会发展具有长远的意义。事实上，自 2012 年以来，围绕社会管理和公共服务领域的标准化规范越来越多，尤其是基层政府更加倾向于用标准来引领治理，符合了激励规制理论对成本收益率和投资回报率的控制目标。同时，将基层社会里约定俗成的规则上升为地方性标准的行为也不断增加，并构成了乡村治理标准化的重要基础。最为典型的例子是枫桥镇于 2014 年试点的社会管理和公共服务综合标准项目，获得习近平总书记在坚持发展"枫桥经验"15 周年暨毛泽东同志批示学习推广"枫桥经验"55 周年大会的高度肯定，并成为全国基层治理的"金字招牌"。此后，诞生了全国首个乡村治理地方标准规范和美丽乡村建设规范的国家标准。正是政府和公众以标准化的形式，把制度的供给与需求进行最佳状态匹配，实现了公共供给的"以人民为中心"和公众对美好生活追求的双重目标，这就是马克·赫斯切所说的"基于激励的规制"。① 但是，基于解决"规制失灵"目的的标准化，并不体现在纠正过程上，结果才是控制的重点。因此，约束性政策文件的标准化并未客观反映出乡村治理的内在价值与运行逻辑，即使村规民约纳入标准化指南中，却不是公众意志的主动上位，而是为了促进国家治理意图更为清晰的表达。

乡村治理正进行着"量化"式转变，伴随着城市化、现代化而增加了很多不确定性。传统乡村治理绩效以上级的主观评判和群众满意度为标准，基于血缘、人情的非正式规则对乡村社会秩序的重构和治理现代化形成持续性困境，标准化作为一种现代治理技术更加强调量化治理对基层自由裁量权的约束，能降低乡村社会不确定性发展中的风险，更能体现乡村治理在秩序、自由、正义、效益和安全等方面的价值。② （1）从秩序价值来看，标准化通过人造的秩序与规则取代自发的秩序与自然形成的规则，使得乡村治理机制在遵循工具性逻辑的同时体现合法性情境，通过破解传统性与现代性困境来促进乡村社会秩序清晰化。（2）从自由价值来看，传统乡村的简约治理常常把群众视为管治的对象，忽略其主体性地位，而标准化治理在简化上级要求的同时也主动纳入乡村规范，推动多元主体自

---

① 马克·赫斯切：《管理经济学》，李国清译，机械工业出版社 2005 年版，第 305 页。

② 胡卫东、吴满元、胡正文等：《标准化关系及标准化主体治理研究——基于法和效益的视角》，第十八届中国标准化论坛，2021 年，第 10—21 页。

愿参与标准的制定、运行、监督与反馈，提升居民的公共性与自主性意识，发挥自治在乡村治理中的"排头兵"作用。（3）从正义价值来看，具备"软法"功能的标准也同样具备了法律应有的基本正义，各类标准体系在获得相关部门认可后得以执行，在公众监督与意见反馈中修订完善，通过标准化增强法律法规和政策文件的质量与操作性，保障了群众的根本利益。（4）从效益价值来看，标准具有规制的功效，确保法律法规和政策文件在乡村执行时最大限度体现国家意志，避免"上有政策、下有对策"情形出现；标准的"软法"功能，可以弥补法律和政策缺位所带来的乡村治理"真空"，用自治标准规范乡村治理行为，促进乡村治理高效能。（5）从安全价值来看，标准作为推动社会秩序清晰统一的载体，是对政府和社会信息进行系统集成的工具，因此它一定是安全可靠的，既不能以技术的名义增加乡村治理的难度也不能带来乡村社会认知的混乱，而是通过现代化技术破解乡村治理困境与难题，促进产业兴旺、乡风文明、治理有效等。因此，乡村治理标准化在于发挥标准的"软法"作用，通过法的基本价值对人们的治理理念进行价值塑造和引领，同时也为基层政府的治理行为提供可靠保障。其目标主要有：

一是乡村治理组织化。组织化是乡村治理现代化的基础性工程，其核心在于以基层党组织、村民自治组织为根基，逐步形成农村共同体，以实现农村资源的有机整合。基于此，本标准体系的构建旨在强调乡村治理过程中基层组织的合理建设，推动"分散化"乡村向"组织化"乡村的转变，提升乡村的主体性，从而完善以中国共产党领导为核心的政府、社会、村民等多元主体协同互动的治理格局。

二是乡村治理规范化。规范化是乡村治理现代化的关键内容，其核心要义在于围绕乡村治理的目标体系形成规范合法、可操作性强的规则、制度或标准。基于此，本标准体系的构建旨在推动乡村治理全过程的规范化、制度化，从多角度、多领域、多主体进行系统构建，以促进乡村治理秩序的外生与内化，实现乡村治理的科学、有序。

三是乡村治理法治化。法治化是乡村治理现代化的规定要义，也是实现乡村振兴战略的重要保障。在乡村治理过程中要以法律为准绳，以法治化促进现代化。基于此，本标准体系的构建旨在增强乡村治理过程、目标以及主体行为的合法性，以现代法治思维引领乡村治理，实现乡村治理从

"人治"到"法治"的转变，从根本上实现乡村治理的民主、公正。

四是乡村治理精准化。精准化是乡村治理现代化的重要命题，其关键在于以人民群众的实际需求为基础，施以相宜有效的政策文件。基于此，本标准体系的构建旨在推动治理手段与治理机制的创新，打破传统的治理模式，促进乡村治理由"粗放型"向"精细化"转变，提升乡村治理与公共服务供给的适配性和有效性，促进乡村治理质量的提升，增强人民群众的幸福感和满足感。

五是乡村治理智慧化。智慧化是乡村治理现代化的基础支撑和重要驱动力，其重点在于以现代信息技术为载体，构建以生产生活、产业发展、知识更新等多领域为一体的乡村治理平台。基于此，本标准体系的构建旨在推动乡村治理方式与技术的应用创新，以智能化手段打破"信息壁垒"、弥合城乡"数字鸿沟"，实现乡村治理资源的有效整合，促进乡村治理更加高效化。

二　乡村治理现代化标准的体系结构

（一）乡村治理现代化的标准来源

标准化是国家治理、乡村治理现代化的必然要求。把标准化原理和方法引入乡村治理，充分发挥标准化的基础性、战略性作用，对于进一步提高乡村治理水平和效率、推进乡村治理体系和治理能力现代化具有重要意义。原因在于，与刚性的法律法规等强制性规范相比，标准能够更加具体和细致，在法律回答"可为"或"不可为"的基础上进一步回答"如何为"的问题，具有较强的操作性。因此，构建出具有中国特色的、符合中国国情的乡村治理现代化体系，将不断提高乡村社会治理的绩效水平、加快形成社会协同的乡村共治格局。

党的十九大提出实施乡村振兴战略，党的二十大进一步强调，要全面推进乡村振兴，加快农业农村现代化。乡村治理现代化是国家治理现代化的重要基石，坚持和加强党对乡村治理的集中统一领导，坚持把治理体系和治理能力建设作为主攻方向，坚持把保障和改善农村民生、促进农村和谐稳定作为根本目的，建立健全党委领导、政府负责、社会协同、公众参与、法治保障、科技支撑的现代乡村社会治理体制，以自治增活力、以法治强保障、以德治扬正气，健全党组织领导的自治、法治、德治相结合的乡村治理体系，构建共建共治共享的社会治理格局，走中国特色社会主义乡村善治之路，建设充满活力、和谐有序的乡村社会，不断增强广大农民的获得感、幸福感、安全感。因而，乡村治理现代化的目标与国家治理现代化的目标基本一致，即乡村治理主体要在一定的制度和体系下发挥能动作用，改善民生民权的同时实现乡村的可持续发展与稳定。部分省市出台了乡村振兴十条或二十条，将治理结构的组织化、治理制度的科学化、治理方式的法治化、治理技术的精细化等内容明确到乡村振兴实施方案中。

根据《中央农村工作领导小组办公室、农业农村部、中央组织部、中央宣传部、民政部、司法部关于开展乡村治理体系建设试点示范工作的通知》（中农发〔2019〕5号）要求，全国各地开展了乡村治理体系建设的试点工作，核心内容聚焦于八项重点任务，包括：抓好健全农民群众和社会力量参与乡村治理的工作机制，抓好乡村治理与乡村振兴重要任务有机结合，抓好村级各类组织按需设置、按职履责、有人办事、有章理事，抓好拓展治理领域积极探索三治结合的治理载体并丰富完善有效实现形式。同时也对完善基层治理方式提出了要求，包括理顺县乡政府与村级组织关系，强化村级组织服务功能；规范乡村小微权力运行，实现农村党务、政务、村务、财务公开；抓好村级议事协商，拓宽村民议事协商范围，为不同群体参与议事提供平台；抓好"互联网＋"治理模式，不断提升乡村治理智能化、精细化、专业化水平等。由此可见，乡村治理现代化需要充分调动和发挥广大群众的积极性、主动性，形成乡村治理的最大公约数，才能最终实现共建共治共享，持续推进乡村治理体系和治理能力现代化。

综上可见，中央先后开展了新农村建设、实施了乡村振兴战略，出台了很多政策文件，但是这些制度、规则呈现出密集性、随意性、碎片化、不便操作等问题，枫桥镇等地率先尝试乡村的标准化治理路径，并形成了全国知名品牌，然后自上而下的标准化过程此起彼伏，快速推进了乡村治理的现代化水平。地方政府数年的探索显示，标准化治理需要具备一定的条件才能推行，比如良好的政治、经济、社会生态；① 标准化治理存在标

----

① 范和生、郭阳：《标准化治理：后疫情时代基层社会治理的实践转向》，《学术界》2020年第11期。

准统一性下的适宜性与碎片化问题、标准化形式下的执行简化问题。① 由此可见，标准化体系得以良性运行的前提之一就是要有高度结构化的体系框架，将系统的政策文件分解，将散落各地的村规民约集成提取为关注特定目标和需求的工作指南，提升基层治理效能（图4-1）。

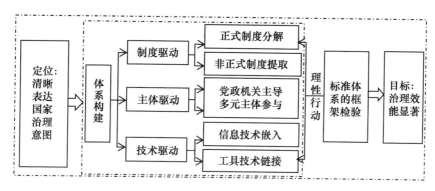

图4-1　乡村治理现代化的体系框架

（二）乡村治理现代化标准体系的框架结构解释

1. 乡村治理现代化标准体系的战略定位：国家意图的清晰表达

关于建设什么样的农村、怎样治理农村，中央人民政府一直就非常明确，从乡村振兴发展总体要求的"产业兴旺、生态宜居、乡风文明、治理有效、生活富裕"二十字来看，"人民是否真正得到了实惠，人民生活是否真正得到了改善，人民权益是否真正得到保障"② 是乡村发展治理的终极目标，也是乡村社会治理意图的清晰表达。但是仅仅依靠原则性非常强的正式制度，政府的治理意图是很难得到有效贯彻的，也容易给基层工作人员提供充分的自由裁量空间。事实上，正式与非正式制度的标准化过程本身也是制度供给的过程，既能强化国家权力嵌入社会的深度与广度，又能干预人格化因素对乡村治理的影响。

党的十九大以来，乡村治理体系在原有的政治、经济、社会三驾马车并行和部分地方探索"三位一体"模式基础上，增加了"自治、德治和

---

① 王杰、李斌：《乡村治理现代化的实现路径及其逻辑——以标准化为视角》，《沈阳大学学报》2020年第6期。

② 中央文献研究室：《十八大以来重要文献选编》，中央文献出版社2014年版，第69页。

法治"的治理体系，既有治理体系横向一体化与纵向一体化的广泛存在，又有内生治理体系与外生治理体系的融合，党委政府、基层群众和社会公共意志同时涌入复杂的乡村治理体系中，标准化是厘清乡村治理意图的关键。乡村治理标准化与城市治理标准化分属社会治理的两大场域，标准化范畴包括建设、发展、服务、治理等广义的治理内容。虽然，每个标准体系无法涵盖该领域治理的全流程、全要素，也无法保证特定领域治理事项的全覆盖，但是却能真实地反映国家的治理意图，吸纳民智、体现民意，及时地将正式的和非正式的制度优势转化为治理效能。标准作为国家意志和群众意志的结合与表达，在党委政府的主导和人民群众的广泛参与下，标准将抽象的法律规范转换为充满细节的技术要求和技术方案[①]，能够约束乡村治理中街头官僚随意行使自由裁量权的行为，避免了对标准考核功能的重视和"重制定轻实施"等问题，能够有效推动乡村治理的法治化与现代化进程。

2. 乡村治理现代化标准体系的多元模式

嵌入式治理作为调和经济学与社会学研究中的理论张力问题，聚集微观社会行动与宏观社会结构之间的复杂关联性，因此也成为社会学领域中的常用概念，也是近年来基层治理的常态，包括党组织、社会组织的主体嵌入，文化、关系、资源的内容嵌入，以及"互联网＋"、区块链技术的路径嵌入等。[②] 乡村治理标准化的两种路径中，其体系框架既有主体及其行为的多元嵌入，也有制度、技术和职能的嵌入，这些元素的嵌入使得标准化的体系框架形成了制度、主体和技术三种驱动模式，从而解决标准单向度、碎片化、随意性等问题，推动基层治理清晰化、法治化、现代化和显著的效能呈现。

制度驱动。乡村治理中的正式制度是由国家确认、发布和实施，具有强制性和约束性的法律法规和政策文件，标准化主体通常为各级政府，标

---

① 许可：《数据交易流通的三元治理：技术、标准与法律》，《吉首大学学报》（社会科学版）2022 年第 1 期。

② 本书写作时，笔者正在对全国乡村治理现代化现状进行测评，包括治理体系和治理能力两个方面，其中宝山村的现代化程度在彭州市抽样中为最高（77.8），其他抽样村的分值均未超过 70 分；在四川省和全国抽样村的评估中，宝山村仍然是西部山村的翘楚，即使在东中西三大区域的评估中，分值仍然在第一方阵（评估值最低的村仅为 48.77）。

准化的对象涉及公共政策、行政行为、行政手段等；非正式制度虽然没有获得国家的普遍认可却同样具有约束性，比如在乡土社会中长期形成的价值理念、伦理规范、风俗习惯等，以村规民约为常见形态，标准化体现为自治标准化和社会参与标准化。在乡村治理的长期实践中，非正式制度扮演着主导角色，即使党委政府形象已经深入人心，但基于行政逻辑的乡村治理制度运行形式却受制于基于乡土逻辑的非正式制度，形成所谓的传统性与现代性、公共性与自主性困境。因此，正式制度的本土化和自治化成为标准化治理的基本趋势，进而减少正式制度过于刚性带来水土不服的问题；同样，没有国家的制度供给，乡村自发治理的创新性也会不足，乡土社会将陷入风俗习惯和传统文化治理的长期黏滞状态中，并因制度冲突而带来行为选择上的冲突，使乡村长期处于有发展无治理的状态。由此可见，遵从正式制度规范，并把非正式制度耦合到标准化框架体系中形成了制度驱动路径。因为正式制度可以成为标准体系框架中的国家标准、基础标准，成为地方标准、行业标准的指导性标准，也就是标准中的标准；非正式制度则可以融入标准体系框架中的质量标准、工作标准、管理标准，与法律法规和政策文件共同作为乡村治理标准的源文件，进而提升基层干部群众对标准的认同度，发挥乡村治理标准化的经济贡献率。

多元主体驱动。根据新《标准化法》，标准制定的主体包括政府管理部门、社会组织、自然人等。尽管多元主体有上下层级和不同领域之分，但这些主体均有界定标准的权利能力。在乡村治理标准化进程中，也能看到多元主体从硬件与人员配置的标准化转向到治理内容的标准化，比如从《社区综合体使用指南》扩展到《社区党支部建设标准化手册》等；从中央到地方既有政府的参与也有社会其他主体的参与，比如国家有社会治安综合治理基础数据规范，地方政府有社区网格化服务管理规范，专家学者发布的县域社会治理指数等。正是多元主体分别单向制定各自目标的标准化治理指南，经常使得村社干部陷入标准化困境，导致标准化治理有效性不强。乡村振兴战略的实施恰逢其时，地方政府在探索新型标准化治理事项时，结合国家标准、其他地方标准和学术标准，针对本地实际情况构建了标准化体系的初步框架，然后再征询上下级主管部门和本级其他部门意见，也广泛开展专家咨询论证会与公众听证会，从而保证标准化体系的合理性与操作性，使基层政策执行者在限定的行动空间中认真履行公共行政行为。这种由治理主体驱动的标准体系框架更容易获得基层治理主体的接纳和基层民众的认同，进而提升乡村治理的效能。

技术驱动。这里的技术不仅指改变现状与未来的方法与手段，也包括创造更好社会秩序的技艺。通常情况下，基层政府套用国家标准、地方标准或创设一个工作指南，而乡村治理标准化的体系框架似乎可有可无。事实上，套用与创设均要考虑标准化体系框架中总体组成类别与层次结构关系的"因地制宜"问题，否则乡村治理标准将越来越多，质量却越来越差，导致标准化指南不是在墙上就是在纸上，没有发挥标准对国家（行政）逻辑与乡土逻辑无缝衔接的作用，也失去了推动乡村治理现代化的内生动力。因此，乡村治理标准化体系框架构建中需要考虑标准化主体及其关系、内容与职能、正式与非正式制度嵌入的技术性问题。毫无疑问，技术嵌入中的"技术"不是指乡村治理的技术（比如互联网、信息技术、社会资本），而是指标准化体系框架的搭建技术。姚磊参照美国国防部DoDAF框架的理念构建了企业标准化管理体系框架，涉及管理视图、过程视图、体系视图；[①] 刘鑫基于印度标准化理论与实践专家魏尔曼提出的标准体系三维结构图，构建基于技术、业务、管理的三概念模型，从技术与装备、支撑保障、服务提供和管理规范等维度构建了智慧健康养老的标准体系框架；[②] 梁彤根据甘肃省乡村治理标准化实践现状，从标准类别、治理主体、治理内容三个维度构建了包含通用基础标准、治理标准和保障标准的乡村治理标准体系结构。[③] 显然，上述标准体系框架的构建均采用了主题图技术，适用于源文件较多的治理情形。除此以外，本体工具、语义网、关联数据等技术也可以广泛应用于乡村治理标准体系框架的构建中。本体工具有助于消除正式制度与非正式制度的术语分歧，语义网技术有助于建立统一的结构化知识库，关联数据技术有助于异源异构数据的快速转换，从而确保乡村治理标准的体系框架具有更强的适用性与操作性，达到标准化目标。

---

① 姚磊、郑立生：《企业标准化管理体系框架研究》，《中国标准化》2021 年第 7 期。

② 刘鑫、欧阳树生：《智慧健康养老标准体系框架研究》，《信息技术与标准化》2022 年第 1 期。

③ 梁彤：《甘肃省乡村治理标准化工作的实践与思考》，《中国标准化》2020 年第 12 期。

3. 乡村治理标准化的体系框架检验

在乡村治理现代化进程中,基层政府探索了地方标准,有的上升为国家标准,有的却束之高阁,理性行动理论较好地解释了该现象。理性行动理论认为,对社会系统行动者而言,为达到一定目的而选择基于市场、权威和信任关系的行动方案将受到社会结构的限制。乡村治理标准化的体系框架是基于基层治理现代化逻辑而构建的,是政府、居民和社会力量等多个行动者基于一定的社会规范、复杂社会结构等相互合作的结果,体系框架的成功与否受制于集体理性。以枫桥经验为例,枫桥镇基于发展中面临的诸多难题创新性地将德治、自治和法治相结合,形成了新的乡村治理体系,通过标准化项目试点和全县的推广检测,具有较强可靠性保证,随后发布了《乡村治理工作规范》,成为全国首个乡村治理的地方性标准,并获得国家领导人肯定和全国性推广;以成都市百佳示范社区为例,成都市在全国首创城乡社区发展治理委员会之后,出台了五种示范社区的工作手册,大力推动城乡社区的标准化治理,但这些标准并未获得普遍性推广,也没有上升为地方性标准,反而在完成 2022 年最后一届的评选工作后将停止使用。综上可见,乡村治理标准化的体系框架虽然基于市场需要,在行政权威支持下获得了多元主体的认同和执行(枫桥经验),却同样也基于市场、权威与信任关系而中止(百佳示范社区)。这表明,乡村治理标准化的体系框架尽管基于多重价值和理论逻辑建立起来了,但也需要理性行动对其进行检验,最终从纷繁复杂的标准集中脱颖而出,并成为行业性的、地方性的、国家性的标准,进而可持续性地推动乡村善治。显然,乡村治理标准化的体系框架成功构建与否的行动过程并不是个体的理性行动过程,而是基于公共理性的公共选择结果,是基层组织积极回应"以人民为中心"的价值取向的集体选择。

(三)乡村治理现代化标准的内容阐释

结合上述理论分析和政策文件内容,可以尝试从组织化、规范化、法治化、精准化和智慧化出发,围绕治理现代化的关键要义,以乡村治理现代化内容为核心,在乡村振兴战略指导下从党建引领规范化、村民自治制度化、产业发展市场化、村庄服务精准化、生态环境品质化、村庄治理智慧化六个维度出发来构建乡村治理现代化标准体系的框架结构,以此指导乡村治理的现代化实践(表4-1)。

表 4 - 1   乡村治理现代化标准体系

模式	维度	指标
制度驱动	党建引领规范化	组织建设，队伍建设，引领带动
多元主体驱动	村庄服务精准化	政务服务，便民服务，志愿服务
	村民自治制度化	制度完备，组织规范，民主表达
	产业发展市场化	价值取向，发展方向
技术驱动	村庄治理智慧化	战略目标清晰，数字赋能，信息共享
	生态环境品质化	村庄更新，环境优美，安全保障，生产生活方式绿色

1. 党建引领规范化

乡村基层党组织作为中国共产党乡村工作的基础，是农业发展、乡村进步、农民富裕的领导者、推动者和实践者，是乡村治理的根本力量和治理体系的中心。加强乡村基层党组织建设实现党建引领，是实施乡村振兴战略的根本保障，是实现乡村治理现代化的必然选择。[1] 而党建引领规范化建设，则是通过一系列措施保证党建引领能够有序进行，进而发挥出更大的治理效能。在乡村治理中，党建引领发挥着重要的作用，主要从组织建设、队伍扩充和引领带动三个层面发挥效能。汪俊玲认为乡村治理离不开乡村基层党组织的引领，提出要强化政治引领、思想引领，组织引领、服务引领。[2] 段鹏超认为乡村治理中的基层党建应以政治建设为引领，加强党的组织建设和作风建设。[3] 从中我们可以看出，基层党组织需要首先在政治引领下，加强自身组织建设。蔡臻臻、刘婧认为加强乡村基层党组织建设，要进一步理顺乡村两委关系，提升乡村基层党组织的战斗力和凝聚力。[4] 聂继红、吴春梅认为乡村基层党组织的领导是核心，乡村基层党

---

① 蔡文成：《基层党组织与乡村治理现代化：基于乡村振兴战略的分析》，《理论与改革》2018 年第 3 期。

② 汪俊玲：《乡村振兴离不开乡村基层党组织的引领》，《红旗文稿》2018 年第 15 期。

③ 段鹏超：《乡村振兴中的基层党建工作如何抓》，《人民论坛》2018 年第 16 期。

④ 蔡臻臻、刘婧：《乡村振兴战略视域下乡村基层党组织建设路径探究》，《观察与思考》2018 年第 11 期。

组织带头人队伍的整体优化是关键，提出要把党的政治建设摆在首位，选优配强村党组织书记、完善激励约束机制，整体提升乡村基层党组织带头人队伍的"五力"水平。① 可见，队伍建设作为党建引领的具体载体，内部队伍起到了关键作用。而在党建引领具体的作用中，则可以用引领带动来体现。张丹丹认为党建引领具有资源整合、任务转化、组织动员等方面的优势，可以实现多元治理主体的灵活切换。② 张振洋、王哲认为党建引领按照"组织共建、党员共管、资源共享"的原则，构建党建共同体机制、精英交流机制以及互利共赢机制，实现基层党建助推、带动、引领基层治理。③ 由此，在党建引领规范化建设中，我们以组织建设、队伍扩充和引领带动三个层面进行分析。

组织建设。乡村基层党组织组织力是不断提升政党组织覆盖力、群众号召力和内部凝聚力的能力。在党建引领规范化建设中，其重点在于贯彻落实新时代党的组织路线，着力织密建强组织体系上。因此，在具体做法上赵洁、陶忆连认为乡村基层党组从优化结构设置、扩展组织覆盖力突出政治功能和服务意识、扩大群众号召力，加强规范组织管理、增强内部凝聚力，全面了解和精准匹配乡村社会和农民群众日益增长的各项需求，扩大引领覆盖面。④ 不仅如此，吴晓林还认为制度化管理颇为重要，即制度规范是制约党建引领与基层治理行动和治理效果的机制性因素。基于此，笔者从设置规范、全员覆盖、阵地标准化、制度化管理四个方面进行分析。⑤

队伍扩充。乡村基层党组织是党在乡村社会的最基本单位。通过加强党员队伍建设和规范组织内部管理，将乡村基层党组织建设成乡村振兴的

① 聂继红、吴春梅：《乡村振兴战略背景下的乡村基层党组织带头人队伍建设》，《江淮论坛》2018 年第 5 期。

② 张丹丹：《统合型治理：基层党政体制的实践逻辑》，《西北农林科技大学学报》（社会科学版）2020 年第 5 期。

③ 张振洋、王哲：《行政化与社会化之间：城市基层公共服务供给的新尝试——以上海市 C 街道区域化大党建工作为例》，《华中科技大学学报》（社会科学版）2017 年第 1 期。

④ 赵洁、陶忆连：《乡村振兴中提升乡村基层党组织组织力研究》，《北京航空航天大学学报》（社会科学版）2021 年第 1 期。

⑤ 吴晓林：《党建引领与治理体系建设：十八大以来城乡社区治理的实践走向》，《上海行政学院学报》2020 年第 3 期。

坚强战斗堡垒，这是中国共产党从全局高度对基层组织建设提出的新要求，也是实现乡村基层党组织治理现代化、增强凝聚力的必然选择。王同昌通过实地调研发现，乡村基层党组织建设仍存在一些困境，主要表现在：党员发展难，难以找到合适的后备力量；党组织带头人培养难，缺乏年轻的党组织带头人；组织生活开展难，存在形式主义的现象；党员作用发挥难，徒有虚名的党员不少。① 因此，在队伍建设中，需要加强乡村基层党组织党员队伍建设并规范乡村基层党组织运行机制和内部管理，主要从阵地标准化、薪酬待遇、人才结构和储备进行衡量。

引领带动。面对组织手段的整合局限、整合载体的效率、动员吸纳的效度局限，中国共产党提出党建引领的社会治理新格局营造，进行社会整合新尝试。钟发亮认为以社区党建引领社区组织建设，能够催发和促进社区组织有效整合，调整社区资源，有助于解决社区资源所面临的碎片化、无序性和盲目性问题，有利于将社区资源整合成促进社区建设最大化发展的有机力量。可见，引领带动是党建引领的核心作用。② 吴晓林认为引领带动的具体表现为"织密组织纽带、整合治理资源、强化基层认同、引领动力制度化"。由此可见，引领带动主要体现在一方面是对党组织内部的动员，即强调覆盖效度和组织资源培育，力量整合注重党主导下的多元治理资源协调和调动，动员吸纳强调群众进行秩序的维护和自我管理；另一方面是以党的社会整合趋势，提高整合载体的效度。③ 基于此，笔者将从引领带动的具体层面，即组织动员和资源整合展开具体评估。

2. 村庄服务精准化

提升村庄服务精准化是村庄提升生活水平、促进村庄生活文明、实现城乡公共服务均等化的重要保障，对于促进社会和谐、全面建成小康社会具有重要的意义。强化村庄服务，健全长效机制强化村庄的服务工作是改善村庄面貌的重中之重，主要体现在各类设施的完善、环境良好、生活方便等方面。应建立完善服务体系，建设村民服务中心以完善对村民提出的

---

① 王同昌：《新时代乡村基层党组织建设的四大难题》，《人民论坛》2019 年第 28 期。
② 钟发亮：《以社区党建引领社区组织建设研究》，《闽南师范大学学报》（哲学社会科学版）2018 年第 3 期。
③ 孙玉娟、佟雪莹：《推进我国乡村治理现代化的路径选择》，《知与行》2018 年第 1 期。

服务项目。而在其内涵上，笔者借鉴李建伟、王伟进、黄金的概念，即村庄服务的内涵是指以村民美好生活需要为目标，由政府、市场与社会组织在社区内部或周边提供的，包括政务服务、便民利民服务与志愿服务在内的服务总称。①

政务服务。政务服务是指在公民本位理念的指导下，以高效优质的公共产品和公共服务为目标，通过合理规范的协调运转，不断强化政府服务职能、实现公共利益的过程。② 政务服务作为政府服务的核心，既是政府的基础职能，也是公共权力运行的起点，更是政府使命价值的回归。③ 政务服务设施是政务服务的载体。李一宁等将政务服务平台作为转变政府服务职能、构建服务型政府的重要内容和平台，尤其是将村级政务服务作为行政职能向村、社区的延伸与拓展。在行政村（社区）设立的为群众集中提供公共服务的综合性窗口，是五级公共服务体系中最基层的服务平台。④ 例如浙江省 2011 年提出把行政审批延伸到基层，在各行政村和社区设立服务窗口，承办或者代办去县乡（镇）两级行政部门办理的行政审批类事务，为基层群众提供服务，使行政服务网络延伸至基层，实现"村民不出村，就能办成事"的愿望，大大方便了群众办事。⑤ 政务服务需要不断优化服务内容。赵文认为，要破解公共服务难题，应着眼于政府职能定位的明确、公共服务供给机制的科学完善、政府体系内部协同性的加强以及均衡化供给体制的建立等。⑥ 张菊梅指出，乡镇政府乡村公共服务职能的进一步强化，需明晰界定其与市场、社会的关系，深化其绩效评估体系改革，完善乡村公共服务的表达、决策、激励与监管机制，即需做

---

① 李建伟、王伟进、黄金：《我国社区服务业的发展成效、问题与建议》，《经济纵横》2021 年第 5 期。

② 李一宁、金世斌、刘亮亮：《完善政务服务工作运行机制研究》，《中国行政管理》2017 年第 6 期。

③ 艾琳、王刚：《重塑面向公众的政务服务》，社会科学文献出版社 2015 年版，第 130 页。

④ 张艳国、刘小钧：《城市社区治理能力现代化研究——以江西南昌为例》，《江西社会科学》2017 年第 1 期。

⑤ 余华：《村级便民服务中心制度的运行机制创新研究》，《成都行政学院学报》2013 年第 2 期。

⑥ 赵文：《破解乡村公共服务困境的治理之道》《石河子大学学报》（哲学社会科学版）2013 年第 27 期。

到服务购买机制健全、服务均等化保障和服务评价机制完善。①

便民服务。便民服务有着广泛的概念，在不同的场景中有不同的诠释，但其核心在于为民提供便利、快捷的服务。放置在乡村治理现代化的村庄服务层面上来看，这里更强调便利的"生活圈"概念。即在居民步行可达范围内，配备生活所需的基本服务功能与公共活动空间，形成安全、友好、舒适的社区生活平台。②"15 分钟生活圈"的提出正是应对新常态下多元化的社区需求，在传统规划方法上强调以人为本的规划思路，从居民需求的角度优化空间供给，形成以人的生活活动特征和需求为出发点，关注生活品质提升的，更高效、更高质的乡村规划。

志愿服务。习近平总书记强调"要大力弘扬时代新风，加强思想道德建设，深入实施公民道德建设工程，加强和改进思想政治工作，推进新时代文明实践中心建设，不断提升人民思想觉悟、道德水准、文明素养和全社会文明程度"。2019 年之后，中央一系列文件对新时代文明实践中心工作提出了进一步要求。新时代文明实践中心的主体力量是志愿者，以志愿服务为主要形式不断提升人民群众的思想觉悟、道德水准、文明素养和全社会文明程度。③ 在乡村，志愿服务同样需要得到普及和落实，以助力更好的乡村发展。就其志愿服务项目而言，张祖平认为在设计志愿服务项目前，一方面要深入了解群众的困难和需求，把可以用志愿服务形式满足的需求设计为志愿服务项目；另一方面要充分利用本地资源开展志愿服务。项目应以党政所急、百姓所想、社会所需、志愿者能为原则，建议围绕国家工作重点和乡村实际需求设计志愿服务项目，上接中央政策，下连百姓需求。项目设计要紧扣新时代文明实践中心的宗旨，让群众喜闻乐见，注重服务实效，如法律服务、矛盾纠纷调解、慈善服务等。

3. 村民自治制度化

村民自治是改革开放以来中国社会结构转型过程中的一种制度创新，

① 张菊梅：《乡镇政府在乡村公共服务供给中的困境与出路》，《社会科学家》2013 年第 7 期。

② 李萌：《基于居民行为需求特征的"15 分钟社区生活圈"规划对策研究》，《城市规划学刊》2017 年第 1 期。

③ 张祖平：《志愿服务如何服务于新时代文明实践中心建设》，《中国社会工作》2019 年第 24 期。

是中国乡村基层经济、政治体制变革的逻辑产物。党的十九大报告提出党委领导、政府负责、社会协同、公众参与、法治保障的乡村社会治理体制，"法治、德治、自治"相结合的乡村治理体系，"共建、共治、共享"的乡村治理格局，绘制出乡村治理的蓝图，构筑了乡村治理的基石，为乡村振兴指明方向，奠定基础。村民自治，不仅是保障人民当家做主的合法权益，也是推动多元共治的治理现代化建设中的重要一环，能够有效地促进农民的自我管理、自我服务，维护乡村社会的稳定。任路发现在 20 世纪产生的村民自治作为一种制度形态的存在，已经深深融入乡村社会之中。村民自治经过不断的探索和创新，已经植根于乡土社会的自治文化之中，并将源远流长的文化与现代的制度结合在村民自治的具体实践，逐渐地将传统文化融入现代治理结构之中，为村民自治的有效实现奠定文化基础。[1] 其中，村民自治制度化中，最为重要的便是制度完备、组织规范和民主表达三个层面。

制度完备。马克思主义认为，民主应作为国家制度而不仅仅是政治形式。村规民约作为一种制度化、规范化的村民自治形式，在现行的政府治理框架内创设并具有一定的规范性和权威性，一直以来都是乡村管理与建设的重要内容和观察研究中国乡土社会的重要样本。[2] 众多政治学家在研究国家、社会关系时，从制度入手，如亚里士多德等。而在村民自治方面，众多的学者也从制度视角来研究村民自治。林文雄发现，各省在制定《村委会选举办法》过程中，内容规定上大致相同，并且统一了选举程序和选举原则。这说明，在全国大部分地区，地方立法在针对选举等关键环节上达成了一定的共识，思想上得到了统一。[3] 袁刚、白娟认为村民自治在实际运行中仍然存在两大困境。一是制度性的，二是非制度性的，权力运行机制还有待完善，制度实践的经济支撑需要发展，村民民主主体整体素质有待提高，没有建成参与型的政治文化，这两大困境阻碍着村民自治

---

① 任路：《协商民主：居民自治有效实现形式的运转机制》，《东南学术》2014 年第 5 期。

② 余钊飞：《村规民约与基层社会的法治建设——以浙江省诸暨市枫桥镇的实证调查为例》，《云南大学学报》（法学版）2009 年第 6 期。

③ 林文雄：《乡村振兴背景下"三治"合一的困境与对策——基于民间法的视角》，《肇庆学院学报》2019 年第 4 期。

的良性发展。① 可见从制度是否完备的角度考察村民自治的发展是研究的
重要视角，而制度完备的核心便在于村民自治的各个方面需要符合制度规
范，包括村规民约健全、自治组织法人备案制度、村务公开、重要事项清
单制度和法制宣传与监督等方面。

组织规范。基层政府、村级组织、社会组织和村民共同构成乡村社会
治理主体，积极探索多元主体参与的协商机制是贯彻落实村民自治的根本
保障，是实现乡村共建共享共赢格局的必然要求。② 在多元共治的格局之
下，多元主体之间需要相应的组织规范来共同维护组织内部的和谐。具体
来看，何玲玲、付秋梅认为，新时期乡村社会中，乡村治理主体趋向多元
化，有党政基层组织、民间社会组织和公民个人参与。③ 徐顽强、王文彬
认为，乡村发展由政府、农民、市场主体和社会组织等多元主体参与，并
形成强有力的行动者联盟。④ 徐勇认为，应从三个方面完善村民自治，一
是协调村支部和村委会两者之间的关系；二是实现乡镇行政管理与村民自
治的有效联系，三是实现政务、村务合理分工。⑤ 罗万纯认为在完善村民
自治制度方面，要明确基层组织职能、明确村"两委"定位、引导多种
自治模式、加强民主协商、建立有效的乡镇政府的管理机制、强化乡村治
理权。⑥ 如此看来，在村民自治的组织规范中，需要从自组织、镇村关系
和两委权责三方面进行具体分析。

民主表达。全体村民是村民自治的主体；"民主选举、民主决策、民
主管理、民主监督"是村民自治的核心内容。一般认为，提高政治参与
的水平有助于政治权力最大限度地集中公民的意志，有助于加强对政治权
力的监督防止决策的片面性，有助于政治秩序的稳定。⑦ 有效的民主表达

---

① 袁刚、白娟：《村民自治：价值、困境和出路》，《社会科学论坛》2015 年第 1 期。

② 林丽丽：《乡村社会治理中的协商民主》，《长白学刊》2008 年第 3 期。

③ 何玲玲、付秋梅：《乡村振兴战略背景下多元化治理主体的角色与功能——基于结构功
能主义视角》，《行政科学论坛》2020 年第 3 期。

④ 徐顽强、王文彬：《重塑农民主体自觉：推进乡村振兴之路》，《长白学刊》2021 年第 2
期。

⑤ 徐勇：《中国乡村村民自治（增订本）》，生活书店出版有限公司 2018 年版。

⑥ 罗万纯：《村民自治进展及制度完善》，《乡村经济》2016 年第 11 期。

⑦ 马宝成、谢蕾：《村民自治：中国农民政治参与与基层政治稳定》，《特区理论与实践》
2000 年第 8 期。

由村民参与积极、村民参与渠道多元且畅通、民主协商机制建立构成。村民参与是民主表达的基础。王智明等认为加强农民在村民自治过程中的民主参与，是发展乡村基层民主的重要内容，村民参与渠道多元且畅通是民主表达的条件。① 董江爱认为一个村庄如果有制度化的参与渠道，就能够沿着以人为本的理念，按照村民的需求，走出适合本村实际的发展道路。② 反之，村民就会以非制度化方式或暴力手段维权，村庄也就因秩序混乱而失去发展的基本条件。民主协商机制则是民主表达的保障。王婷、李景平、方建斌认为完善村民自治要通过协商民主。通过协商民主完善民主选举，规范权力生成方式；将民主协商融入民主管理和民主决策中，制约权力运行的过程；通过协商民主推动民主监督的发展，完善基层权力监督体系。③

4. 产业发展市场化

近几年来，我国农业产业发展取得了一定成就，但仍面临结构单一、农产品同质化严重、农业生产经营效能低下、农民增收困难等众多问题。党的十九大报告提出实施乡村振兴战略，重点在于产业要兴旺、产业要振兴。2019 年的"中央一号文件"指出要坚持农业乡村优先发展，大力发展我国农业产业，为乡村经济社会大发展奠定物质基础。在此背景下，我国农业产业的发展必须与时俱进，以产业发展市场化促进我国乡村经济社会发展，补齐我国农业乡村发展滞后的短板，贯彻和落实我国乡村振兴战略，构建新型农业产业体系，把握振兴农业产业与乡村改革深化的内在联系，应对农业乡村现代化进程中的农业产业发展问题。④ 产业发展是乡村治理的重要经济基础，产业发展市场化就是要让乡村的本土产业与社会主义市场经济协同发展，通过市场配置资源的作用，整合乡村与城市的资源，促进城乡间资源的双向流动，为乡村治理"造血"。在乡村治理

---

① 王智明、方玉媚:《村民自治视阈下民主参与问题研究——以四川乡村为例》，《襄樊职业技术学院学报》2012 年第 2 期。

② 董江爱:《参与、制度与治理绩效的关系研究——村级治理机制及运作效果的比较分析》，《华中师范大学学报》（人文社会科学版）2009 年第 6 期。

③ 王婷、李景平、方建斌:《协商民主:村民自治过程中廉政治理的生长点》，《西北农林科技大学学报》（社会科学版）2018 年第 1 期。

④ 蒋和平:《实施乡村振兴战略及可借鉴发展模式》，《农业经济与管理》2017 年第 6 期。

过程中，产业发展的最终目标就是要带领村民致富，其重要抓手就是找到一条适合乡村的产业发展之路。① 因此，我们可以看出产业发展是实现乡村治理现代化的经济基础，而市场化的发展则是充分利用市场机制，充分实现村庄内部的"自我造血"，以此为村民主体发展争取到更多的经济支持。

价值取向。发展壮大乡村集体经济是实现乡村振兴的基本保障，也是实现共同富裕的重要途径。② 王娜、胡联认为乡村集体经济产业发展市场化是实现共同富裕的有效手段，主要体现在乡村集体经济发展有助于贫困农户农业收入增加；乡村集体经济发展有助于贫困农户非农业收入增加；乡村集体经济发展有助于贫困村"造血能力"增加三个方面。③ 然而，在产业发展市场化中，也存在相应的问题。陈家刚指出："由于经济发展本身所诱发的各种矛盾和冲突也在不断地累积，改革所形成的利益主体多元化、利益诉求多样化使利益冲突不断显现，所以对于基层治理也提出了新的要求。"④ 可见，产业发展市场化必须坚持共同富裕这样的正确价值取向，才能使得集体经济不断壮大。

发展方向。乡村产业发展市场化需要加快推进农业高质高效发展，以奋力走出一条乡村美、产业兴、农民富、治理优的乡村产业之路。就目前来看，我国乡村产业发展面临着农业发展水平低、基本要素供给不足、产业结构单一和农业与二、三产业融合度低的现实困境。这些难题都需要在现实的生产经营过程中，通过良好的发展方向来解决。⑤ 关于我国农业产业发展，大多数学者主要从以下两方面开展研究。一是主要关注农业产业与二、三产业融合。一、二、三产业融合的本质是传统农业的升级和改造，如今已经在某些地区取得可喜成绩，但有机融合度仍旧不高；二是重点关注我国农业产业发展的薄弱环节，包括农业产业结构调整、农业产业

① 洪银兴、刘伟、高培勇、金碚、闫坤、高世楫、李佐军：《"习近平新时代中国特色社会主义经济思想"笔谈》，《中国社会科学》2018 年第 9 期。
② 崔日明、韩渊源：《乡村振兴战略下乡村集体经济的发展路径研究》，《农业经济》2019 年第 5 期。
③ 王娜、胡联：《新时代乡村集体经济的内在价值思考》，《当代经济研究》2018 年第 10 期。
④ 陈家刚：《基层治理：转型发展的逻辑与路径》，《学习与探索》2015 年第 2 期。
⑤ 刘海洋：《乡村产业振兴路径：优化升级与三产融合》，《经济纵横》2018 年第 11 期。

集聚、农业产业组织、农业产业链和价值链提升等环节。① 姜长云指出，应以构建新型农业经营性主体为契机，促进农业产业链和价值链的提升，可从以下方面入手：培育壮大富有竞争力和创新能力的新型经营主体，发展农业生产性服务业，构建高效的现代农业组织体系。除此之外，还有一些学者基于现实经验给出了产业发展方向的建议。② 赵四东等人通过对兰州进行实地考察提出要发展特色农业，打造特色农产品，并通过各种资源的综合利用，将农产品推出去，同时，要与二、三产业紧密结合，实现融合发展。③ 曹冉等通过对云南热区实际情况的研究，提出要切实加强乡村产业培育和产业支撑；以云南热区特色农业引领现代高效农业，采取科技创新、龙头带动、农产品质量监管；推动热区乡村旅游可持续发展；加强人才队伍建设，通过就业发展带动乡村振兴。④ 总之我们可以看出，数字农业、三产融合和特色品牌是产业三大发展方向。

经济反哺。村民自治组织虽然是村民自发组成的社会组织，但是由于缺乏经济基础，在一定程度上受到乡镇政府的指导和经费支持，制度和文化的约束都呈现式微的状态，乡村共同体逐渐衰弱。⑤ 因此乡村产业发展需要实现经济反哺，以促进乡村振兴发展。乡村集体经济是乡村经济长期稳定发展的定盘星，大力推进乡村集体经济的发展将切实有效地推动乡村的产业、生态、文明、治理、生活等方面的发展。⑥ 农业产业的发展和振兴离不开农业产业组织发展和组织体系的支撑，黄祖辉指出乡村集体经济改革将决定农业产业组织发展的方向，未来多类型农业产业组织并存的格局将继续存在，农业产业组织的进一步深化将推动农

---

① 蒋和平、郭超然、蒋黎：《乡村振兴背景下我国农业产业的发展思路与政策建议》，《农业经济与管理》2020 年第 1 期。

② 姜长云：《关于构建新型农业经营体系的思考——如何实现中国农业产业链、价值链的转型升级》，《人民论坛·学术前沿》2014 年第 1 期。

③ 赵四东、杨永春、万里、贾云鸿、李伟伟、曹军：《中国西部河谷型城市城乡统筹模式研究——以兰州市为例》，《城市规划》2012 年第 6 期。

④ 曹冉、母赛花、朱彩霞、杨慧梓、王之凡：《乡村振兴战略背景下云南热区乡村产业发展实现路径分析》，《乡村经济与科技》2018 年第 13 期。

⑤ 张世定：《改革开放以来中国共产党乡村文化建设研究》，博士学位论文，兰州大学，2019 年。

⑥ 马君、廉明达：《乡村振兴战略背景下乡村集体经济发展研究》，《中国商论》2021 年第 20 期。

业产业的发展。① 可见，经济反哺就是通过乡村产业的发展壮大，创造出更多经济收入，为乡村治理过程中的组织建设、制度规范、公共服务、生态环境等方面提供资金支撑，促进乡村治理能力的提升，进而实现经济和资源等方面的反哺。

5. 村庄治理智慧化

党的十九届五中全会通过的《中共中央关于制定国民经济和社会发展第十四个五年规划和二〇三五年远景目标的建议》强调要"加强数字社会、数字政府建设，提升公共服务、社会治理等数字化智能化水平"②。新时代背景下乡村开放式需求使得传统的治理模式难以为继。在信息和智能技术向乡村不断渗透的情况下，乡村"智慧治理"变革已经来临。文雷、王欣乐认为村庄治理智慧化需要结合国家治理现代化背景下乡村基层治理的现实需求，应该充分运用互联网、大数据等现代科学技术，创新治理工具、变革治理范式，构建乡村智慧治理体系。③ 在具体的实践中，成都市搭建了"三网融合"社会治理创新模式，分别有三个层次。一是突出规划引领，完善顶层设计；二是强化技术基础，打造城市智慧治理中心；三是强调融合共享，提供智慧惠民服务。④ 为此，在厘清基层智慧治理相关内容的基础上，要加强基层智慧治理能力建设，需要从做好规划建设、平台健全和信息共享等三个方面切入，探究具体行动路径。⑤

规划引领。做好规划建设需要政府要将乡镇（街道）、村（社区）纳入信息化建设规划，统筹推进智慧城市、智慧社区基础设施、系统平台和应用终端建设，强化系统集成、数据融合和网络安全保障，⑥ 真正做到战略目标清晰、专项资金支持和信息资源集成。在具体做法上，张静波、周

---

① 黄祖辉：《改革开放四十年：中国农业产业组织的变革与前瞻》，《农业经济问题》2018年第11期。

② 傅昌波：《全面推进智慧治理开创善治新时代》，《国家行政学院学报》2018年第2期。

③ 文雷、王欣乐：《国家治理现代化视域下乡村智慧治理体系构建与实现路径》，《陕西师范大学学报》（哲学社会科学版）2021年第2期。

④ 郭舒予：《"互联网＋"背景下基层社区治理模式创新研究》，硕士学位论文，四川农业大学，2017年。

⑤ 闫建、黄可歆：《为基层治理插上"智慧"的翅膀》，《党课参考》2021年第17期。

⑥ 吴旭红：《智慧社区建设何以可能？——基于整合性行动框架的分析》，《公共管理学报》2020年第4期。

亚权指出地方党委、政府出台的社区智慧治理的规划方案要明确规范智慧治理基础设施建设资金和研发资金的来源。同时,为了避免发生智慧村庄建设粗制滥造的问题,还要明确其规范化建设标准,做好相应的战略目标。① 张丙宣、周涛认为需要从健全基层智慧治理标准体系和推广智能感知等技术层面做起,以加强基层智慧治理能力建设,要加快推动基层智慧治理体制机制创新,促进基层治理与新技术革命之间的深度融合。②

平台健全。智慧治理平台能够为智慧治理,尤其是信息整合与多元交互层面提供强有力的支撑。基于数字技术的智慧治理平台建设,可以及时有效地捕捉不同治理场域中的相关行为和事件,根据不同场域的治理数据库,针对不同群体开放不同治理场域的权限,安全有效保护访问者和被访者的隐私,确保各位主体实现多元交互的信息沟通渠道。③ 尽管胡税根、王汇宇、莫锦江等人认为智慧治理的相关制度建设有待调整、动态网络协同治理体系还未有效建构、政府数据的开放与共享步伐迟滞、智慧治理的相关要素支撑不足以及治理平台建设未跟上时代步伐④,但文雷、王欣乐等人对乡村智慧治理构建了解决路径,认为现代乡村智慧治理是将乡村活动主体、乡村信息和乡村公共事项进行整合规范,其目的在于以政务服务一站式、群众事务一体化和网络理政一键式的方式,实现乡村振兴战略目标的乡村"治理有效"。

信息共享。实现"智慧治理",必须打通信息与数据共享的通道。政府在信息与数据资源上占据绝对的优势。在以往社会,政府遵循"信息是一种权力"的逻辑,通过信息资源的掌握与垄断,巩固与维护政治权力。而在信息社会,信息与权力相分离,政府的权威不再是来自对信息资源的垄断,而是来自信息的分享。这就要求政府打破信息垄断,推动信息公开,并促进数据的共享与融合。在信息共享中,陈静、陈成文、王勇

① 张静波、周亚权:《城市公共空间治理体系与治理方式创新的路径》,《云南行政学院学报》2018 年第 4 期。

② 张丙宣、周涛:《智慧能否带来治理——对新常态下智慧城市建设热的冷思考》,《武汉大学学报》(哲学社会科学版) 2016 年第 1 期。

③ 韩志明、李春生:《城市治理的清晰性及其技术逻辑——以智慧治理为中心的分析》,《探索》2019 年第 6 期。

④ 胡税根、王汇宇、莫锦江:《基于大数据的智慧政府治理创新研究》,《探索》2017 年第 1 期。

（2021）认为智慧治理往往会获取部分个人信息，部分甚至涉及国家机密，在智慧治理平台难以依靠政府单独进行持续运转的前提下，平台建设、数据转化等环节往往需要信息技术企业、个人等角色辅助运行，因此存在一定的信息泄露风险。因此，需要加强信息保护与网络安全规范。①"智慧治理"不能以公共安全的名义侵犯个人的合法权益，需要推动相关制度的完善，保护公民个人信息与隐私权，并从法律上厘清"智慧治理"的内容和标准，在公共安全与公民权利、信息共享与隐私保护、个人自由与公共利益之间找到平衡点②，做到信息完整、使用规范，形成安全保障。

6. 生态环境品质化

生态环境是广大农民群众赖以生存发展的基础性条件，也是农民物质财富和精神财富之一。习近平总书记指出，环境就是民生，青山就是美丽，蓝天也是幸福。生态环境品质化，是贯彻落实乡村振兴战略，践行"人民城市"理念，凸显农业乡村的经济价值、生态价值和美学价值的体现。③熊春林指出乡村生态环境品质化建设对于建设社会主义新乡村与和谐乡村具有重要的意义。④王梅杰认为与城市相比，我国乡村的生态环境现状更令人担忧，生态文明建设面临着不少困境，制约着乡村经济社会的可持续发展。⑤可见，加快乡村生态文明建设并建设良好的乡村人居生态环境，是提升乡村和农业的可持续发展能力，努力实现乡村物质文明、精神文明、政治文明与生态文明的和谐发展的主要途径。在具体措施上，王梅杰认为加强乡村的生态文明建设应从多方面着手，选择相应的建设路径，以促使乡村环境保护与经济建设的协调发展。⑥杜受祜提出，建设良好的乡村人居生态环境，提升乡村农业的可持续发展能力，加快转变农业

① 陈静、陈成文、王勇：《论市域社会治理现代化的"智慧治理"》，《城市发展研究》2021 年第 4 期。

② 张峰、孔繁斌：《信息空间视角下的社会治理模式创新》，《学海》2016 年第 6 期。

③ 《未来乡村社区生活圈：自然生态场景＆创新生产场景》，《上海城市规划》2021 年第 3 期。

④ 熊春林：《论我国乡村传统文化生态的建设》，《湖南社会科学》2012 年第 2 期。

⑤ 王梅杰：《我国乡村生态文明建设的困境及其路径》，《黑河学刊》2013 年第 1 期。

⑥ 骆徽：《对启蒙的现代性与后现代性的反思》，《南京师大学报》（社会科学版）2006 年第 1 期。

发展方式、优化农业结构，实现农业的高产优质高效和生态安全的总体目标，走出一条中国特色的农业现代化道路和城乡经济社会发展一体化道路，包含村庄更新、环境优美、安全保障、生产生活方式绿色四个方面。①

村庄更新。村庄更新的概念来源于建筑规划领域，是指村庄在当代更新的过程中，对村庄内部的多功能属性和区域角色进行界定，以达到满足居民诉求、挖掘乡村文化、提供便利服务的效果，使得更新后的村落融入周围环境。赵紫飞认为村庄更新具有盘活存量土地、盘活村集体资金、促进农民素质提高、提升乡村干部的政策水平和工作能力四个方面的作用。② 苏舜、周文静等认为通过实施村庄更新，可以置换出大量土地，扩展经济社会发展空间；能够有力地促进农民增收；能够改善乡村环境，全面促进农民素质的提高，使得村庄内部拥有良好的基础设施、积极向上的风貌和现代生活方式保障。③

环境优美。我国的乡村经济取得了快速发展，农民生活水平有了很大的提升，乡村对我国生产、消费的贡献越来越大。但随之而来的生态环境问题也日益凸显，乡村生态环境问题的解决迫在眉睫。不仅如此，随着时代的发展，人民群众对于生态宜居、环境优美的生产生活环境有了更多的追求。就乡村而言，过去经济发展形成的粗放式、低效化的农业和工业生产以及村民生活卫生观念意识不足所带了环境问题仍然存在。④ 白呈明、窦凤艳认为生态环境权利是村民基础权利，也是村庄健康发展的重要资源要求和保障，所以在环境整治过程中，首先加强生产生活系统的整洁化和绿色化。⑤

安全保障。生态环境品质化发展，需要在稳定和谐的环境中运行。因

---

① 杜受祜、丁一：《我国新乡村生态文明建设中的几个问题》，《西南民族大学学报》（人文社科版）2009 年第 2 期。

② 赵紫飞：《切实抓好旧村改造推进新乡村建设》，《新乡村》2008 年第 2 期。

③ 苏舜、周文静等：《旧村改造探究——以义乌市"五爱社区"为例》，《现代经济信息》2010 年第 3 期。

④ 邓玲、王芳：《乡村振兴背景下乡村生态的现代化转型》，《甘肃社会科学》2019 年第 3 期。

⑤ 白呈明、窦凤艳：《城中村治理问题及其法治化路向》，《西安财经学院学报》2016 年第 3 期。

此，这就需要村民能够在生态环境品质化建设中保障自身的人身安全。不仅如此，安全保障建设也是满足村民在享受品质化生活的诉求，二者之间相互影响。安全保障由社会治安和公共安全两方面构成，其中社会治安偏向狭义的违法犯罪范畴，而公共安全则指向更为广泛的领域，指村民的各项合法权利不受他人侵扰和损害。重视乡村社会治安防控，协调处理乡村矛盾，维护和谐的乡村社会环境成为新时期乡村经济发展及新乡村建设的重要保障。[1] 于长永认为加强道德法制的宣传和教育是提升乡村治安环境的基本要求，但是最重要的手段还是严打整治，以做到社会治安良好和公共安全可靠的目标。[2] 缪金祥指出乡村治安防控要强化人防、物防、技防建设，应着力从机制、基础设施、队伍建设上入手形成乡村治安防控震慑力，整合社会资源，加强社会治安防控体系建设。[3] 不仅如此，我国一直是一个灾害频发的国家，每年发生的各种灾害造成大量的经济损失，也给群众带来伤害。[4] 因此，在安全保障中还需构建防灾减灾体系建设维度。

生产生活方式绿色。绿色是生命的象征、大自然的底色。绿色发展是实现生产发展、生活富裕和生态良好等多维目标的人与自然和谐发展的有效方式[5]，是解决生态与发展问题、推动经济高质量发展的金钥匙。乡村绿色发展作为中国特色社会主义乡村振兴道路的七根支柱之一，是一条基础线、潜力线、生命线，它决定着"三农"的持续发展问题。然而，长期以来，我国乡村绿色发展缓慢，农业可持续发展不足，耕地、建设用地和生态保育的矛盾日益激化，高强度、粗放式的生产方式导致农田生态系统结构失衡、功能退化；产业分割状态下农业多能性的丧失导致乡村产业融合发展滞后；秸秆焚烧现象严重，乡村垃圾、污水处理严重不足，乡村

①　阳信生：《乡村社会管理服务的缺陷与政府对策》，《湖南农业大学学报》（社会科学版）2008 年第 1 期。

②　于长永：《对当前乡村治安问题的调查与思考》，《吉林公安高等专科学校学报》2009 年第 4 期。

③　缪金祥：《城镇化进程中乡村社会治安防控体系的建设》，《净月学刊》2016 年第 6 期。

④　陈实：《社会工作介入北川县 T 村防灾减灾研究》，硕士学位论文，西南石油大学，2017 年。

⑤　李顺毅：《绿色发展与居民幸福感——基于中国综合社会调查数据的实证分析》，《财贸研究》2017 年第 1 期。

生态环境形势严峻；农田水利、商业、交通、通信、文化和娱乐等基础设施建设落后，导致乡村消费环境不佳、消费成本较高，难以满足城乡居民不断追求美好生活的需要①，推行的绿色的生产生活方式，能够最大限度解决现期生态环境中所存在的问题，降低解决成本，也能够实现资源的最大化利用，进一步提高生态环境品质。由此对绿色的生产生活方式是衡量乡村治理现代化的重要维度。

第二节　乡村治理现代化评估过程

　　基于前文已经得到了乡村治理现代化标准体系的六大维度和一级参考指标，本书针对全国乡村治理现代化的实证分析将延续标准体系的框架结构完善三级指标体系。首要任务就是通过可行、有效的方法对可能的初始指标进行筛选，从而确立乡村治理现代化评估指标体系的最终指标。本书评估指标的筛选主要是通过与专家的访谈、向专家发放相关问卷的方式让专家判断评估指标的适宜度以及确定某些指标的去留，待专家完成评估指标筛选后，再通过隶属度分析、相关性分析以及信效度检验三个步骤进一步对评估指标进行筛选，最终构建科学、合理的乡村治理现代化评估指标体系。

一　乡村治理现代化三级指标筛选

　　评估指标的筛选是构建乡村治理现代化评估体系的重要步骤，其筛选工作必须在相关理论指导下进行。具体来讲，本书主要是通过问卷形式向相关专家进行咨询，将理论预设的指标交由专家判断其去留。在取得专家意见后，对有效回收的专家问卷数据进行专家效度比分析和隶属度分析，剔除隶属度低于设定值的指标。接下来再对剩下的指标进行相关性分析，从而将剔除重复度较高的两个指标的其中一个。最后再根据信度和效度的测量筛选出具有较高信度和效度的评估指标。具体流程如图 4-2 所示：

---

　　① 程莉、文传浩:《乡村绿色发展与乡村振兴：内在机理与实证分析》,《技术经济》2018年第10期。

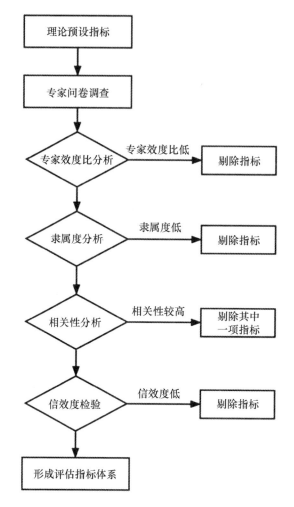

图 4 - 2 评估指标的筛选过程

资料来源：根据评估指标的实际筛选过程绘制。

1. 专家咨询的实施

专家咨询法又称德尔菲法（DelphiMethod），是 20 世纪 40 年代由赫尔姆和达尔克首创，又经过戈尔登和兰德公司进一步发展形成的一种面向专家的调查方法。该方法主要是由调查者拟定调查表，按照既定程序，以函件的方式分别向专家组成员进行征询，专家组成员采用匿名发表意见的方式，即专家之间不得互相讨论，不发生横向联系，只能与调查人员发生关系,经过2—4次反复征询、归纳、修改、反馈,专家组成员的意见逐步趋向一致,作为预测的结果或决策的依据。本研究运用专家咨询法进行指标初步筛选的具体步骤如图4-3所示:

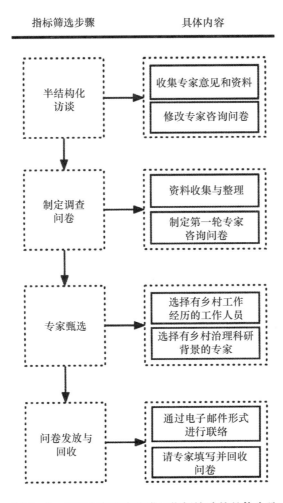

图4-3 根据专家咨询法进行指标筛选的具体步骤

资料来源:根据研究过程中专家咨询法的具体实施步骤绘制。

以回收的有效专家问卷和经过理论预设的评价指标为基础,本轮指标筛选采用专家效度分析对指标进行遴选。专家效度分析就是使用专家判断法来计算指标的内容效度比,也就是评价指标的符合性判断。在第一轮指标筛选，即专家效度比分析中，根据有效回收的专家咨询问卷，某项指标若被选用计 1 分，若不选用则计 0 分。本次共发放问卷 30 份，有效回收 29 份，有效率为 96.67%。专家效度比的计算公式为：

$$CVR = \frac{ni - \frac{N}{2}}{\frac{N}{2}}$$

其中，CVR 表示专家效度比，ni 表示专家中认为某指标具有合适性的程度，N 表示参加评定的专家的总人数。专家效度比值的范围在"-1"和"1"之间，它的值越大，表明指标的适宜性就越高。本轮指标筛选各项指标的专家效度比运算结果保留小数点后两位。

考虑到本研究中所选取的乡村治理现代化指标大部分主观性较强，在一定程度上主观原因会对指标的客观和科学性有一定的影响，因而为了减少专家在判断时造成的误差，本次研究选取"0.30"为临界值来筛选指标。经过计算和比较，在通用指标中共有三项指标低于"0.30"的临界值："薪酬待遇"指标，专家效度比为 0.10；"自治组织法人备案制度"指标，专家效度比为 0.15；"重要事项清单制度"指标，专家效度比为 0.10。因此在本轮指标的筛选过程中，"薪酬待遇""自治组织法人备案制度"以及"重要事项清单制度"这三个通用指标被剔除。

此外，笔者根据专家的建议在原有个性指标的基础上增加了"党员'导师帮扶制'""党员包片服务""文化长廊/广场/公园""内生型社会组织""三治融合路径创新""无讼社区建设""服务人群无差异""获得全国性奖项""全龄友好服务体系"等个性指标。并将"主导产业鲜明"指标修正为"主导产业具有区域竞争性"指标；将"一体化平台"指标修正为"多网融合的一体化平台"指标。

2. 隶属度分析

美国加利福尼亚大学控制论教授扎得（L. A. Zadeh）在 1965 年首先发表了题为《模糊集》的论文。[①] 他指出若对论域（研究的范围）U 中的任一元素 x，都有一个数 A（x）∈［0，1］与之对应，则称 A 为 U 上的

① 黄微、许烨婧、韩瑞雪、王洁晶：《网络舆情语义倾向性的隶属度研究》，《图书情报工作》2015 年第 21 期。

模糊集，A（x）称为 x 对 A 的隶属度。本研究所述的隶属度是正是属于模糊评价函数里的概念。

　　为了对指标设计进行第二轮实证筛选，即指标的隶属度分析，笔者再一次运用了问卷调查法，向有乡村工作经历的工作人员和有乡村治理科研背景的专家进行咨询。第二轮的指标筛选以第一轮实证筛选所得的 168 项指标为基础，邀请被咨询的专家根据自身对乡村治理的专业知识和实践经验，对每个预选指标进行分析以得出这些指标的重要程度得分，主要是依据"一定要保留、保留、不确定、不保留、一定不保留"的顺序，分别赋予每项指标"5、4、3、2、1"分。

　　若把乡村治理现代化评估指标体系第一轮筛选结果 S1 视为一个模糊集合 {X}，把每个评估指标视为其中的一个元素，分别对每一项指标进行隶属度分析。假设在评估指标体系 S1 中的第 K 项评估指标 Xk 上，专家选择总次数为 Mk，即总共有 Mk 位专家认为 XK 是评估乡村治理现代化的必备指标，即：专家选择 Xk 为"一定要保留"的次数，则该评估指标的隶属度为 Rk。结合本轮指标实证筛选有效回收的 20 份专家咨询问卷，得出本研究对于乡村治理现代化评估指标的隶属度计算公式为：

$$R_k = \frac{M_k}{N}$$

　　基于隶属度计算公式，以及有效回收问卷的统计分析数据，计算各项指标的隶属度得分，运算结果均保留两位小数。为保证指标筛选的科学性和有效性，本轮指标隶属度分析选取临界值为"0.37"来进行指标筛选工作。在本轮指标筛选过程中有 61 项通用指标低于临界值，因此需要被剔除，具体指标如表 4-2 所示：

表 4-2　　　　　　　第二轮指标筛选中低于临界值的通用指标

具体指标	隶属度得分
1. 党支部书记兼任村主任的比例	0.30
2. 已有规章制度	0.15
3. "三会一课"等常态化	0.04
4. 党务公开次数	0.06
5. 宣传平台智能化	0.12

具体指标	隶属度得分
6. 村社干部有五险一金	0.32
7. 村社干部有晋升渠道	0.33
8. 党员干部年轻化	0.16
9. 党员干部学历提升和培训	0.06
10. 现代化手段宣传动员次数	0.32
11. 建立村务监督委员会	0.10
12. 村民对村务公开的满意率高于95%	0.22
13. 村民不少于2次，参学率达到80%以上，并有学法记录	0.04
14. 乡村图书馆法律类图书不少于200册	0.26
15. 志愿者组织	0.10
16. 自组织法人备案率100%	0.01
17. 村民参与文化活动、志愿活动等的次数	0.18
18. 村民主持的公共事务活动的人次	0.07
19. 村民可以自由列席村"两委"会议	0.27
20. 村庄有专人受理村民诉求	0.35
21. 设立乡贤理事会、村民议事会等协商组织	0.14
22. 农民村内非农收入大于农业收入	0.29
23. 特色资源	0.20
24. 村民入股集体经济组织或农业专业合作社	0.19
25. 村庄公共事务治理吸纳的社会资金比重	0.06
26. 集体经济组织管理技术适用于村庄治理	0.31
27. 服务技术先进（现代化）	0.04
28. 政府购买服务资金来源多样化	0.32
29. 本村就业职工等外来群体与村民享有均等化公共服务（价格等）	0.33
30. 人口聚居区有生活服务圈（步行）	0.18
31. 兼职法律工作者	0.10
32. 矛盾纠纷义务调解队	0.04
33. 构建了"三大调解"机制	0.11
34. 与政法委等部门联合开展无讼社区建设	0.23
35. 定期举办文化节、运动会等活动	0.24
36. 社会主义文化主题景观打造	0.15

续表

具体指标	隶属度得分
37. 体现传统文化的标识	0.03
38. 新乡贤人数	0.30
39. 优秀家规家训陈列展览	0.27
40. 树立村庄先锋模范	0.08
41. 宣传先进事迹	0.01
42. 无危旧住房	0.04
43. 新建住房报备审批率	0.07
44. 生活服务网点覆盖率	0.18
45. 有专业规划师参与村庄更新活动	0.16
46. 公共厕所数量	0.19
47. 村庄环卫队	0.25
48. 生活垃圾分类处理率	0.14
49. 村庄道路卡口监控设备覆盖率100%	0.31
50. 村民综治巡逻队定时巡查	0.30
51. 群体上访件	0.29
52. 公共卫生事件	0.21
53. 秸秆等生产废料综合利用率	0.05
54. 殡葬改革和生态安葬率	0.25
55. 智慧治理机构与制度	0.02
56. 数据要素生产、确权、应用、收益分配机制	0.06
57. 建立开放共享的村庄基础信息数据库	0.02
58. 构建"县乡村"三级网络理政体系	0.14
59. 村庄信息全覆盖	0.08
60. 管理人员实名认证	0.33
61. 信息甄别使用。	0.16

数据来源：根据隶属度筛选结果绘制。

　　本轮筛选除了剔除61项低于临界值的通用指标之外，还将4个通用指标合并成2个通用指标，具体合并指标如表4-3所示。在本轮指标筛选后，通用指标数量由168项减少为105项。

表 4 - 3　　　　　　　　第二轮指标筛选中被合并的通用指标

合并前指标	合并后指标
整合村庄内部资源与项目数量	整合村庄内外部资源与项目数量
整合村庄外部资源与项目数量	
定期更新应急预案	定期更新应急预案并定期培训民兵队
定期培训民兵队	

数据来源：根据隶属度筛选结果绘制。

此外，由于一些个性指标隶属度也小于临界值，因此本轮指标筛选也剔除了部分个性指标，具体包括"党员包片服务"指标、"区域大党建"指标、"集体经济收入超全国平均水平"指标、"垃圾分类"指标、"家园文化"指标、"村两委与集体经济组织三位一体"指标、"评议评价体系"指标、"集体经济牵引"指标，至此，个性评估指标减少为 10 个。

3. 相关性分析

经过前两轮的筛选后，乡村治理现代化已有 105 项通用评估指标和 10 项个性评估指标，为了使评估指标更具科学性，本轮筛选主要是对现有评估指标进行相关度分析。因为经过两轮筛选后的评估指标，还可能存在一些指标之间有较高相关性的情况。如果这些较高相关性的测度指标同时存在，那就必然会导致对乡村治理现代化相关信息资料的频繁使用，进而造成测度结果科学性和合理性的缺失。因此，有必要对这 105 项通用评估指标和 10 项个性评估指标进行相关性分析。一般情况下评估指标的相关分析可以分为以下三个步骤：

第一步是进行数据的无量纲处理。设 X_i 为第 i 项评估指标的原始数据，S_i 为评估指标的标准差，Z_i 为标准化值，则公式为：

$$Z_i = \frac{x_i - \bar{X}}{s_i}$$

第二步主要是运用 SPSS 软件计算各个指标之间的简单相关系数。

$$R_{ij} = \frac{\sum_{k=1}^{n}(Z_{ki} - Z_i)(Z_{kj} - Z_j)}{\sqrt{\sum_{k=1}^{n}(Z_{ki} - Z_i)^2(Z_{kj} - Z_j)^2}}$$

最后就是确定临界值，筛选相关系数较大的指标。经过相关性分析的这三个步骤计算后发现，经过上一轮筛选后的 105 项通用指标中有 45 对指标的相关性较高。为了保证指标的独立性以及最后建构的乡村治理现代化指标体系的科学性，笔者查阅相关资料以及咨询专家后对这 45 对指标进行衡量，最终确定剔除以下 45 项指标，保留剩下 60 项通用指标，具体剔除指标如表 4 - 4 所示：

表 4 - 4　　　　　第三轮指标筛选中被剔除的通用指标

被剔除指标	被剔除指标
1. 党员家庭"挂牌亮户"户数	23. 建有服务评价机制
2. 不合格党员处置人数	24. 政府服务满意度
3. 实现村民合作社、家庭农场、村转社区等乡村新型领域党的组织和工作覆盖率	25. 社会组织或个人义务提供法律服务的场次
4. 构建了村村、村校、村企联建等方区域性大党建	26. 社会力量广泛介入矛盾纠纷调解
5. 党群服务中心面积 400 平方米以上	27. 困难群众帮扶
6. 亲民化设施完善	28. 建有农家书屋/文化广场/文化礼堂等乡村文化阵地
7. 村社干部补助按时足额发放	29. 村庄有稳定的文化表演队伍
8. 村规民约的入户率和知晓率达到 100%	30. 星级农户再次评选的失星率
9. "村务阳光指数"评价分高于 80 分	31. 乡村文化人才年均培育数
10. 村"两委"干部和村民代表带头学法，每年集中学法应不少于 4 次（含乡镇轮训），参学率达到 90% 以上	32. 乡村文化人才回引数
11. 定期对不同群体开展法治宣传教育不低 2 次	33. 有世代相传的文化类型
12. 法治宣传栏的内容更新不少于 12 次	34. 不孝道行为发生次数
13. "镇（乡）—村"党委是领导与被领导/管理与被管理关系	35. 定期开展"文明家庭"等评选活动
14. 乡镇政府与村委会是指导与被指导关系	36. 形成"三治融合"专项方案
15. 村党委、村委会、村集体经济组织等各司其职	37. 村两委与乡贤定期座谈交流
16. 村民大会、村民代表大会等每次参与会人数	38. 村庄法律乡贤担任村委会委员

被剔除指标	被剔除指标
17. 村民建言献策人次	39. 村庄法律工作者/乡贤兼任网格员
18. 村民意见/问题能及时给予反馈	40. 建立"三治融合"的自组织
19. 有最小协商单元和协商组织	41. 建立"三治融合"的数字化平台
20. 建设有智能监测系统（气候、温度、光照、土质、病虫害预测与防治）	42. 按照每小组或1000人/个标准，建有公共活动空间，如图书馆、活动中心等
21. 地标性特色品牌	43. 水、电、气、网、路等设施接口准备率
22. 集体经济组织成员同股同权	44. 定期更新应急预案，并定期培训民兵队
	45. 服务阵地到位（代办中心及配套）

数据来源：根据相关度分析绘制。

在第三轮筛选过程中，个性指标中有 1 对指标相关性较高，经过笔者查阅相关文件资料以及向专家咨询后，最终决定剔除"文化长廊/广场/公园等"这一项个性指标，个性指标由 10 个减少为 9 个。

4. 信度和效度检验

在乡村治理现代化评估指标体系构建的过程中，信度和效度检验是保证最后结果更具科学性的关键步骤。通常是采用效度分析和信度分析检验评估体系的内容和结构是否合理，结果是否可信、有效，以信效度检验结果对指标进行进一步的筛选和修正。

效度指的是测量工具能够准确测量出所需要测量内容的程度，又被称测量的有效度或者准确度，其可以分为内容效度、效标效度、结构效度三类。根据乡村治理现代化评估指标的特征及其建立过程，本研究主要采用内容效度进行测量。内容效度主要是让该领域的专家对相关评估指标进行判断，得出"内容效度比"，其计算公式为：

$$CVR = \frac{Ne - N/2}{N/2}$$

其中，Ne 的值代表专家中认为指标能够较好体现评估内容的人数，N 为专家总人数。CVR 出现负值时表明认为成都市城市治理现代化评估指标体系评价为适当的人数不到一半；$CVR = 0$ 表示认为指标体系适合和认为指标体系不适合的人数各占一半；如果 $CVR = -1$，代表所有评价者都认为该指标体系的内容不当，与此相反，当 $CVR = 1$ 时，就代表所有评价者都认为该指标体系中的指标项目内容很好。在本研究中征询了 20 位有关专家的判断,以确定乡村治理现代化评估指标体系的效度。其中有 19 位专家判断该指标体系能够很好地体现评估内容,$CVR = 0.90$,因此,证明该指标体系具有较高的效度。

信度即可靠性,它是指采用同样的方法对同一对象重复测量时所得结果的一致性程度。信度系数越大,表明测量的可信程度越大,DeVellis 认为,信度在 0.60—0.65 之间的指标最好不要;信度在 0.65—0.70 之间的指标属于最小可接受值;信度在 0.70—0.80 是相当好的指标(相当好);信度在 0.80—0.90 之间是非常好的指标。笔者通过 Cronbach's alpha 系数,测得乡村治理现代化评估指标体系的信度为 0.89,因此证明乡村治理现代化评估指标体系具有较高的信度。

综上所述,通过运用专家咨询法、隶属度分析、相关性分析以及信效度检验,层层筛选指标,最终形成乡村治理现代化评估指标体系,如表 4 – 5 所示:

表 4 – 5　　　　　乡村治理现代化评估指标体系

维度	一级指标	二级指标	通用指标			个性指标	
			三级指标	判断标准	评价指标	评价指标	判断标准
党建引领规范化	组织建设	设置规范	1. 按规定成立基层党委和党支部	全覆盖	党员的"导师帮制"	有/无	
			2. 党员在村级组织中的任职比例	≥90%			
			3. 党支部书记兼任村主任、集体经济组织负责人的比例	≥50%			
		制度健全	4. 民主集中制和请示报告制度等	≥5			
	队伍建设	激励机制	5. 村社干部有考察学习机会	是/否			
			6. 村社干部有招考优惠政策	是/否			
		人才培养与储备	7. 近五年"能人"入党数量	≥5			
			8. 后备干部 2 人以上	是/否			
	引领带动	组织动员	9. 宣传动员次数	≥12			
		资源整合	10. 整合村庄内外部资源与项目数量	≥2			

续表

维度	一级指标	二级指标	三级指标	判断标准	评价指标	判断标准
			通用指标			个性指标
村民自治制度化	制度完备	村规民约健全	11. 有村规民约且经过合法性审查	是/否	主题景观打造 三治融合路径创新	有/无 是/否
		村务公开透明	12. 村务以2种形式以上的方式每月/季度公开	是/否		
	组织规范	自组织健全	13. 自组织或社会组织数量	≥1		
			14. 承接镇（乡）/村购买服务的项目	≥1		
		村级组织权责明晰	15. 村级组织职责明确，边界清晰	是/否		
	民主表达	村民参与渠道多元且畅通	16. 村民参与村庄事务渠道畅通（现场、微信等）	≥2		
		民主协商机制完善	17. 有民主协商制度	是/否		
	文化引领	思想道德建设	18. 多渠道定期开展社会主义文化宣讲	是/否		
			19. 定期开展"家风、村风"主题系列活动	是/否		
			20. 村民"失信"行为引发矛盾纠纷比率	≤10%		
		文化建设	21. 文化阵地完备且文化体验数字化	是/否		
			22. 定期举办全民参与的文化活动	≥2		
		法治保障	23. 定期开展法律咨询与宣讲	≥2		

续表

通用指标					个性指标	
维度	一级指标	二级指标	三级指标	判断标准	评价指标	判断标准
产业发展市场化	价值取向	共同富裕	24. 家庭中食物支出占消费总支出的比重（恩格尔系数）	≥33%	主导产业具有区域竞争性	是/否
			25. 村民人均年收入差距（基尼系数）	0.3左右		
		乡村振兴	26. 产业、组织、人才、文化、生态振兴	是/否		
	发展方向	数字农业	27. 先进灌溉技术等科技的推广覆盖率	≥60%		
			28. 农产品网络销售设施完善（电商设施设备与物流网点）	是/否		
		三产融合	29. 农业与加工业、旅游业融合	是/否		
			30. 农业与教育、文化、康养等深度融合，融合模式类型	≥3		
			31. 集体经济收入分配制度完善（按劳、资分配等）	是/否		
		治理反哺	32. 集体收入用村庄公共事务治理的比重	≥30%		
村庄服务精准化	政务服务	服务设施完备	33. 服务平台健全（线上线下）	是/否	服务人群无差异	有/无
		公共服务购买	34. 政府购买服务总数	是/否		
		服务均等化保障	35. 村民享有城镇居民同等的公共服务	是/否	无讼社区建设	有/无
	便民服务	生活便利	36. 人口聚居区有15分钟生活服务圈（步行）	≤15分钟	全龄友好服务体系	有/无
	志愿服务	矛盾纠纷调解	37. 纠纷受理率达100%，调解成功率不低于90%	≥1		
			38. 特殊群体心理服务	是/否		

维度	一级指标	二级指标	通用指标				个性指标
			三级指标	判断标准	评价指标	判断标准	
生态环境品质化	村庄更新	村庄规划科学	39. 有村庄总体发展规划	是/否	获得全国性奖项	有/无	
		风貌改造持续	40. 村庄风貌持续更新	是/否			
	环境优美	绿化覆盖	41. 村庄林木覆盖率	≥80%			
			42. 村庄房屋/道路/公共空间美化率	≥80%			
		污染治理	43. 生活垃圾收集转运处理率	≥2			
			44. 大气、土壤污染率	≤10%			
	安全保障	社会治安良好	45. 社会治安案件数	≤1			
			46. 刑事案件数	≤1			
		公共安全可靠	47. 村民上访件	≤1			
			48. 其他社会冲突事件	≤1			
			49. 设置应急避难场所	≥2			
	生产生活方式绿色	清洁能源使用	50. 乡村柴火灶使用率	≤30%			
			51. 电/天然气使用率	≥80%			
		绿色出行/消费	52. 摩托车、汽车的人均占有量	≤1			
			53. 户均"酒席"操办数	≤0			
		资源循环利用	54. 生产生活物资循环使用率	≥80%			
			55. 废弃物回收率	≥60%			
村庄治理智慧化	战略目标清晰	制度保障	56. 智慧治理规划	是/否	多网融合的一体化平台	有/无	
	数字赋能	平台健全	57. 创建"乡村通"线上服务平台	是/否			
	信息共享	信息完整集成	58. "村—镇"及以上信息全共享	是/否			
		使用规范	59. 制定相关操作规范	是/否			
		安全保障	60. 专职监管人员	是/否			

二 评估指标体系的权重设计

在设计评估指标体系权重时，笔者通过资料收集和方法比较，最终决定采用层次分析法来测度乡村治理现代化评估指标体系各层次的权重。层次分析法是将决策方案按照总目标、评价准则直至具体的指标的顺序分解为不同的层级,然后运用互相比较的方法,求得每一层级的各因素对上一层级因素的优先权重,最后再运用加权求总的方法按层级合并不同层级之间的权重。其具体运算过程如图4-4所示:

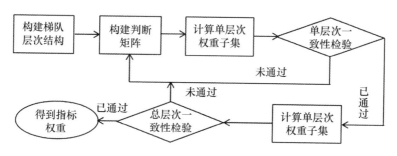

图4-4　层次分析法的具体流程

　　笔者在层次分析法计算原理的基础上首先通过电子邮件和线下会议发放相结合的方式,向四川大学、西南政法大学、东北大学等相关学者共发放了30份《乡村治理现代化评估指标权重赋值问卷》,对乡镇政府官员发放了60份问卷,并将有效回收的问卷用SPSS24.0软件进行分析,得出评估体系数值;其次是通过已得评估体系数值确定目标层与准则层的相对权重,并进一步确定准则层与要素层的相对权重;最后是根据前部分的运算结果确定要素层与指标层的相对权重。至此,本研究最终得到乡村治理现代化评估指标体系各层次测度指标的权重系数。具体见表4-6。

表4-6　　　　　　乡村治理现代化评估指标体系权重表

目标层	准则层	权重	要素层	权重	指标层	权重
A 乡村治理现代化	B1 党建引领规范化	0.182	C1 组织建设	0.335	D1	0.494
					D2	0.506
			C2 队伍建设	0.335	D3	0.497
					D4	0.503
			C3 引领带动	0.329	D5	0.496
					D6	0.504

续表

目标层	准则层	权重	要素层	权重	指标层	权重
A 乡村治理 现代化	B2 村民自治制度化	0.173	C4 制度完备	0.258	D7	0.479
					D8	0.521
			C5 组织规范	0.255	D9	0.487
					D10	0.513
			C6 民主表达	0.253	D11	0.494
					D12	0.506
			C7 文化引领	0.233	D13	0.331
					D14	0.331
					D15	0.339
	B3 产业发展市场化	0.168	C8 价值取向	0.495	D16	0.489
					D17	0.511
			C9 发展方向	0.505	D18	0.325
					D19	0.347
					D20	0.328
	B4 村庄服务精准化	0.163	C10 政务服务	0.341	D21	0.341
					D22	0.336
					D23	0.32
			C11 便民服务	0.358	D24	1
			C12 志愿服务	0.300	D25	1
	B5 生态环境品质化	0.160	C13 村庄更新	0.243	D26	0.513
					D27	0.487
			C14 环境优美	0.258	D28	0.481
					D29	0.519
			C15 安全保障	0.263	D30	0.513
					D31	0.487
			C16 生产生活 方式绿色	0.236	D32	0.337
					D33	0.322
					D34	0.342
	B6 村庄治理智慧化	0.153	C17 战略目标清晰	0.343	D35	1
			C18 数字赋能	0.317	D36	1
			C19 信息共享	0.340	D37	0.337
					D38	0.323
					D39	0.340

三　乡村治理现代化评估实证分析

（一）问卷设计

为了充分了解乡村治理现代化的水平与实际情况，笔者针对此设计了面向乡村干部和乡村村民的调查问卷，问卷内容主要包括"受访者基本情况""乡村治理现代化的现状评估"以及"个性指标"三个部分，具体内容如下：

第一部分询问受访者的个人社会经济特征。包括性别、年龄、受教育水平、居住地、家庭人口数以及职业情况。由于不同地区的乡村治理现代化的水平不尽相同，问卷询问了受访者所居住的地址，以便于后期根据不同地区进行乡村社区治理能力现代化水平的区域对比。

第二部分询问受访者对于乡村治理现代化水平的认知和评价。笔者在指标体系构建的基础上，通过设置具体问题的方式展开对乡村治理"党建引领规范化""村民自治制度化""产业发展市场化""村庄服务精准化""生态环境品质化""村庄治理智慧化"这六个方面的探寻。例如，通过询问受访者"村庄有无基层党委和党支部""在村级组织任职的工作人员中，党员占比是多少""村庄支部书记是否兼任村主任、村集体经济组织负责人""村庄建立了多少个健全的议事制度和请示报告制度""村庄的村社干部是否有外出考察学习的机会"以及"村庄的村社干部是否有外出考察学习的机会"等问题，评价乡村党建引领规范化的水平，其他五个方面也设置了类似的具体问题进行考量。本部分共设计 60 个问题项，为了量化居民对于乡村社区治理能力现状的评估，对问卷题项采用了李克特量表形式对各部分各项指标进行赋值，并对每一陈述设有不同程度的回答，分别记为 5、4、3、2、1 分。

第三部分询问受访者对于乡村治理现代化一些个性指标的评价。为了更好地了解乡村治理现代化的情况，使乡村治理现代化的评估结果更加精准，笔者在乡村治理现代化评价的六个方面都设置了个性指标，从村干部和村民对相关问题的反馈中获取有效信息。

（二）问卷样本回收情况

本次展开问卷调查的实践为 2021 年 10 月至 2021 年 11 月，从问卷发放到回收历时两个月。总计发放问卷 1450 份，共回收 1396 份，剔除无效问卷139份，经过筛选和编号之后剩余有效问卷1257份，有效回收率约为90%。其中有效问卷分布在四川、云南、甘肃、江苏、河南、湖北、山东等7个省市，四川省内问卷主要集中在成都彭州市、宜宾兴文县、绵阳三台县、达州大竹县等4个县级地区，样本量在要求的范围内。在回收的调查样本中，基础信息如表4-7所示：

表4-7 基础信息统计

属性	类别	频率	百分比
性别	男性	660	53%
	女性	597	47%
年龄	20 岁以下	20	1.6%
	21—30 岁	280	22.3%
	31—40 岁	378	30.1%
	41—50 岁	328	26.1%
	51 岁以上	251	20%
学历	初中及以下	379	30%
	高中	317	25%
	大学本科及以上	561	45%
职位	村干部	307	24.4%
	乡镇干部	126	10%
	村民	824	65.6%

资料来源：经 SPSS24.0 计算得到。

（三）问卷的信度与效度检验

为保证问卷调查结果的准确性、统计分析结论的科学性，需对问卷调查结果进行信度分析和效度分析。通过对问卷调查结果的内部一致性及其结构效度的检验，进而评价分析该问卷调查结果的科学性与可用性。

1. 信度检测

信度检测，是"检验测量工具的可靠性和稳定性的主要方法"[1]，

---

[1] 洪楠：《SPSS for Windows 统计分析教程》，电子工业出版社 2009 年版。

现在通用的信度检测工具包括"克朗巴哈α模型（Cronbach's α）、折半信度系数模型、Guttman模型、平行模型和严格平行模型等方法，而其中最常用的方法是克朗巴哈α模型"[①]。而克朗巴哈α信度系数的公式为：

$$\alpha = \frac{k}{k-1}\left(1 - \frac{\sum_{i=1}^{k} Var(i)}{Var}\right)$$

其中，k 为量表中评估项目的总数，$Var(i)$ 为第 i 个项目得分的表内方差，Var 为全部项目总和的方差。"克朗巴哈α信度系数是量表中项目得分间的一致性，属于内在一致性系数，该方法普遍适用于态度、意见式问卷（量表）的信度分析。"[②] 如表所示，克朗巴哈α信度系数总是处于一定的范围内，并且具有不同的代表性。

现有研究认为，在基础研究中克朗巴哈α信度系数至少应达到0.8才能接受，在探索研究中克朗巴哈α信度系数至少应达到0.7才能接受，而在实务研究中，克朗巴哈α信度系数只需达到0.6即可。

通过SPSS24.0，对乡村治理现代化评估问卷的指标进行信度分析，得到了如表4-8所示的信度结果。

表4-8　　　　　　　　　　　　　可靠性资料统计

Cronbach's Alpha	项目个数
0.936	60

资料来源：根据SPSS24.0计算得到。

根据上表可知，乡村治理现代化的克朗巴哈α信度系数为0.936，通过了信度检测，即本研究的问卷及数据具有较高的可靠性。

2. 效度检测

效度，即测量工具的有效性，是指"测量工具或手段能够准确测出所需测量的事物的程度。效度分为三种类型：内容效度、准则效度和结构

---

① 时立文：《SPSS19.0统计分析——从入门到精通》，清华大学出版社2012年版。

② 刘小枫：《现代性社会理论绪论》，上海三联书店1998年版。

效度"。由于乡村治理现代化指标体系是通过文献梳理、专家咨询、政策学习等方式构建出来的，所以其内容效度和准则效度具有可行性。因此，本研究以结构效度为主要聚焦点。"结构效度分析所采用的方法是因子分析，即利用因子分析测量量表或整个问卷的结构效度。"

在运用因子模型进行效度检测之前，首先要对问卷数据进行因子模型适应性分析，即运用检定探讨系数之间的关系。KMO（Kaiser-Meyer-Olkin）检验统计量是用于比较变量间简单相关系数和偏相关系数的指标。

表4-9   KMO 检验统计量

取样足够度的 Kaiser-Meyer-Olkin 度量		0. 940
Bartlett 的球形度检验	近似卡方	23227. 545
	自由度	1711
	显著性	0. 000

资料来源：根据 SPSS24. 0 计算得到。

如表4-9所示，本研究选定研究因素的 KMO 值达到0. 940，因此本研究的统计量非常适合进行因子分析；同时，也反映本问卷所收集的数据具有较高的效度。进而再次用 SPSS24. 0 进行因子分析，得到如表4-10所示的结果。

表4-10   乡村治理现代化量表因子分析结果

成分	初始特征值			提取平方和载入			旋转平方和载入		
	合计	方差的%	累加%	合计	方差的%	累加%	合计	方差的%	累加%
1	13. 809	23. 405	23. 405	13. 809	23. 405	23. 405	5. 880	9. 966	9. 966
2	4. 909	8. 320	31. 725	4. 909	8. 320	31. 725	4. 084	6. 922	16. 888
3	2. 154	3. 651	35. 377	2. 154	3. 651	35. 377	3. 741	6. 340	23. 228
4	1. 974	3. 346	38. 723	1. 974	3. 346	38. 723	3. 483	5. 903	29. 131
5	1. 797	3. 045	41. 768	1. 797	3. 045	41. 768	2. 655	4. 500	33. 631
6	1. 433	2. 428	44. 196	1. 433	2. 428	44. 196	2. 436	4. 129	37. 760
7	1. 374	2. 329	46. 526	1. 374	2. 329	46. 526	2. 225	3. 770	41. 531
8	1. 238	2. 098	48. 624	1. 238	2. 098	48. 624	1. 877	3. 181	44. 711
9	1. 165	1. 974	50. 597	1. 165	1. 974	50. 597	1. 673	2. 835	47. 547

成分	初始特征值			提取平方和载入			旋转平方和载入		
	合计	方差的%	累加%	合计	方差的%	累加%	合计	方差的%	累加%
10	1.117	1.893	52.490	1.117	1.893	52.490	1.522	2.580	50.127
11	1.093	1.852	54.342	1.093	1.852	54.342	1.483	2.513	52.641
12	1.033	1.750	56.092	1.033	1.750	56.092	1.353	2.294	56.092

提取方法：主成分分析

资料来源：根据 SPSS24.0 计算得到。

通过因子分析，本书共提取了 12 个主成分特征值大于 1 的因子，而这 12 个主成分累计解释百分比达到了 56.092%，说明这 12 个主成分已经超过 50% 的原始观测数据的足够信息。这也说明该问卷作为测量工具能够有效测算受访者的主观想法，具有较高的效度。

四 评估方法选择及计算

在评估方法的选择上，笔者经过反复论证，最终确定使用模糊综合评价法。模糊综合评价法以模糊数学为基本原理，通过模糊数学的处理，将一个因素集 U 通过模糊关系矩阵 R（Fuzzy 变换器 R）转换为评语集 V。如图 4-5 所示，每输入一组因素的权重向量，就可以得到一组相应的评判结果。模糊综合评价的数学模型主要由四个集合构成，即 U 集、V 集、R 集和 W 集，其中 U 是评价因素集，V 是评语集，R 是模糊关系矩阵或评判隶属矩阵，W 是权重集。其基本模型如下：

图 4-5 模糊综合评价的基本模型

在使用模糊综合评价法确定乡村治理现代化评估指标体系各层次得分过程中，主要有以下几个步骤：第一步是确定评价因素集 U；第二步是确定评语集 V；第三步是建立权重集 W；第四步是通过以上计算方法所得数据进行一级、二级、三级模糊综合评价，最终得出每个层级的得分。按照以上计算方法，乡村治理现代化评估指标体系每个层级相应的评价分数结果如下表4-11所示：

表4-11 模糊综合评价结果

目标层	得分	准则层	得分	要素层	得分	指标层	得分
A 乡村治理 现代化	67.48	B1 党建引领 规范化	71.62	C1 组织建设	76.56	D1	80.48
						D2	72.65
				C2 队伍建设	73.74	D3	76.80
						D4	70.72
				C3 引领带动	64.52	D5	65.84
						D6	63.25
		B2 村民自治 制度化	74.04	C4 制度完备	80.12	D7	77.36
						D8	82.61
				C5 组织规范	72.66	D9	65.44
						D10	79.57
				C6 民主表达	74.68	D11	68.91
						D12	80.37
				C7 文化引领	68.30	D13	74.77
						D14	68.74
						D15	61.21
		B3 产业发展 市场化	56.84	C8 价值取向	66.77	D16	55.45
						D17	77.58
				C9 发展方向	47.11	D18	43.49
						D19	64.38
						D20	32.46
		B4 村庄服务 精准化	77.05	C10 政务服务	82.72	D21	82.43
						D22	82.42
						D23	83.39
				C11 便民服务	75.16	D24	75.16
				C12 志愿服务	73.09	D25	73.09
		B5 生态环境 品质化	59.76	C13 村庄更新	74.01	D26	75.10
						D27	72.84
				C14 环境优美	55.47	D28	46.71
						D29	63.61

续表

目标层	得分	准则层	得分	要素层	得分	指标层	得分
A 乡村治理 现代化	67.48	B5 生态环境 品质化	59.76	C15 安全保障	63.99	D30	68.39
						D31	59.36
				C16 生产生活方式绿色	45.16	D32	57.26
						D33	42.53
						D34	35.52
		B6 村庄治理 智慧化	65.14	C17 战略目标清晰	64.60	D35	64.60
				C18 数字赋能	64.06	D36	64.06
				C19 信息共享	66.69	D37	69.71
						D38	69.56
						D39	61.07

资料来源：根据计算结果自制。

第三节　乡村治理现代化实证结果分析

一　整体情况分析

基于前文模糊综合评价计算结果，乡村治理现代化整体情况得分为67.48分。为了更好地对乡村治理现代化水平评估的结果进行描述和分析，根据评价集分值"20、40、60、80、100"，本研究分别将分值对应为"低水平、较低水平、一般水平、较高水平、高水平"，作为评估分值的几个分界点。如图4-6所示，乡村治理现代化水平的整体评估得分处在"一般水平"与"较高水平"之间，且更偏向于"一般水平"。

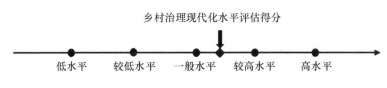

图4-6　乡村治理现代化评估得分

资料来源：根据模糊综合评价结果绘制。

该评估结果说明，目前我国乡村治理现代化水平良好，党的十九大报告指出，实施乡村振兴战略，要坚持农业乡村优先发展，按照"产业兴

旺、生态宜居、乡风文明、治理有效、生活富裕"的总要求，加快乡村
农业现代化进程。2019 年中共中央办公厅、国务院办公厅印发《关于加
强和改进乡村治理的指导意见》提出，建立党委领导、政府负责、社会
协同、公众参与、法治保障、科技支撑的现代乡村社会治理体制，并将党
建引领规范化管理、村民自治能力提升、加强文化引领、为农服务供给能
力提升等作为乡村治理的重要任务。乡村治理作为国家治理体系的重要组
成部分，其治理的现代化水平直接关系到国家治理现代化的速度和质量。
但就现有评估得分并结合多地调研实际情况来看，我国乡村治理水平仍然
还有较大的进步空间，还需结合得分较低的指标，准确把握当前乡村治理
水平的情况，挖掘其背后的深层问题与内在机理，有针对地创新和改善，
稳步推动乡村治理现代化，提升乡村治理水平。

二 "目标层—准则层"实证结果分析

本研究的目标层为乡村治理现代化水平评估，而其准则层则分为党建引
领规范化、村民自治制度化、产业发展市场化、村庄服务精准化、生态环境
品质化、村庄治理智慧化这六大评估指标。从前文计算的得分来看，六大指
标得分由高到低排序为：村庄服务精准化、村民自治制度化、党建引领规范
化、村庄治理智慧化、生态环境品质化、产业发展市场化；专家权重得分由
高到低排序为：党建引领规范化、村民自治制度化、产业发展市场化、村庄
服务精准化、生态环境品质化、村庄治理智慧化。将二者得分结合起来分析，
以权重得分为横坐标，评估得分为纵坐标绘制如下图 4 – 7 所示。

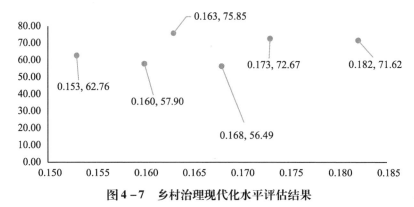

图 4 – 7 乡村治理现代化水平评估结果

资料来源：根据得分及权重结果绘制。

如图可知，村民自治制度化被认为较为重要且现代化水平评估得分较高。说明这个能力相对于其他五方面能力，既受到学术界和政界的关注，也在现代化水平评估中得到了居民一定程度的认可。从村民自治来看，我国鼓励村民参与公共事务，并为村民自治提供了多种渠道和方式，推进乡村治理现代化，重中之重是发挥制度这个最大优势，把制度优势转化为治理效能，当前村民自治制度正在不断完善。

产业发展市场化和村庄服务精准化的权重和得分处于较为中间的位置，其中村庄服务精准化的得分较高。产业发展是乡村治理的重要经济基础，产业发展市场化就是要让乡村的本土产业与社会主义市场经济协同发展，通过市场配置资源的作用，整合乡村与城市的资源，促进城乡间资源的双向流动，为乡村治理"造血"。实现共同富裕的目标，必不可少的就是让乡村通过产业化、市场化发展富起来。同时，根据农民诉求提供准确、充足的服务是提高农民幸福感和满足感的重要举措，也是居民最为关注的内容。

生态环境品质化、村庄治理智慧化、党建引领规范化的得分都较其他维度低。一方面，生态环境是广大农民群众赖以生存发展的基础性条件，也是农民物质财富和精神财富之一，习近平总书记指出绿水青山就是金山银山，但是由于农民对生态环境保护的意识并不太强，在真正的环境保护实践过程中效果并不佳。另一方面，智慧治理是国家治理的基石，统筹推进乡村治理是实现国家治理体系和治理能力现代化的基础工程。尤其是在互联网和信息技术时代，村庄治理也应该紧跟时代步伐，但因资金、人才等资源的缺乏，乡村数字化治理举步维艰。党建引领规范化评估得分也有待提升。基层党组织是乡村社会治理的领导者、推动者和实践者，习近平总书记也一直强调，党的基层组织是党的肌体的"神经末梢"，加强党建引领，必须充分发挥党组织的战斗堡垒作用和党员的先锋模范作用，带领群众同频共振，推进乡村"五大振兴"。基层党建工作质量，必须树立底线思维，把标准化、规范化的质量体系建设放在第一位。然而从实际来看，乡村党组织的建设仍旧是薄弱环节，需要不断加强乡村党组织的建设。

三　"准则层—指标层"实证结果分析

对各目标层进行综合情况分析后，研究发现对于每个层面的水平而言，其具体得分高低的原因还需要进一步通过指标层得分详细分析和阐释，进一步挖掘乡村治理现代化水平的真实图景。

1. 党建引领规范化

"党建引领规范化"层得分为71.62分，本书主要将其分为"组织建设""队伍建设"与"引领带动"三个维度，分别得分为76.56分、73.74分、64.52分。并结合隶属度矩阵 R_{B1-C}，对"党建引领规范化"下设的这三个维度在评语集上具有不同的响应度进行反映为如图4-8所示。

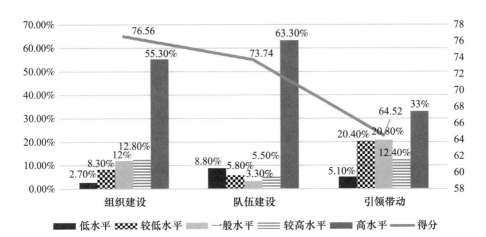

图4-8　"党建引领规范化"层在评语集上的得分及映射

资料来源：根据隶属度及得分结果绘制。

在"党建引领规范化"层中，"组织建设"的得分明显高于"队伍建设"和"引领带动"，"引领带动"的得分最低，与最高得分相差12.04分。从评语集上看，三者在所有水平上都有占比，但"队伍建设"的高水平占比比"组织建设"和"引领带动"的高得多，分别高8%和30.3%。"组织建设"的"低水平"占比与"引领带动"相比少了大约一倍。而从个性指标"党员导师帮扶制"来看，全国水平在0.66左右，整体看来还未达到加分条件有着不足，这也直接影响上图中所反馈的"引领带动水平"，因此今后党建引领尚须在此多下功夫。

从笔者的调研经历来看，出现这种数据分布的主要原因：一是国家提出"党要管党，从严治党"的要求后，对党员提出的更加严格的要求，有力推进了高标准党员队伍的建设。二是当前乡村党组织建设出现了各种问题,如个别地方乡村基层党组织软弱涣散,领导乡村治理的作用弱化,同时一些村干部在涉及利益问题上存在优亲厚友现象,村民在公平正义方面的需求得不到满足,导致村党组织建设水平较低。三是随着经济迅速发展,乡村治理的微观组织基础已经发生变化,一些经济组织和社会组织正在参与进来,党组织还未适应新时代的管理体制和内容,自身的治理能力的欠缺导致引领作用无法发挥。因此,乡村党组织及党员还需严格按照相关法律法规要求自己,充分发挥基层党组织的领导核心作用,强化政治引领,全面贯彻党的主张,确保乡村治理正确方向。

2. 村民自治制度化

"村民自治制度化"层得分为74.04分,本研究主要将其分为"制度完备""组织规范""民主表达"与"文化引领"四个维度,分别得分为80.12分、72.66分、74.68分、68.30分。并结合隶属度矩阵 R_{B2-C},对"村民自治制度化"下设的这四个维度在评语集上具有不同的响应度进行反映为如图4-9所示。

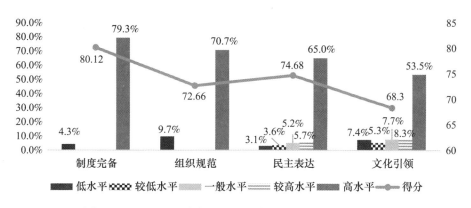

图4-9 "村民自治制度化"层在评语集上的得分及映射

资料来源:根据隶属度及得分结果绘制。

在"村民自治制度化"中,"制度完备"得分明显高于其他三项,"文化引领"的得分相对较低,其与最高得分相差11.82分。究其原因在于评语集上,"制度完备"在"高水平"上的占比为79.3%,而"文化引领"虽然在各个水平维度上均有占比,但其"高水平"占比也比"制

度完备"的高水平占比少 25.8%。"组织规范"和"民主表达"的得分
仅相差约 2 分,但"民主表达"在各水平上都有分布,"组织规范"仅在
"低水平"和"高水平"上有所分布,且"组织规范"的"低水平"的
占比是"民主表达"的 3 倍左右。从个性指标"主题景观打造"和"三
治融合路径创新"情况来看,两者得分都达到了 0.71 的加分标准成为加
分项,这也直接反馈在各指标层得分均处高位水平。

结合指标得分及笔者的实地访谈经验来看,当前我国为推进村民自
治,出台了多样化的政策法规,村民自治的法规制度比较完善。同时相关
法规也对村民自治组织提出的建设标准和要求,村民参与和表达意见的途
径也得到规范,因此"制度完备""民主表达"和"组织规范"的得分
相差并不大。"文化引领"得分最低的原因则可能在于村民自治组织及村
委会的自我管理水平和工作能力不足,无法系统性地引领村民树立民主观
念、民主思想。值得注意的是,在"村民自治制度化"中仍有 18.4% 的
人表示不清楚"文化引领",主要原因是乡村地区的经济状况较差,受教
育程度不高,农民综合素质普遍较低,村民的民主思想薄弱、民主观念缺
乏,对村民自治中的文化引领作用不甚了解。

3. 产业发展市场化

"产业发展市场化"层得分为 56.84 分,本研究主要将其分为"价值
取向"与"发展方向"两个维度,得分分别为 66.77 分、47.11 分,并结
合隶属度矩阵 R_{B3-C},对"产业发展市场化"下设的这两个维度在评语集
上具有不同的响应度进行反映为如图 4 - 10 所示。

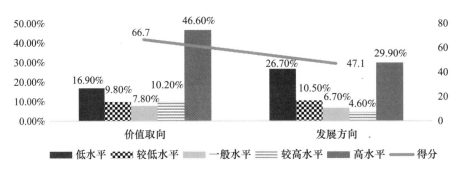

图 4 - 10 "产业发展市场化"层在评语集上的得分及映射

资料来源:根据隶属度及得分结果绘制。

"产业发展市场化"中，"价值取向"的得分高于"发展方向"的得分，两者得分相差19.6分，有较明显的差距。从映射情况来看，"价值更新"和"发展方向"在各个水平维度都有占比，但"价值更新"得分较高的原因在于其在"高水平"的占比较高，有"46.60%"，比"低水平"占比多了29.7个百分点，而"发展方向"中的"低水平"和"高水平"占比差距很小，"低水平"占比还稍高于"高水平"，两者差距为3.2%。从"主导产业区域对比有优势"个性指标来看，得分为0.83达到了加分条件，这说明全国整体的经济发展形势向好，主要得益于党的十八大以后对新发展理念的贯彻落实。

"产业发展市场化"两个维度的得分情况以及在评语集上的分布情况，可以从以下两方面来解释：一是科学、正确的价值取向是乡村产业发展市场化的根本遵循，也是实现乡村治理现代化的重要基石。尤其在竞争激烈、变幻莫测的市场中，价值取向是乡村产业发展首先需要思考的原则性问题。二是产业发展市场化复杂且艰难，也许是一个不断试错的过程，因此需要制定科学合理的产业发展规划，明晰产业发展方向。但是乡村找准自身定位，发现自身特色并不容易，所以乡村产业市场化发展还需基于自身的充分认识，选择最适合自己的产业发展方向。在"产业发展市场化"层中仍有19%的人对"发展方向"是不清楚的，说明部分乡村对市场化产业的发展方向是模糊的。

4. 村庄服务精准化

"村庄服务精准化"层得分为77.05分，本研究主要将其分为"政务服务""便民服务"和"志愿服务"三个维度，这三个维度得分分别为82.72分、75.16分、73.09分。结合隶属度矩阵R_{B4-C}，对"村庄服务精准化"下设的这三个维度在评语集上具有不同的响应度进行反映为如图4-11所示。

"村庄服务精准化"中，"政务服务"的得分高于"便民服务"和"志愿服务"。从映射情况来看，"政务服务"得分之所以高的原因就在于其在"低水平"的占比较其他两项低，仅有6.7%，而其他两项分别为15.8%、10.9%；在"高水平"的占比则明显高于其他两个维度，最大差距为10.50%。从映射的整体情况来看，这三个维度均只在"低水平"和"高水平"有数值，在"较低水平""一般水平""较高水平"上占比

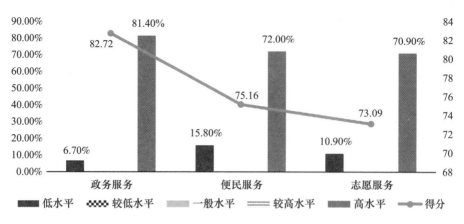

图4-11 "村庄服务精准化"层在评语集上的得分及映射

资料来源：根据隶属度及得分结果绘制。

都为0。在个性指标上，全国整体在"服务人群无差异""无讼社区建设"以及"全龄友好服务体系"三方面均表现较好，成为"村庄服务精准化"层面的加分项。

结合通用指标和个性指标得分及笔者的实地访谈情况来看，一方面是不同地区发展差异较大，部分基础设施建设还未完善，因此，无法给乡村社区的村民提供相关服务，但在已有服务中实现了村民及外来人口的无差异服务。此外，各个地区治理的成效也参差不齐，组织架构的完善程度不一，如一些乡村并没有成立相关的志愿服务队或引进社会组织来为村民提供志愿服务。相反，一些治理和发展都较为好的村庄在这些方面有足够的资金、技术、人才等方面的支持，因此他们相对而言就会处于"高水平"。另一方面，近年来政府不断倡导"一站式服务""群众少跑路"，政府改革作为一个强大的驱动力，促使全国各地"政务服务"不断优化提升，进一步满足人民群众的需求，因此，相对而言"政务服务"得分相对较高。此外，在笔者的调研对象中有11.8%的人对"村庄服务精准化"层表示不清楚，主要原因在于乡村年轻劳动力外出务工，常年在外，对村庄各种事务的了解程度不够，从一定程度上讲，这也是乡村"空心化"的表现。

5. 生态环境品质化

"生态环境品质化"层得分为59.76分，本研究主要将其分为"村庄更新""环境优美""安全保障"以及"生产生活方式绿色"四个维度，这四个维度得分分别为 74.01 分、55.47 分、63.99 分、45.16 分。结合隶属度矩阵 R_{B5-C}，对"村庄服务精准化"下设的这三个维度在评语集上具有不同的响应度进行反映为如图 4 - 12 所示。

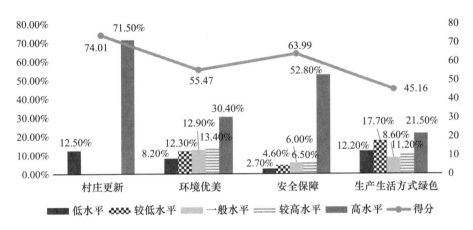

图 4 - 12　"生态环境品质化"层在评语集上的得分及映射

资料来源：根据隶属度及得分结果绘制。

在"生态环境品质化"中，"村庄更新"的得分明显高于其他三项，"生产生活方式绿色"相对来讲得分最低，其与最高得分相差 28.85 分，究其原因就在于评语集上，"村庄更新"在"高水平"上的占比为 71.50%，而"生产生活方式绿色"虽在各个水平上都有占比，但在"高水平"上的占比不到"村庄更新"的三分之一左右。"安全保障"和"环境优美"得分较为接近，但"安全保障"在"高水平"上的占比是"环境优美"的 1.5 倍左右。从整体来看，全国在"生态环境品质化"层获得全国性表彰的村庄较少，其个性指标"获得全国性奖项"分值较低，未达到加分标准。

"生态环境品质化"四个维度的得分情况以及在评语集上的分布情况，可以从以下两方面来解释：一是为了改善乡村人居环境，加快实现乡村振兴战略，2018 年"中央 1 号文件"明确要求，实施乡村人居环境整治三年行动计划，以乡村垃圾、污水治理和村容村貌提升为主攻方向，整合各种资源，强化各种举措，稳步有序推进乡村人居环境突出问题治理，乡村整体环境得到进一步改善和提升。另一方面是近年来全国多地乡村社区不断实施"天网工程""雪亮工程",乡村的监控、电子监控显示屏、路灯等设施设备不断完善,一定程度上减少了乡村治安事件发生的可能性,给村民带来了较为安全的生活环境。但是由于村民普遍素质较低,在垃圾分类、废物回收、节能减排等方面的认识度不够。其中,在"生态环境品质化"层面有22.1%的人不清楚"生产生活方式绿色",主要原因还是在于村民的受教育程度较低,对于绿色节能科技的理解和使用度不够,导致一些村庄出现垃圾池周围脏乱差、清洁能源使用率低等情况。

6. 村庄治理智慧化

"村庄治理智慧化"层得分为65.14分,本研究主要将其分为"战略目标清晰""数字赋能"和"信息共享"三个维度,这三个维度得分分别为64.6分、64.06分、66.69分。结合隶属度矩阵 R_{B6-C},对"村庄服务精准化"下设的这三个维度在评语集上具有不同的响应度进行反映为如图4-13所示。

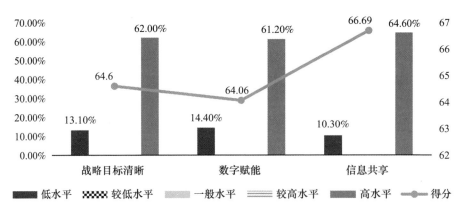

图4-13　"村庄治理智慧化"层在评语集上的得分及映射

资料来源:根据隶属度及得分结果绘制。

在"村庄治理智慧化"层中,从整体来看,隶属于其的三个维度得分较为接近,其中"信息共享"得分最高,"战略目标清晰"次之,"数字赋能"得分最低,但这三者分数相差不大,最高分和最低分的差距只有2.63分。从评语集上来看,这三者均只在"低水平"和"高水平"这两个上有占比,其余占比均为0,数据分布较为极端。这三个维度在"高

水平"的占比均远高于在"低水平"上的占比，其中，"信息共享"在
"高水平"上的占比最高，达到了 64.6%，在"低水平"上的占比最低，
仅有 10.3%。而"数字赋能"在"高水平"上占比相对较低，在"低水
平"上的占比相对较高，因而其得分相较于其他两个维度更低。此外，
在个性指标"多网融合一体化平台"方面表现较差，并未达到加分标准。

从笔者调研经历来看，出现这种数据分布的主要原因：一是经济发达
的地区资金较为充足，智慧治理所需的基础设施相对较为充足、信息化平
台建设较为完善。再加上这些经济较为发达的乡村，人才外流的情况不严
重，有的经济实力强的村甚至还会引进人才，因此村庄就有智慧治理所需
的人才支撑，因此一些村在"战略目标清晰""数字赋能"层得分就很
高，经济较为落后、人才流失严重的村在这两方面得分就会较低。二是国
家的强力支持信息互通、共享。2016 年国务院就印发《政务信息资源共
享管理暂行办法》，强调在数据安全的情况下要打破政府间信息壁垒，实
现政府间信息的流通共享。此次政策的出台实现了从国家层面支持信息共
享，因此在"信息共享"层得分相对较高。

四　区域对比分析

为了明晰整体情况之下，全国各地区的乡村治理现代化水平区域性差
异，我们以惯用分类选择了东中西部三个地区的代表省份进行对比，其中
东部地区包括山东省和江苏省，中部地区选择了河南省和湖北省，西部地
区则是甘肃省、云南省和四川省。东、中、西部地区之间的对比分析，主
要是依据层次分析法，通过对"目标层—准则层"评估结果和"准则
层—指标层"评估结果两个方面来具体分析这三个区域乡村治理现代化
水平的整体情况和具体差异。"目标层—准则层"侧重于从层次分析法中
的"总目标"来判断各个区域乡村治理现代化水平的整体情况；"准则
层—指标层"则是在对"总目标"进行分析之后，再从"目标层"下的
六个"准则层"具体对这三个区域乡村治理现代化水平进行对比分析。

1. "目标层—准则层"评估结果分析

通过模糊综合评价法对东、中、西部地区乡村治理现代化水平进行评
估后如图 4-15 所示：从对目标层的评估结果来看，东部地区乡村治理能
力现代化水平最高，得分 75.51 分；其次是西部地区，得分 51.86 分；中

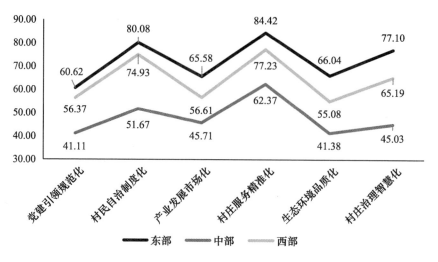

图 4-14 三大区域乡村治理现代化水平

部地区排在最后，其得分最低，仅有 48.77 分。从得分的差距来看，东部
地区与中部地区的分差最大，相差 26.74 分；中部地区与西部地区之间的
分差较小，相差 3.09 分。三个区域乡村治理能力现代化水平的排序从高
到低依次为：东部、西部、中部。这表明，从总体上讲，东部地区乡村治
理现代化水平相对高于中西部地区，中西部地区之间的乡村治理现代化水
平差异不算太大，二者相较于东部地区而言都还有较大提升空间。

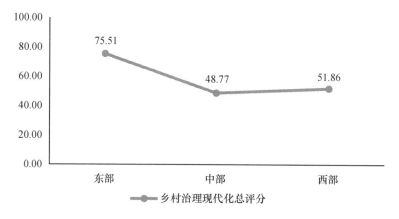

图 4-15 东、中、西部地区乡村治理现代化水平目标层评价值对比

资料来源：根据模糊综合评价结果绘制。

从准则层来看（图4-16），东部地区乡村治理现代化在"党建引领规范化""村民自治制度化""产业发展市场化""村庄服务精准化""生态环境品质化""村庄治理智慧化"六方面得分明显均高于中部和西部地区且每项拉开的差距都较大，由此可以得出东部地区乡村治理现代化水平各项指标均较高，但对比东部地区六项准则层数据发现其"党建引领规范化""产业发展市场化"和"生态环境品质化"尚存在问题。从整体上来看，西部地区乡村治理现代化各项指标水平居于东部和中部之间，在六项准则层得分上，与东部地区保持较小差距且走势一致，与此同时在"党建引领规范化""村民自治制度化""村庄服务精准化"和"生态环境品质化"四个方面与东部地区差距较小，这足以说明西部地区在制度建设方面做足了功夫。而中部地区的各项测量结果均比东部和西部地区低且各项分值差距较大，显然中部地区乡村治理现代化水平还有很大空间进行提升，特别是在"党建引领规范化""产业发展市场化"和"生态环境品质化"三个方面中部地区还处于严重落后水平，必须引起重视。值得注意的是，三个地区各项得分走势一致，这说明对每个地区而言，各准则层背后所代表的问题对大家而言都存在。因此总的来说，就六项准则层整体得分来看，东部地区乡村治理现代化水平最高，其次是西部地区，最后是中部地区。

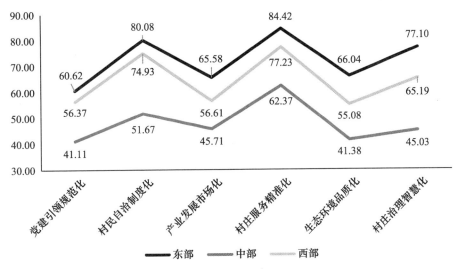

图4-16 东、中、西部地区乡村治理现代化水平准则层评价值对比

资料来源：根据模糊综合评价结果绘制。

　　显然，东部地区乡村治理现代化水平较中西部强的原因在于其基层治理资源的禀赋优势。这是因为历经改革开放 40 多年翻天覆地跨越式发展，东部地区尤其是沿海诸省成为现代中国的经济"排头兵"，率先解决了中西部地区现今仍面临的首要紧迫问题——经济发展问题。"经济基础"发达后，东部地区的乡村治理拥有了每年度丰厚的财政收入反哺、社会志愿捐献等多渠道、多形式的基层治理资源注入，使得基层治理具备了"有源之水"，这就能够解决乡村社会当中许许多多现实性问题。当然，我们并不认同乡村治理就是靠钱"砸"出来的，但又不得不承认如果没有充足的治理资金注入乡村治理现代化也无从谈起。另一方面，在发达的经济基础之上势必会带来"上层建筑"的适时更新，也就是说东部地区乡村解决了发展问题之后，是有足够的实力腾出手来安安心心"做治理"的，带来理念、制度、体制等方面的创新，因此东部地区乡村治理现代化水平在全国处于突出位置也就不难理解。如浙江省率先构建起"自治法治德治"三治融合体系解决基层治理难题，并逐步成为国家治理策略；江苏省以推进基层整合审批服务执法力量工作为契机，在全省 1257 个乡镇（街道）基本构建起"1＋4"为内涵的简约高效基层治理新模式，获评全国街道和社区治理创新实验区数量居全国各省（区、市）第一，基层社会治理工作走在了全国前列；山东省通过打造具有市域特点、满足群众需要的社会治理新模式，按照培育特色、打造优势、形成品牌要求，到 2025 年全省 16 市将全部达到"全国市域社会治理现代化试点合格城市"标准，构建起基层治理新格局，持续提升社会治理效能，等等。

　　而中西部地区由于"先天不足，后天乏力"，乡村治理现代化还处于探索、学习、追赶阶段，因此其水平低于东部是客观的，特别是中部地区处于"夹缝之中"，面临人口流失、政策优势不足、自身发展无力等现状，乡村治理现代化更加困难。

　　2. "准则层—指标层"评估结果分析

　　在目标层的分析基础上，为进一步了解东、中、西部这三个区域乡村治理现代化水平的具体差异，需在模糊综合评价结果的基础上，对东、中、西部三个区域在"党建引领规范化、村民自治制度化、产业发展市场化、村庄服务精准化、生态环境品质化、村庄治理智慧化"这六个"准则层"上评估结果进行进一步的对比分析。具体分析如下：

（1）党建引领规范化

"党建引领规范化"准则层下隶属"组织建设""队伍建设""引领带动"三个要素层，根据对这三个要素层的测量和比较可以得出三个区域在"党建引领规范化"方面的相关结果。从图4-17的数据对比来看，东、中部地区乡村治理现代化的"组织建设""队伍建设"均明显高于"引领带动"，表明东中部地区乡村治理当中党建引领的制度建设较完备，但作用发挥能力还有不足，而西部地区"引领带动能力"明显更优，这主要得益于西部地区在党建引领组织机制上的创新，如个性指标当中"党员导师帮扶制"得分，西部地区明显高于东中部，说明好的制度建设才能带动更多党员群众，其支持、参与程度才会更高。整体上来看，东西部地区的"组织建设""队伍建设"和"引领带动"程度基本持平，二者都较中部地区高，中部地区的三项指标都存在明显的短板。总体而言，东部地区党建引领规范化水平最高，中部地区最低仅为41.11分，西部地区则居于东部和中部之间，西部地区由于创新举措多，个性指标得分高，拉高了得分水平而紧紧追赶东部。

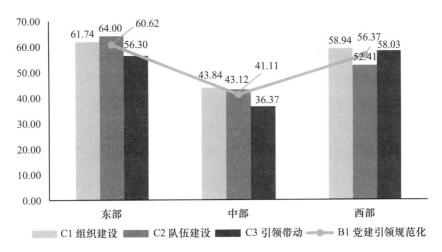

图4-17 东、中、西部地区"党建引领规范化"层评价值对比

资料来源：根据模糊综合评价结果绘制。

通过东中西部地区各自的隶属度矩阵 R_{B1-C} 对比，如图4-18所示，东中西部地区"党建引领规范化"下设的三个指标在评语集上具有不同的响应度。"组织建设"和"队伍建设"在"高水平"一项所占比例三地区基本持平，而"引领带动"所占比例西部明显优于东中部地区。与此同时，三地区"队伍建设"所占"高水平"比例远远超过其他两项，这说明自上而下的"基层党建"抓紧抓实，使得各地基本具备相应的人员队伍，但将其引向组织化建设以增强引领带动能力还有较大空间，也就是说各地区党建引领功能发挥尚需在标准化、规范化方向上发力。

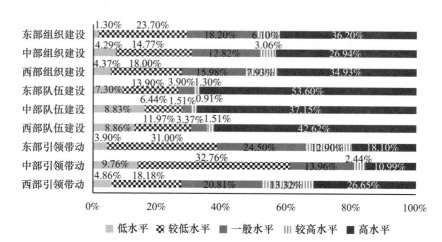

图 4 - 18　东、中、西部地区"党建引领规范化"层在评语集上的映射

资料来源：根据隶属度矩阵 R_{B1-C} 绘制。

（2）村民自治制度化

对"村民自治制度化"的考察主要从"制度完备""组织规范""民主表达""文化引领"四个要素层进行测量（图 4 - 19）。从东部区域来看，东部地"村民自治制度化"总体得分为 80.08 分，在四方面的水平都较高且较均衡，相互间没有太大差异，其"村民自治制度化"总体上没有明显缺陷，这主要得益于东部地区因人口流入更多、发展水平更高，人口结构偏年轻化且人口素质逐渐提升，居民能够合理合法地通过村民自治表达诉求、参与自我管理等。但是在个性指标当中，东部地区的村庄主体景观打造和三治融合治理得分水平远低于中西部地区，这主要原因是近些年国家各项政策尤其是脱贫攻坚政策对中西部的倾斜，得益于此能够进行村庄建设和更新，而东部地区人口饱和、城市化水平高，且人口集中居住、集中于经济活动，因此造成发展与治理水平的相对失衡。中部地区总体得分51.67分，水平较低，其"制度完备"和"组织规范"水平要高于"民主表达"和"文化引领"水平，尤其是"民主表达"能力相对最差，主要是人口向东西部地区大量流失，乡村地区老龄化现象更为突出，人口结构中传统惯性的存在导致现代化难以更新。就西部地区而言总体得分74.93分，与东部地区差异较小，四项指标水平较为均衡。因此，东中西部地区在"村民自治制度化"整体水平及各项指征水平方面的排序由高到低依次为：东部、西部、中部。

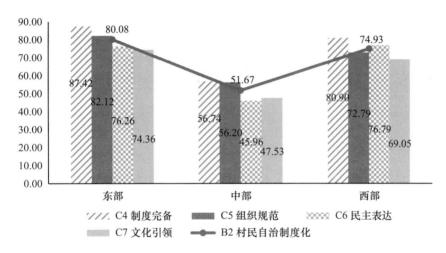

图4－19　东、中、西部地区"村民自治制度化"层评价值对比

资料来源：根据模糊综合评价结果绘制。

通过东中西部地区各自的隶属度矩阵 R_{B2-C} 对比，如图4－20所示，东中西部地区"村民自治制度化"下设的四个指标在评语集上具有不同的响应度。东部地区"制度完备""组织规范""民主表达""文化引领"在"村民自治制度化"一项所占比例分别达到了87.00%、80.50%、59.40%、59.30%，西部地区各方面紧随其后，而中部地区则均保持落后低水平。从四个指标的水平分布来看，"制度完备"和"组织规范"在高水平一项所占比例明显高于"民主表达"和"文化引领"所占比例，这主要是因为就村民自治而言，制度建设及其规范是硬性要求，国家有相应的法律、文件、政策予以引导，而民主表达和文化引领则更具有地方性，因而各地水平不一。

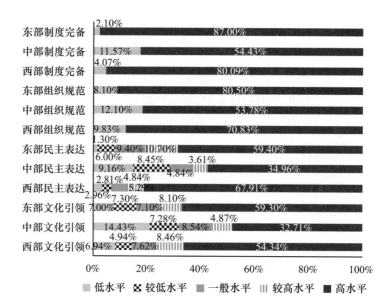

图4-20 东、中、西部地区"村民自治制度化"层在评语集上的映射

资料来源：根据隶属度矩阵 R_{B2-C} 绘制。

总的来说，东西部地区在"村民自治制度化"方面远高于中部地区。究其原因是因为东西部地区由于先天的发展优势以及政策性优势，地区活力较强，适合生存与发展，因而吸纳了中部地区的大量年轻人口，新鲜血液的注入能够带来新的理念、思维、解决问题的方式方法等，且年轻人的公平意识较强无疑会推动标准、规范、公开工作的展开，因此逐渐形成乡村自治领域的"马太效应"，挤压中部地区的自治发展空间。

（3）产业发展市场化

测量"产业发展市场化"主要从"价值取向""发展方向"两个维度展开。需要说明的是，这里所指产业发展市场化并不是意味着要去兴建某种产业并用市场化方式运作，而是指在改革开放四十年中国特色社会主义市场经济取得重大成果的基础上，面向未来的一种判断和选择，如经济发展更加公开、透明、有效，清洁绿色等（图4-21）。整体而言，各个区域的"价值取向"水平都强于"发展方向"，但三个区域在两个指标上的差距都较明显。特别是东部地区的"发展方向"水平远超中西部地区，这是因为大环境、大形势下，具备产业基础的东部地区能够率先走上转型之路，面向未来实现"新理念"式发展。并且从"主导产业相较于其他区域有优势"的个性指标得分来看，东部地区得分远高于中西部地区，且"不清楚"选项所占比例最低，这也再次印证了东部地区在"发展方向"上优于中西部地区。

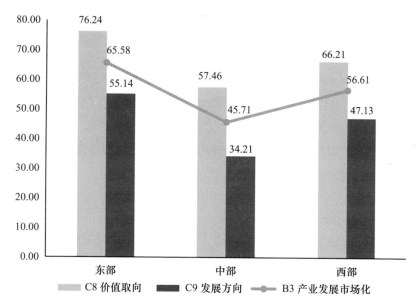

图 4 – 21　东、中、西部地区"产业发展市场化"层评价值对比

资料来源：根据模糊综合评价结果绘制。

通过东中西部地区各自的隶属度矩阵 R_{B3-C} 对比，如图 4 – 22 所示，东中西部地区"产业发展市场化"下设的两个指标在评语集上具有不同的响应度。东部地区"价值取向"在"高水平"一项所占比例达到了53.00%，远高于中部地区的35.97%和西部地区的46.59%。同样地，东部地区"发展方向"在"高水平"一项所占比例达到了36.20%，远高于中部地区的21.39%和西部地区的29.76%。

地理环境的优越性、人文环境的差异性和自然资源的差异性使得东部地区在改革开放后率先发展起来，尽管中西部地区有着"西部大开发""中部崛起"等战略政策的支持，但是市场经济竞争条件下优势依旧不明显，并且东部与中西部地区拉开越来越大的差距。当产业结构基本成型之

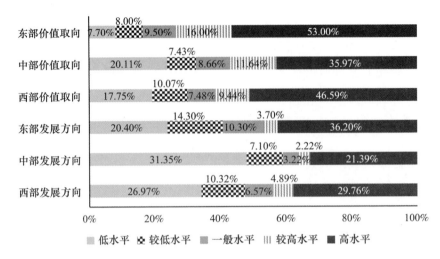

图 4 - 22　东、中、西部地区"产业发展市场化"层在评语集上的映射

资料来源：根据隶属度矩阵 R_{B3-C} 绘制。

后，东部地区又能够率先响应国际社会、国家发展导向所需及时进行调整优化，因而"发展方向"水平高于中西部地区是自然而然的。另一方面，随着社会主义核心价值观的积极培育并深入人心，使得发展起来的东部人民有优秀的社会主义先进文化、思想价值观念去抵御庸俗、腐朽思想文化的侵蚀，立场上坚定社会主义、共产主义的理想、方向，并落实到产业发展、利益分配、民生保障上，故而其"价值取向"上就不会出现问题。

（4）村庄服务精准化

"村庄服务精准化"准则层下有三个要素层，根据对这三个要素层的测量可以得出各个区域为民服务及群众自我服务水平的高低排序。如图4-23 所示，整体而言，东部地区三项指标均高于中西部地区，相较而言东西部地区水平差异较小。具体而言，从"政务服务"来看，东部地区与西部地区水平相当，均高于中部地区，中部地区在政务服务方面有待提升。从"便民服务"要素来看，东部地区的便民服务水平最高，其次是西部，最后是中部，且中部和东部的差距较大，这主要是因为东部地区依托强大的物质基础、信息技术能够构建起更多便民服务的平台、工作机制、人才队伍。从"志愿服务"方面来看，尽管东部地区依旧排在前列，中部地区志愿服务水平较低，但三区域的志愿服务较其他两项都仍大有可为。而在此项准则层所涉及的三个个性指标当中，东中西部地区得分情况均不显著，未达到加分条件，"不清楚"选项所占比例偏高，因此无法对"政务服务""便民服务"和"志愿服务"三个层面所指向的村庄服务精准化产生正向效用。

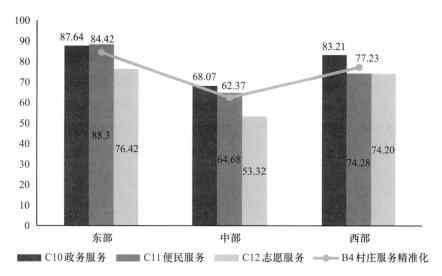

图 4 - 23　东、中、西部地区"村庄服务精准化"层评价值对比
资料来源：根据模糊综合评价结果绘制。

结合东中西部地区各自的隶属度矩阵 R_{B4-C} 而言，如图 4 - 24 所示，东中西部地区"村庄服务精准化"下设的三个指标在评语集上具有不同的响应度，且都反映在"高水平"与"低水平"两项上。东部地区"政务服务""便民服务""志愿服务"在"高水平"一项所占比例分别达到了 86.50%、87.10%、74.10%。中部地区"政务服务""便民服务""志愿服务"在"高水平"一项所占比例分别是 66.18%、59.80%、48.80%。西部地区"政务服务""便民服务""志愿服务"在"高水平"一项所占比例分别是 81.89%、71.00%、72.20%。三项指标中，政务服务"高水平"程度明显高于其他两项，同时三地区在"志愿服务"项上都还有不足。

总体上讲，东部地区的"村庄服务精准化"强于中部和西部地区。这是因为东部地区城市化水平和速度远高于中西部地区，人口集中居住

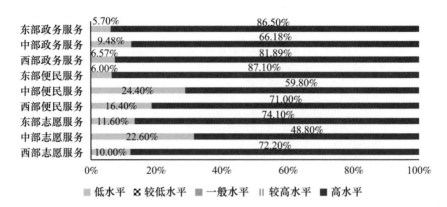

图 4-24　东、中、西部地区"村庄服务精准化"层在评语集上的映射

资料来源：根据隶属度矩阵 R_{B4-C} 绘制。

的现实为改进服务提供了必然性和可能性，也就是说大量人口的需求势必会带来主动突破和被动倒逼两种动力共同促进服务水平的提升，因而东部地区的为民服务能力更强。另一方面，具备较好经济基础的群众能够且愿意转让部分资源进行自我服务，因而两方面作用下，东部地区的村庄服务精准化水平较高。这一点可以从浙江省率先提出并实施"最多跑一次"改革、"枫桥经验"，北京市的"街道吹哨，部门报到"机制中充分体现。而就志愿服务水平均还有发展空间这件事，显然这与我们当今所处的发展阶段、具备的发展实力、人口的素质结构等密切相关，唯有逐步推进。

（5）生态环境品质化

根据东中西部地区模糊向量单值化的运算结果可知（图 4-25），东部地区"生态环境品质化"层的值最高，为 66.04，处于"较高水平"；西部地区"生态环境品质化"层的值为 55.08，处于"一般水平"；东西两地均大大高于中部地区 41.38 的评价值，处于"较低水平"。三个区域"生态环境品质化"的评价值排序从高到低依次为：东部、西部、中部。就要素层指标得分来看，三区域"生态环境品质化"下"村庄更新"水平都高于其他三项，指标间的差异趋势一致，特别是"安全保障"在三区域都有不错表现，这与"法治中国""平安乡村"的构建不无关系。

东部地区由于经济实力雄厚,因而村庄基础设施建设及运行维护水平、居住环境整洁度水平、安全保障水平会更高,这一点在得分上有足够的反馈。值得注意的是,东部地区与西部地区在生产生活方式绿色这一项上得分相近,一方面东部在不断转型,另一方面西部地区作为后起之秀能够借鉴"前人"之不足在发展理念和方式上实现一定程度的跨越,因而水平相近。而中部地区大多承接了东部地区的转移产业,加上观念上的束缚、生产生活方式的落后、物产资源种类的差异,使得其生态环境品质化水平较低。在"村庄风貌获得全国性表彰"个性指标得分中,三地区得分均未达到0.71以上加分条件,这可能是受制于东中西部地区选样省份的差异,不足以完全代表实际整体情况。

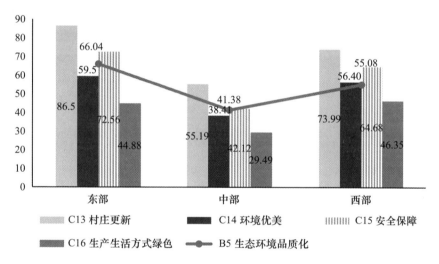

图 4 - 25　东、中、西部地区"生态环境品质化"层评价值对比

资料来源:根据模糊综合评价结果绘制。

结合东、中、西部地区各自的隶属度矩阵 R_{B5-C} 而言,如图 4 - 26 所示,东中西部地区"生态环境品质化"下设的四个指标在评语集上具有不同的响应度。东部地区"村庄更新"在"高水平"一项所占比例达到了85.30%,远高于中部地区的50.58%和西部地区的71.47%;同样地,东部地区"安全保障"在"高水平"一项所占比例达到了60.10%,远高于中部地区的33.28%和西部地区的53.53%;而"环境优美"和"生产生活方式绿色"两项水平间的差异在各地区基本一致。

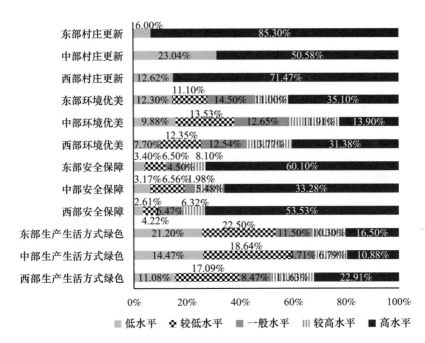

图 4 – 26 东、中、西部地区"生态环境品质化"层在评语集上的映射

资料来源：根据隶属度矩阵 R_{B5-C} 绘制。

目前我国正处于快速变化的社会转型期，人民群众日益增长的美好生活需要同不平衡不充分发展之间的矛盾愈来愈突出。但从整体而言，东中西部地区在国家统一引导下，加大力度推进发展理念、发展方式的转变，尤其是生态环境建设、保护力度越来越大，人居环境整治、改造力度越来越大，人民群众对生活环境、居住环境的满意度逐步提高，因而各地在生态环境品质化方面的差异会逐步缩小，但中西部地区尤其是西部地区丰富的"绿色资源"将成为今后发展的原动力。

（6）村庄治理智慧化

根据东中西部地区模糊向量单值化的运算结果可知（图 4 – 27），东部地区"村庄治理智慧化"层的值最高，为 77.10，接近"高水平"。中部地区"村庄治理智慧化"层的值为 45.03，为"一般水平"。西部地区"村庄治理智慧化"层的值为 62.19，为"较高水平"。从三项指标来看，东部地区"村庄治理智慧化"下属三层指标的评价值明显均高于中部和西部地区，西部地区三项的评价值几乎持平，中部地区差异较大且前项与后两项出现强烈对比。总的来说，东部地区依托产业发展优势，能够将更多、更先进的现代科技、网络信息技术应用于乡村治理，运用于村庄治理，运用于为民服务等方方面面，体现出时代性、技术性和先进性；西部地区之所以水平较高则是因为其大部分城市在产业发展规划阶段就直接瞄准新兴产业，如成都市大力发展金融业、网络科技、数字产业等，因而城市治理、乡村治理提升科技水平有了现实基础；而中部地区尽管能够向东西部地区进行技术的购买，但是由于其意识转变不到位，因而技术很难真正落地生花并激发内生性，这一点从中部地区"战略目标清晰"项得分较低且与另两项差距较大有着充分的说明。另外，三地区该项所涉及的个性指标"建有多网融合一体化平台"得分情况均不太理想，相互间差异不大，这和图中所反馈的情况保持一致，主要原因是目前村镇一级的智慧化治理建设高度依赖于财政投入，因而从成本和技术两个主要影响因素来看相互之间无法形成差异，事实上这为中西部地区直接借助东部地区的技术优势进行智慧化打造以实现在智慧治理层面上的"弯道超车"提供了可能。

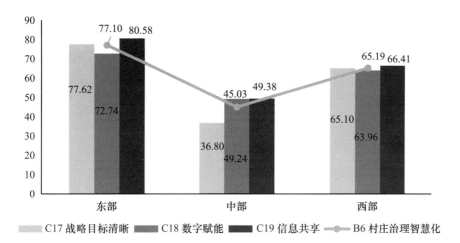

图 4-27　东、中、西部地区"村庄治理智慧化"层评估值对比

资料来源：根据模糊综合评价结果绘制。

结合东中西部地区各自的隶属度矩阵 R_{B6-C} 而言，如图 4 - 28 所示，东中西部地区"村庄治理信息化"下设的三个指标在评语集上具有不同的响应度，且都只在"高水平"和"低水平"占有比重。其中，东部地区"战略目标清晰"在"高水平"一项所占比例达到了 75.90%，远高于中部地区的 32.90% 和西部地区的 62.40%。同样地，东部地区"数字赋能"在"高水平"一项所占比例达到了 69.80%，远高于中部地区的 45.10% 和西部地区的 61.10%。东部地区"信息共享"在"高水平"一项所占比例达到了 79.20%，远高于中部地区的 45.87% 和西部地区的 64.37%。尽管东部地区三项指标"高水平"占比均较高，但是每项指标间的差异仍然较大。显然智慧治理是个系统工程，既需要清晰的战略目标和规划，也需要具体的数字赋能技术能力和信息共享能力配套跟进。

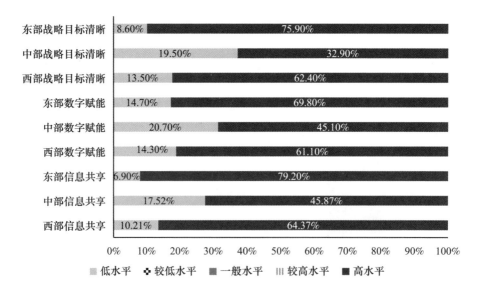

图 4 - 28 东、中、西部地区"信息化应用能力"层在评语集上的映射

资料来源：根据隶属度矩阵 R_{B6-C} 绘制。

乡村社会治理今时不同往日，这意味着信息化、智慧化工具已经成为乡村社会治理迈向现代化的有力推手，技术的更新赋能将极大地提升乡村社会治理的效能。例如从 2009 年开始，浙江省舟山市就持续推进乡村社会信息化建设工作，借助物联网、云计算、大数据等信息化技术，开创了信息化服务模式，推进智慧健康社区建设，深入推广以掌上医疗为代表的智能便捷医疗服务等，极大提升乡村社会居民生活的信息化水平和便捷程度。因此，村庄治理的智慧化作为乡村社会治理现代化的坚实基础，探索在基础建设、服务体系、推进方式、信息共享等方面构建起完整体系，将夯实乡村社会治理的技术水平。

从全国的整体情况来看，乡村治理现代化水平均值仅为 67.48 分，刚刚及格，距离国家战略规划所预定的 2035 年前后基本实现现代化的目标还有较大差距；从七大维度来看，全国推行城乡基本公共服务均等化的成效显著，村庄服务精准化为所有维度中评估值最高（75.85），而作为乡村振兴最为重要的产业维度却是评估分值最低（56.49），生态品质作为自然环境贡献最大指标，其评估也没有及格，仅仅次于产业维度为 57.9 分；从东中西三大区域的对比结果来看，除了东部区域的乡村治理现代化评估值及格（75.51）以外，中西部的评估值均未及格，分别为 48.77 分和 51.86 分，其中中部区域的党建引领规范化指标的评估最低（41.11）。由此可见，党的十八大以来，党中央重视乡村治理现代化与乡村发展。改革开放以来，中国的乡村面貌发生了翻天覆地的变化，生产能力大幅提高，物质条件和生活环境得到显著改善，精神文化生活逐渐丰富。但同时，与实现国家治理现代化的目标相比，乡村治理的现代化水平仍然滞后，如何提升乡村治理现代化水平，成为当前需要思考和回答的重大时代课题。

第 五 章

乡村治理现代化之"矢"：实现路径

乡村治理事关国家治理全局，意义重大。从中央的顶层设计和各级政府出台的政策文件来看，城乡基层治理遵循国家治理现代化"三步走"战略提出了"两步走"战略，即在 2035 年要全面实现城乡基层治理现代化，由此可见，乡村治理现代化作为国家治理现代化的重要组成部分，发挥着基础性作用，是国家治理的"最后一公里"。尽管乡村治理能力现代化水平较为显著，乡村治理体系不断创新和健全，但乡村人口结构、社会结构、经济结构都发生了重大变化，村庄空心化、老龄化趋势加剧，基层党组织的凝聚力战斗力有待进一步提升，农民参与村庄事务的公共性与自主性有待强化，集体经济的利益纽带作用与治理反哺机制有待增强与完善，而乡村治理现代化不仅是治理的体制机制、组织结构与职能、权责关系的重组和六大治理能力的提升，更是全方位地维护乡村社会的和谐稳定，增强农民的幸福感和安全感。特别是乡村振兴战略实施以来，乡村社会已经由传统管理型向现代治理型转变，乡村治理由"问题思维"转变为"权利思维"，即乡村振兴的重点已经从摆脱贫困向更好地运用现代化的理念、工具、方式方法来保障和实现农民追求美好生活的权利。

第一节 产业振兴：夯实乡村治理现代化的物质基础

乡村振兴，产业兴旺是前提。党的十九大报告提出"我国经济已由高速增长阶段转向高质量发展阶段"的经典论断，标志着现代化的乡村经济体系是乡村振兴的关键。只有产业兴旺了才能让农业成为有奔头的产业和吸引农民留下来的职业,通过产业共同体利益将农民链接为村庄治理共同体,进而发挥农民治理村庄公共事务的主观能动性,促进宜居宜业和美乡村建设。

一　创新村级集体经济发展路径助推乡村产业振兴

党的十八大以来,党中央多次提出要"探索集体所有制有效实现形式,发展壮大集体经济",各级地方政府通过"驻村书记"广泛开展农村股份合作制改革、链接部门资源发展特色产业、贫困村的对口帮扶、招商引资等,力图在明晰村庄集体资产数量基础上推动农村集体经济组织破零、集体收益正向增长,在有条件的地方协助建立起现代化的产业经济体系。但是,从目前的发展情况来看,还需要探寻正确的产业振兴路径,增强农村经济发展的内生动力,为乡村发展和治理的双螺旋耦合奠定基础,进而提升乡村治理的现代化水平。

1. 明晰村庄集体资产总量

根据中央农办和农业农村部乡村集体资产清产核资结果,"全国乡村集体经营性资产 3.1 万亿元(47.4%),非经营性资产 3.4 万亿元(52.6%)。同时,资产高度集中在村级:村级资产 4.9 万亿元,占总资产的 75.7%,村均 816.4 万元;乡镇、组级资产总额分别为 0.7 万亿元和 0.9 万亿元,分别占比 11.2% 和 13.1%。但是,超过 3/4 的资产集中在 14% 的村里,东部地区资产占总资产的 64.7%,主要集中在城中村、城郊村和资源充沛的村庄"[①]。由此可见,对于全国大多数乡村来说,集体资产的总量很少,笔者对全国 2054 个农民集中居住小区进行调查,结果显示,1455 个小区没有集体土地,1495 个小区没有集体经济组织,1501 个小区没有集体收入。尽管 2020 年全国已经完成农村集体资产的清资核产工作,但是有些历史遗留问题仍然没有得到解决,比如乡村闲置的土地、厂房等在多个业主之间流转,因为多轮村社干部换届,出现权属不清现象。因此,在推进乡村产业振兴过程中,县、乡、村要多层级、多部门联动,多角度梳理出社区的资源清单,包括闲置的集体土地、校舍、厂房、滩涂、林业资源,以及农民集中居住小区所修建的属于集体的商铺、

[①]　乔金亮:《全国乡村集体家底大公开》,《经济日报》2020 年 7 月 13 日第 1 版。

架空层、地下室等，联合解决公共产权归属问题，为乡村社区治理提供可持续的资源、资金保障。同时，变资源为资本，提升资源附加值（或附着物），增加集体收入及其反哺治理的资金来源。

2. 界定集体经济组织成员资格

事实上，早在 2010 年前全国多地探索并出台了农村集体经济组织成员身份界定的试行办法，对成员资格的认定原则、取得标准、保留标准、丧失标准等进行了规定。毫无疑问，截至目前，不论农民外出务工甚至举家外迁情况如何，只要他还具有原有村社户籍或农地承包经营权，所涉及土地类型的集体权益就始终拥有，因此发展集体经济时，分门别类界定集体经济组织的成员资格和完善生意人退出机制是村庄的首要工作。但是，随着乡村振兴进程的推进，工商业资本与农业的链接程度越来越紧密，为了给予下乡业主可预期的长远收益，国家出台了农村土地三权分置的改革政策，保证为主在农地流转周期内的所有合法权益，这部分群体间接拥有了农村集体经济组织成员的资格，但缺乏相应的认定标准、退出机制。同时，许多资源较为丰富的乡村也吸引了大量"新村民"的加入，这部分群体长期生活在农村，带来新观念、技术、人脉，带动乡村产业的发展，形成了系列专业合作社，他们与下乡资本一起跟本村村民享有承包经营权类似的身份的集体经济组织成员资格，故而不能简单地用"农业龙头企业＋合作社＋农户"的产业化经营模式来界定其身份。因此，针对当前农村的新形态、新业态，需要创新成员资格确定办法。2022 年 12 月 30 日，十三届全国人大常委第三十八次会议宣布对《中华人民共和国农村集体经济组织（草案）》进行为期一个月的意见征集，该草案第十一条规定"户籍在或者曾经在农村集体经济组织，并与农村集体经济组织形成稳定的权利义务关系，以农村集体经济组织成员集体所有的土地为基本生活保障的农村居民，为农村集体经济组织成员"。显然，该法律界定集体经济组织成员资格的标准有两条：一是户籍在村庄，二是当前户籍不在村庄却与村庄在过去形成的组织关系并未解除（比农地承包经营期间）。事实上，下乡资本和新市民虽然户籍从未在村庄，但在新产业形态的发展过程却形成了事实上的成员身份，因此需要进一步完善该草案中关于成员资格的界定办法，或者由地方政府率先试点创新性方案，以确保"新成员"能够协助村庄振兴产业，构建起现代化的农业经济体系。

3. 创新集体经济发展模式

关于村庄集体经济的发展模式，各地政府归纳出了多种形式，比如：抱团发展型、服务创收型、入股分红型、盘活资源型、土地经营型等，事实这些模式在实践中都是一种模式，就是最大化地合理利用村庄的人力资源、土地资源和特色资源发展全体村民全员化参与的集体经济或只入股分红而不参与经营的集体经济两种形式。在经济发达区域，村民全员化参与的集体经济模式较为普遍；在欠发达地区，农村空心化、老龄化现象较为严重，村民以个人和集体资源入股方式只分红而不参与集体经营较为常见。那么，如何创新一种普适性的集体经济发展模式，既能推动乡村产业振兴又能为有效治理注入强大动能呢？针对资源丰富却欠开发的乡村，应当建立起乡镇政府主导（入股监督）、全体村民参与的农村集体资产管理公司，通过征集职业经理人的方式对其进行开发和发展壮大；针对资源稀缺且集体资产为零或负的乡村，应当建立起县、乡镇、村的三级组织体系或集体资产管理公司，或者跨区域的集体资产管理公司，通过分级分工合作以建立和发展壮大集体经济组织；针对村庄资源开发殆尽的情形，可以以村庄集体经济组织为载体，向外地有同类资源的村庄拓展业务，发展"飞地"集体经济，在条件许可时再拓展其他外向型经济；针对农业产业化经营程度较高的乡村，要不断完善村民的利益表达机制、协商沟通机制和利益分配机制，提高村民参与村庄公共事务的能力，提升主体依法办事能力，提高基层干部的信息化应用能力与矛盾纠纷化解能力等。总之，通过上述现代化的农村产业体系构建和产业振兴来同步提升乡村治理体系和治理能力的现代化水平。

二 推动县域城乡产业融合

近年来，我国大力发展的农村第一、二、三产业，融合发展示范园、农业现代化示范园、现代农业产业园和优势特色产业集群，极大地促进了乡村产业振兴、农民就地就近增收致富，城乡差距逐步缩小。然而，在农村内容的产业融合对产业振兴的带动作用非常有限，"省域"或"市域"的城乡产业融合具有较强的"逐利"特性，不能促进城乡区域的均衡发展。根据中共中央、国务院 2019 年 4 月发布的《关于建立健全城乡融合发展体制机制和政策体系的意见》和国家发展改革委 2022 年 6 月印发的

《"十四五"新型城镇化实施方案》，"县域"作为城乡融合发展的重要切入点获得了广泛认可。因为"县域"是功能完备的综合性经济体系，具有全面的社会管理功能，既可自主配置资源，辐射乡村发展的强劲动能，又能在县域城乡产业融合中解决乡村社会的主要矛盾，促进乡村经济的高质量发展和乡村社会的高效能治理。基于此，县域城乡产业融合的农村产业主体必须是农村集体经济组织，否则又会陷入传统工商业资本下乡有限带动乡村产业振兴的窠臼。首先，厘清当地县域内的产业分布、主导产业的产业链建设、城乡产业融合的时空特征等情况，对城乡关联产业进行识别与评价，奠定县域城乡产业融合的基本前提；其次，基于乡村集体经济的主导产业评估县域城乡产业融合效率与影响因素，以判断产业融合的可行性与必要性；最后，要以乡村集体经济为主体，对县域城乡产业融合的失灵问题进行校正和制度建设，进而做大做强乡村的特色产业和优势产业，夯实乡村治理现代化的经济基础。

三　发挥集体经济组织对乡村治理主体的补位功能

1. 价值层面：理性选择机制与合法化机制的共同作用

在新制度主义组织理论中，理性选择机制与合法化机制是影响组织同构的两个重要因素。理性选择强调的是差异性问题，因为每个组织面临的外部环境不同，必须要建立起效益最大化的组织结构来保障组织目标的实现。全国90%以上的村两委在政策引领下基本实现了融合：一套班子两块牌子，村书记兼任村委会主任，甚至兼任了村集体经济组织管理董事长（理事长）职务，形成了"三位一体"的管理体制，因为运行成本、管理绩效等方面可能带来的积极意义，得到村民的广泛认同和接受。事实上，集体经济组织生产的主要"产品"抽象化以后被农村这个大系统所利用和"消费"，与乡村治理形成类似的共同信念和知识体系，成为"合乎情理的逻辑"而被社会所承认。因此，集体经济组织的价值被接纳后，也具备了合法化要素，并通过镇、村的理性选择而强化同构深度，弥补农村治理主体长期缺位带来的治理失效。

2. 组织结构层面：功能冲突中的职责同构

韦伯认为，科层制组织具备层级节制的权力体系、非人格化管理、职业化倾向、合理的权责边界等。虽然，集体经济组织是农村最为基层的一个微观经济组织，村党委是党组织的"神经末梢"，村民委员会是群众性自治组织，但它们均具备了科层制组织的一些基本特征，比如明确的上下级关系、制定正式规则、固定薪酬制度、基于管理高效的人员作用制度等。三种类型组织的核心职责、派生功能等各不相同，比如村党委的核心职责是政治引领；村委会的核心职责是居民自治，包括经济、社会的发展与治理权；集体经济组织的核心职责是发展经济、提高居民收入，派生功能是反哺乡村治理。根据组织趋同理论，农村组织并不会严格按照制度性趋同的路径依次推进，而是同时出现，在相互交织中促使三大组织的多种职责与核心功能在融合中同构又各有侧重。组织同构后，原来基层党委引领乏力的村社，通过发展集体经济而将其带头人培养为党员、书记，基层自治弱化的村社也因为集体经济的发展壮大而培育了新型的社区治理精英。总之，三大组织相互弥补主体缺位，为乡村高质量发展和高效能治理的乡村振兴目标实现奠定了坚实的社会基础。

第二节　利益链接：稳定乡村治理现代化的社会基础

随着社会经济的发展进步，乡村的矛盾纠纷大幅度减少，邻里关系愈加和谐。但是，随着乡村振兴战略的实施，政策红利不断释放并由此大幅提升村庄集体收益，居民的矛盾冲突不再拘泥于田边地角和鸡毛蒜皮的纠纷，而把关注的焦点放在村庄共同利益性，比如村庄公共资源开发中的权益保障、利益分配等成为新型矛盾焦点，对此，需要在集体经济的利益链接中建立起文化引领机制，完善公共利益的表达机制与分配机制，破解乡村治理的公共性与自主性、传统性与现代性的双重困境，提升乡村治理的法治化、规范化程度。

一　健全居民利益表达机制，提升居民参与能力

群众利益表达是宪法等法律法规所明确的群众基本权利之一。农民可以通过民主选举、民主决策、民主监督等方式合法表达自己的意见建议；从制度安排来看，村委会也承担了农民利益表达的职能。但是由于村委会对乡镇政府的高度依赖，以及对任务完成效率的倚重，其利益表达的代表

功能逐渐弱化;村两委干部囿于学历等因素,再加上乡村空心化,更加习惯于"为民做主",用传统方式治理村庄;农民因"民不与官斗"思想的制约,即使权益受到侵害,也仅仅是发几句牢骚完事,若是实在忍无可忍,打一架是最直接的解决方式。因此,对于新时代的乡村社区治理来讲,村两委干部的治理能力提升成为首要任务。现代化的治理能力有助于其利用现代信息技术,在村民之间、村民与村级组织和基层政府之间搭建起网络沟通平台。农民工即使多年不回家乡,仍然可以广泛参与村庄治理,可以感觉到家乡的生态宜居、治理有效;可以通过现代信息平台清晰掌握村庄公共事务清单和集体资金收益与分配情况,强化对村庄的归属感和对村级组织的认同感。同时,还要大力完善村民自治制度和"三治融合"的村级治理体系,一方面要加强村民代表、"三会"成员的熟悉度,避免因为长期外出务工而相互之间感到陌生,不能很好地代表大多数村民的利益,也不能及时有效地监督村级活动与行为的合法性;另一方面,要发挥德治教化和法治刚性的作用,结合多种社会力量或社团通过正规途径合法表达村民诉求,提升村庄治理中的文化引领和服务供给能力。

二 规范乡村集体经济收益分配机制,提升乡村依法治理能力

经过多年努力,全国乡村几乎村村有集体经济组织和集体收益,但是根据笔者在全国调查的结果(图 5 - 1),多数村庄的资产为固定资产,收入以政府的补助收入为主,经营性收入较少。当然,在收入极少甚至为零的情况下,基本没有矛盾纠纷。但是,在各级政府的大力扶持和各类驻村干部的帮扶下,很多村庄的集体经济做得越来越大,收益也越来越多。笔者在兴文县调研时发现,GDP 刚过百亿的省级贫困县中有多个村的集体经济收益已超过百万,其中仙峰苗族自治乡群鱼社区村的集体纯收益接近百万,收益分配制度还在建设中,但收益大部分用于扩大再生产,少部分用于村庄基础设施建设和对贫困户的帮扶;也有像彭州市宝山村集体纯收益高达 10 亿元的西部村庄,收益分配制度非常完善,其 60% 的收益用于扩大再生产,40% 用于村民分红。调查显示,大多收益较好的村庄均把收益分配与村规民约挂钩,如果有邻里纠纷、不孝敬老人、离婚、坡地焚烧秸秆、无本科学历等均不能享受集体收益分红,甚至取消水电气和医保等公共事业补助等。因此,要加强法律宣传和培训,提高村社干部和居民的

法律意识，依法保障村民作为村庄成员应有的公平的集体财产分配权益；要强化村规民约的合法性审查机制，建立公平正义的分配原则，剔除歧视性条款，明确分配规则与程序；要强化村级监督委员的职责，保障其敢于对不公平的分配机制说"不"，敢于监督各项专项资金的配置与使用，杜绝乱发福利和过度分配问题；要强化乡村财务审计监督，或由乡（镇、街道）纪（工）委、财政所、村级会计委托代理服务中心、村务监督委员会负责村级财务审计监督工作，确保收益分配各个环节公开公正、阳光透明，同时也要建立问题移交、定期通报和责任追究制度，切实维护集体经济组织及其成员的利益，杜绝腐败行为的发生。

第三节　分工与联动：压实乡村治理现代化的主体责任

一　以党心聚人心，加强党对乡村治理的全方位领导

村级组织已经全部完成换届工作，从笔者的统计数据来看，几乎所有乡村社区都实现了村书记兼任村委会主任和集体经济组织负责人的预期目标，70%的村书记和两委成员均有较高文化水平和较强的致富带动能力。尽管如此，乡村社区党建仍然需要继续强化引领功能，增强基层党组织的中枢领导力、统筹决策力和监管力。一是治理体系建设。通过标准化、智慧型的党建治理体系，纠正党组织"统筹为何"的模糊认识，坚实守好"主阵地"、种好"责任田"的底气，牢牢掌握乡村社区意识形态的主导权与话语权。二是阵地建设。要通过乡村社区治理体系横向一体化与纵向一体实践来调适新时代的乡村社区治理理念、机制和方法，以党群服务中心的亲民改造等为契机，将其打造为社区居民"易进入""可参与""能共享"的邻里中心和温馨家园，拉近居民之间、居民与社区两委之间的距离和感情。三是党员干部队伍能力提升。换届后的乡村社区两委干部和后备干部虽然学历有所提升，但工作经验、视野眼界、宗旨意识和党性意识还有待通过教育培训进行提升，需要把"经济能人"切实转化为"政治能人"和乡村社区"治理能人"。

二 厘清各主体责任清单和边界，促进治理主体归位

乡村院落、林盘是村民的生活共同体，也是多元主体参与基层治理的一个重要场域。厘清各主体参与乡村治理的责任清单和边界，畅通村民参与渠道，推动多元主体协同共治的机制格局逐渐成形，才能激发乡村共治和村民自治活力。一是理顺"乡镇（街道）—村（社区）"的关系。虽然各级政策均强调治理重心下移、放权赋能等，但一定要考虑乡村的实际情况，否则乡村接不住，反而会出现乱子；也可以通过三张清单的形式固化各主体责任与边界，通过定期的清单事项评估督促各主体职能归位，只有权责统一才能有助于乡村担负起治理的责任。二是大力引进社会力量参与乡村治理。乡村虽然以农民为主体，但是其就业领域已发生一定改变，因此需要有效利用乡村的各类自组织（如湖北的新妇女运动），发现和培育其广泛、规范地参与村庄治理的能力。三是畅通农集区居民参与村庄治理的渠道。传统面对面治理已经不适用于今天的乡村社区，现代信息技术的广泛运用将有助于提升原子化的乡村居民参与家乡社区公共事务的积极性，使其在活动中表达诉求与治理意愿，提升其主人翁意识。

三 优化主体联动机制，推动多元主体协同效应的提升

虽然前面强调要在基层党组织的引领下厘清各主体责任及其边界的重要性，但同时也要建立合理的主体联动机制来推动多元主体的协同治理，提升乡村治理现代化水平。主体联动机制是指动员乡村场域内多元主体协同参与提供村庄治理和服务活动的联动机制，主要包括责任主体间的沟通协调机制、监督反馈机制。乡村治理体系是一项复杂的系统工程，需要健全联动机制，各种治理要素之间有效协调、协同行动，形成党建引领乡村治理的协同格局。

1. 重视多元主体间的党建引领下协商决策机制

多元主体参与乡村治理的前提是多元主体间良好的协商沟通过程。党组织是乡村治理的核心，因此要在党建引领下拓宽多元主体良性参与协商决策的正式渠道。第一，纵向上建立健全乡村党建工作联席会议制度。加强党对乡村治理体系建设的全面领导，村庄党组织要积极与乡镇党委牵头、辖区单位党组织负责人联系沟通，通过不同层级党组织上下联动共话

乡村发展方向,提高乡村治理体系建设的连贯性。同时,村庄可以充分整合资源借力来推动乡村治理建设。第二,横向上充分发挥基层党建的政治引领功能。在突出党组织的战斗堡垒作用与党员的先锋模范作用,使整个乡村自觉贯彻党的主张,为功能性协同的实现提供一个引领主体的示范效果。第三,全面落实党领导下的乡村治理的民主协商制度。一方面,拓宽社会力量参与乡村治理的渠道;另一方面,确保乡村治理内容是围绕村民关心的服务事项和真实需求开展,提高决策的科学性和回应性。第四,创新社会力量共同参与、协同开展乡村治理的体制机制。通过向社会力量购买公共服务、村庄服务公益创投、跨村联席会等方式,为群团组织、社会组织、社会工作者和辖区单位参与提供正式渠道,引导多元主体成为社区治理和服务体系的重要力量。

2. 健全多元主体间协同的监督反馈机制

监督反馈机制是反思主体协同行为的重要机制,有利于及时发现乡村治理体系建设中主体关系存在问题,依据具体情景调整和改进主体间协同格局,推动乡村治理体系建设向更高质量发展。这需要做好以下几点:第一,尽可能保证评价的科学性和客观性。可组建由社区两委会成员、居民代表、利益相关代表组成的检查小组对多元主体的行为进行评价和监督,利用第三方评估机构对具体活动和项目情况进行专业评估,既有村村成员的切身评价,也有第三方评估机构"纯裁判员"更为客观的评估结果,二者相互补充,提高监督反馈的有效性和科学性。第二,评估结果作为未来活动的参考标准和多元主体的考核依据。首先,在未来的服务购买或者其他协同合作中,村庄可以将之前的评价结果作为未来决策和行为调整方向的重要参考,以此来进一步提升服务质量。其次,应制定明确的奖惩制度并将其落到实处,通过奖励优秀典型的方式来正向激励多元主体间的协同行为,从而将协同格局不断固定强化下来。

第四节　传承与超越:重塑乡村治理的现代化规范

乡村振兴,既要塑形也要铸魂,文化振兴是根本,是涉及文化传承、文化治理、文化创新、文化共享、文化自信自强等的"铸魂工程"。长期以来,传统的优秀文化和农耕文化在乡村治理中发挥着重要的教化作用,

村规民约强化乡村天然共同体的信仰价值、集体意识，乡贤则在道德领域
做模范、在经济领域带领群众发家致富、在社会领域调解乡邻纠纷和家庭
矛盾，使德治成为现代乡村治理体系中的重要一环。当前的乡村社会规范
受到工业文明和城市文明的冲击，不断重塑着新的文化基础和生产生活秩
序，建立起现代化的乡村社会规范。

一　建立乡村文化引领机制，凝聚村庄发展共识

长期以来，"乡村真穷，农民真苦，农业真危险"成为人们对"三
农"的刻板印象，农民更是成为"不讲理""自私自利"的典型代表，因
此乡村在很长一段时间内成为人们避之不及的地区。尽管如此，乡土社会
却是不同于城市的相对独立的社会，人们重情义、重家庭、重人伦、重乡
土归属，传统治理手段虽然简单粗暴却非常及时有效。后来，由于村委会
职能的异化，民间权威一度成为农民的精神力量，依赖各种新乡贤解决村
庄不公正之事。然而，社会经济的快速发展，农民的市民化进程加快，乡
村文化逐渐消解、公共性流失，再加上党员的先锋模范作用有限，乡村社
区治理迫切需要通过文化引领、集体经济的利益联结来凝聚村庄发展共
识，增加乡村社会的稳定性。首先，要充分发挥乡村基层党组织的政党功
能，促进社区居民多渠道合法表达利益诉求，在全力担当服务群众的历史
使命中强化村级党组织的影响力和号召力，尤其是乡村党支书的"领头
雁"和普通党员的"头雁"作用，强化对乡村社区发展的价值引领作用。
其次，要将传统文化中的仁义礼智信、谦让包容等优秀内核与现代法治和
社会主义先进文化相结合，通过现代治理规则与"村规民约"等柔性的
传统约束互相补充，形成现代化的乡村治理场景。最后，要加快建设村级
综合性文化服务中心，发挥文化广场、农家书屋、文化下乡等服务在村民
公共精神培育中的功效；要加大反映新时代背景下新乡村变化的文化产品
的创作力度，包括反映移风易俗、道德模范等内容的文化产品，让社区居
民在喜闻乐见的作品展示场景中自觉提升并内化于心，进而增加文化引领
主体、拓宽文化引领范围。

二　重构共同体意识，提升村规民约的正当性

在流动性空前高涨的当今社会里，乡村价值信仰、社会规范、社会结

构、公共精神受到极大冲击,加剧了乡村社会的分化、分散与空心化程度。党的二十大报告提出要"统筹乡村基础设施和公共服务布局,建设宜居宜业和美乡村",这表明未来的中国乡村将是充满活力的乡村,是留得住"三群人"(留守的、离开的、即将下乡和返乡的)、能搞活"三块地"(承包地、宅基地、建设用地)、能用好"三块钱"(财政的、银行的、社会的)的美、强、富的乡村,是农民能够和愿意就地就近过上现代化生活的乡村。因此,需要调动村民的主体意识,积极参与村规民约的制定,并从村务公开、村务监督、公共利益分配等方面强化村规民约的主体部分,使新的村规民约成为重构乡村社会共同体的指南和"三类人"愿意留下来重建乡村生产生活共同体、利益共同体的基本规范,进而提升村民自我管理、自我服务、自我教育和自我监督的能力,提升乡村社会的公共性与自主性,夯实乡土认同的社会基础。尽管村规民约是根据当地的实际情况制定的,但它既不是对传统的复归也不是对西方工业文明的简单复制,需要对其加以现代化改造并增强合法性审查,包括总体要求、主要内容、制定程序、监督落实和组织领导等,是否与《中华人民共和国村民委员会组织法》等相关法律法规冲突,避免契约化条款对村民合法性权益的侵害,因为只有通过法律的有效性来衡量社会的有效性,村规民约才具有社会意义的正当性。与此同时,需要有稳定的村规民约执行队伍,不论是村两委干部还是乡贤兼任,抑或是专门的执约小队来保证村规民约实施的公开公正公平,对违法违规现象采取"零容忍"态度,进而提升其执行力、约束力和正当性,促进乡村自治与他治的融合,帮助实现乡村治理现代化的战略目标。

三　构建分层融合治理体系,形成乡村治理现代化规范

乡村治理体系不仅是国家政权体系在基层的延伸,也是理解我国乡村社会治理变迁的内在基础。新时期的乡村治理体系具有突出的任务属性和公共属性,"三治"体系作为创新性的乡村治理体系,能有效解决治理主体的"失语"与"失范"、治理规则的"失衡"与"失序"以及治理结果的"失效"与"失落"等困境。只有健全的治理体系,才能保障制度执行的规范化、程序化、法治化,从而实现治理能力的现代化。通过第三章和第五章评估结果的对比(图5-1)可以发现,乡村治理体系现代化

和整体现代化之间存在一定的差距，但也不能仅凭四张图的对比来判定乡村治理体系现代化水平的高低，却可以作为参考。因此，创新乡村治理体系，构建分层的融合治理体系，形成治理现代化的标准规范，进而能够提升乡村社区治理能力的现代化水平。

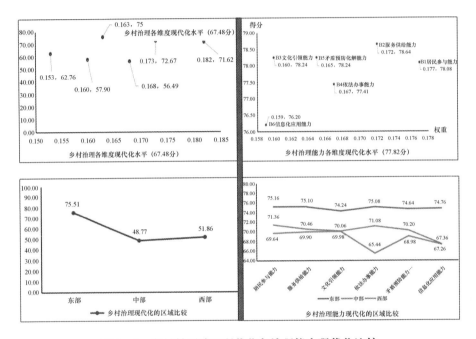

图 5-1　乡村社区治理现代化和治理能力现代化比较

1. 以党建引领分层治理，促进服务供需精准对接

"分层"针对的是乡村公共服务需求日益多元化的现实，是一种被动选择，强调的是党建引领下的分层治理——之所以要分层治理是因为，当前乡村社会的治理单元、治理主体、治理对象、治理机制以及治理载体等方面都日益呈现出细化、细微的特征，这种特征势必要求治理走上精细化道路，而精细化治理的前提当然是对相关要素的分门别类以求"因人施策"。因此，以这些特征为依据构建出农村分层、分类治理的框架，是推进治理现代化、提升公共服务供给能力的核心要素；而之所以要在党建引领之下，是因为坚持党对一切工作的领导，已经是我国长期革命和建设取得的根本经验。与此同时，乡村治理所涉及的利益多元，对于其背后隐含

的"对冲性"风险必须提前设防，从这一角度来看，党的"统筹全局、协揽各方"功能与所需恰好对接。

具体而言，如何通过党建引领分层治理来促进公共服务供需的精准对接呢？其内在的逻辑是，在农村实施精准化的公共服务过程中，农村基层党组织毫无疑问是激发居民参与并能有效促进政社互动的纽带，它可以整合不同利益主体诉求、统筹多种资源以实现乡村治理的整体目标。这需要两个方面的努力：一是整合党组织力量，以乡村基层党组织为纵向链条的关键节点，构建"县—乡—社区"三级党组织联动的政党治理体系；以基层党组织为横向链条上的关键节点，构建跨村、镇、县域的区域大党建，通过多元行动网络为乡村社会提供精准化、精细化的公共服务。二是梳理各方利益，包括但不限于村党委、社党小组等基层党组织作为农村居民的需求渠道和途径，清楚了解和掌握居民之间、乡村社会内部多元主体之间各自的利益诉求究竟是什么，以此匹配适合的供给方式，最终促进农村公共服务供需间的精准对接。

2. 建立标准化治理体系，现实高质量服务供给

根据《中华人民共和国标准化法》，"标准化"在各级治理中均具有"软法"作用，其目的在于解决治理中的 who、what、how 等问题。《中国现代化报告（2020）》认为，世界现代化的标准包括指标、评价、过程、结果等维度；[1] 有学者认为国家治理现代化的标准包括法治化、民主化、制度化、高效化等，社会治理现代化的标准包括规范化、法治化、组织化、科学化等。显然，不论是实践层面还是学术层面，均把标准和标准化上升到治理现代化的高度。"没有规矩不成方圆"，标准化同样也是乡村治理能力现代化的重要规划，是提升现代化水平的重要手段。事实上，在基层治理中从来就不缺乏标准，各种各样的指南、规范等层出不穷，但是针对能力的标准一般都涵盖在"人才队伍"建设维度中，基本没有单独针对治理能力现代化的标准体系。

根据《关于加强和完善城乡社区治理的意见》，社区治理能力包括六个方面，至于如何完善，意见中的举措基本上都比较原则性和刚性。因此，各级地方政府在针对乡村治理时，也笼统地把六大能力的完善举措纳

---

① 何传启主编：《中国现代化报告：世界现代化的度量衡》，北京大学出版社 2020 年版。

入整个治理范畴，更没有相应的规范和指南出台。乡村治理体系复杂化和不确定性的演化方向，对习惯于传统治理的乡村治理主体来讲，更容易使其陷入治理困境中，再好的能力结构和能力状态也无法有效发挥。2021年年底中央农村经济工作会议仍然强调要不断改善乡村基础设施和基本公共服务条件，而标准化治理体系是有效嵌入乡村治理结构后能够为治理主体突破能力现代化双重困境提供了一个行动空间，并与服务形成相互依存、相互协作、动态均衡的共生效应，重构民生与民主双向互动、活力与秩序双线融合、动能与效能双维驱动、发展与治理双效促进的共生关系。课题认为能力现代化的标准体系应当以上述意见的六大能力为维度，从法治化、科学化、精细化、规范化和组织化等视角切入并将六大能力的具体任务标准化，形成"标准指引—标准监控—标准评价—监控反馈—标准修订"的闭环运作模式，三级指标要定量定性结合且以客观数据为主，针对"不好评""主观化"等问题，设置三级指标解释，进而量化评价标准，使现代化理念深入人心，现代化实现与否，由标准说了算。这样，既解决了单纯从"队伍建设"维度来建设乡村治理能力现代化的弊端，又可以通过试点方式来形成可复制可推广的治理能力现代化建设经验。

3. 健全"三治"融合治理体系，实现服务供给精准

无论是基层治理还是乡村振兴的政策文件中均强调要自治的基础性、法治的根本性、德治的先导性作用，尤其是三者的高度融合。针对乡村治理能力现代化提升过程中出现的传统性与现代性、多元主体的公共性与自主性冲突，重提"三治"融合的重要性仍然不过时。首先，自治是民主的制度安排，是多元合作共治的前提。正是因为农村居民日益陌生化和原子化，导致居民治理的公共性与自主性的双弱，使得政府超越现代法治理念，勇于"为民做主"，却未能激发居民的公共精神，加剧了双重困境的内在冲突。因此，基层政府如何有效退出居民自治领域，以量化、细化和清单化多元主体的责权利边界成为居民自治"回归"的前提；村两委作为联结乡镇（街道）政府和居民的桥梁，首要任务在于打通交流的"肠梗阻"，培育居民公共精神。当然，居民也要与时代同成长，将责任、使命牢记于心，运用科学、民主、法治精神提升各自的公共性与自主性，善于采用现代化手段参与乡村治理。其次，法治的决定权在于法律共识和法治精神，通过形式与程序正义来保障人的自由与平等。乡村社会因为

"管""治"的理念冲突、"礼""法"的制度摩擦、"拙""智"的工具碰撞，使得法治成本居高不下，治理悬浮。因而，要发挥经过合法性审查的村规民约的"软法"作用，通过道德模范评选、社会主义核心价值宣传，多渠道提升村民法治素养，提升乡村社会的依法治理能力。最后，德治在于树立正面道德力量，促进个体自觉遵守社会规范。乡村社会传统社会结构瓦解、现代行为规范未完全确立、工具性差序格局基本形成，导致政府双强与居民双弱。因此，发挥历史名人和乡村治理中的精英文化，形成多种自组织，辅以法律规范，以较低成本实现乡村社会最大化和谐。虽然，完善的"三治"融合体系可以有效提升治理能力的现代化水平，但是要破解双重困境，还必须要在基层党组织的统一领导下，把居民的共同利益作为维系真正共同体的核心纽带来开展融合性活动①，否则"三治"仍然自成体系，无法有效解决双重困境问题。

4. 建多层融合式治理体系，实现服务供给水平高效

在"先分"的基础上进行"再融"，针对的是多元诉求必须有效整合的客观要求，是一种主动作为，强调的则是对分层治理再融合，形成以协商为基础的沟通机制和以合作为纽带的协同机制，"统分结合"最终构建起分层治理的融合式治理体系，实现公共服务供给水平的高质高效。

也就是说，向农村地区提供高质量的、有效的公共服务就要加强分层治理融合体系的建设，发挥基层党组织在纵向与横向合作的纽带功能，特别是要扩大政府购买服务、增加志愿服务等方式，允许多元主体参与到农村公共服务供给过程中，从而提高农村公共服务水平。笔者针对农村公共服务供给现状，在对全国 2054 个农民集中居住村庄的调查中发现，80%的农集区近两年都没有政府购买服务的情况。实践证明，农村公共服务由单一主体供给是低效的，存在"失能"问题，因此正确认识各类主体在农村公共服务供给中的角色与能力，促进其合作生产，将推动乡村社会多元供给体系的建立健全。另外，推动市场主体参与供给和鼓励居民自助与互助供给也是非常有必要的。

总之，分层融合治理体系的建立，就是要剖析清楚影响乡村治理的多元主体的各自所需，在此基础上进一步整合需求，将基层政府、企业、基

---

① 曹洪军:《马克思"真正共同体"思想及其当代价值》,《理论探索》2020 年第 3 期。

层党组织、自治组织、院落委员会、社会组织及居民多主体联动协同起来，打造出共建共治共享的农村公共服务新格局。①

第五节　技术赋能：厚植乡村治理现代化的数字基础

治理的现代化衡量标准主要体现为专业化、法治化、精准化、智能化，其中智能化是提升其他要素的基础，通过大数据、物联网、机器学习、算法推理等，优化治理体系，提升治理能力，增强乡村治理的协同性和治理质量。因此，智能化的关键在于创新性技术的广泛运用，比如发展治理的双螺旋耦合技术、数字技术、区域链技术等，有助于提升乡村治理现代化水平。

一　树立以人民为中心和以数据为依据的理念更迭

在当今时代，信息技术正在重塑社会的生产生活方式，大数据蕴含着精准识别、提前预测、关联把握、科学决策、开放多元、全面监督等意识特征，这种现代性思维对传统的经验式治理和主观式服务提出了新的要求和转变。以决策方式为例，科学决策是保障城乡社区治理体系和服务体系后续环节正常运行和落实最终目标的首要要求。而以先例和经验为主的传统决策方式，虽然在实际的治理和服务过程能够快速便捷做出相应的决策，但是往往不能全面认识到决策环境的变化，使得决策与事项之间的匹配度不高。除此之外，还易受到领导者个人的主观判断和相关利益方的干涉，使得决策欠缺规范和科学的依据。因此，需要以数字化的决策方式来跳出传统决策的桎梏，以整体开放、全面系统的思维助力科学决策。一方面，通过立足整体城乡社区，进行区域广泛、内容丰富的数据收集，为决策提供相关数据支撑；另一方面，通过找出关联相关信息和进行智能算法的处理，以事实作为判断依据，找出内蕴其中的客观规律，进而有效地降低决策失误的风险。

---

① 徐增阳、张磊：《公共服务精准化：城市社区治理机制创新》，《华中师范大学学报》（人文社会科学版）2019 年第 4 期。

　　在基层实践中,无论是基层政府工作人员还是城乡社区中的公共组织,均需要树立起以数据为导向的决策方式。但在现实中一些基层干部对数据化的决策方式还未有充分的认识,认为数字赋能仅限于科技创新、市场优化等领域,而对城乡社区的治理和服务则没有应用的空间,或者将其视为一种形式化任务,并未深度使用,或对传统经验决策形成路径依赖,不愿尝试新的方式。对此,应当重视对干部群体的宣传教育,使其认识到利用数字手段赋能的重要性和紧迫性。通过组织邀请信息技术相关的专家开展讲座,或者选派干部进修学习、交流,在不断沟通中促进思维转变,此外还可以组织参观学习在数字赋能领域有较好成绩的典范社区,使干部在亲身体验中感受到数字赋能的有效性。同时,也可以积极挖掘本土或合理引进对数字治理、数字服务较好掌握的年轻人或有相关知识经验的人才,以专业人才带动其他干部,构建城乡社区高质量的数字化人才建设队伍,以增强干部群体对数字治理和数字服务的认同度,并能够围绕此更好地开展相关决策、管理等活动。

　　尽管数字技术能够为城乡社区治理和服务赋予规范、吸纳和整合等能力,但要始终把握数字技术只是社区在进行治理和提供服务的工具,不能产生"唯技术论"倾向。"以人民为中心"的导向是当前我国政府行为办事的根本准则,在治理中强调民意的表达,在服务中重视民需的满足。数字赋能城乡社区只是为满足社区居民对美好生活需要的一项创新手段,以"民需"为导向,以"民心"为追求。如果只靠技术的刚性嵌入,而忽视"以人民为中心"的组织自身价值原则和民众实际感受,则很有可能产生预期之外的不良反应,使人异化成了数字的奴隶。干部缺乏自我的自主性,民众也未能做到共治共建共享的实际参与,进而在"唯技术主义"之下背离了原本的初心。因此,城乡社区在治理和服务中都应树立"以人民为中心"的数字服务理念,将数字技术视为一种提高效率的手段。在数字赋能下,城乡社区治理和服务能够通过"主动服务"来落实"人民为中心"的价值原则。借助数字技术对突破时空限制的能力,拓宽群众获取城乡社区治理和服务信息、参与治理和服务的渠道。利用群众常用的互联网途径,如微信群、小程序、公众号、短视频、App等及时发布信息,将涉及社区居民群众切身利益和居民所关心的信息及时告知,并利用数字平台将社区居民的意见进行收集整理,进而保障社区居民的知情权、表达权和监督权；也能够及时了解社区居民需求以动态调整，提供精准有效的服务。在此过程中，拉近基层社区和社区居民之间的距离，让群众了解社区所做的各项事情，以获取更多群众的支持和信任。除此之外，数字技术还能够让外出务工的群众更为了解基层社区的情况，这点对于农村社区而言显得尤为重要，可以将在外的精英村民有效纳入社区的治理和服务体系之中，激活农村治理和服务体系，提高治理和服务水平。

二　广泛应用创新性技术以提升乡村治理现代化水平

1. 双螺旋耦合技术加速乡村治理现代化进程

双螺旋耦合概念来源于生物学，最先由美国的詹姆斯·杜威·沃森和英国的佛朗西斯·克里克两位生物学家于 1953 年提出，他们认为 DNA 是由于长链组成的双螺旋，但双螺旋结构中有四种碱基，碱基之间有许多"窟窿"，而氨基酸等物质穿插其中并推动遗传信息从 DNA 向 RNA 和蛋白质传递。这种双螺旋结构的功能在很多领域具有相似性，随后被拜伦·史密斯（Byron Smith）引入企业管理领域，分析管理与科技创新、工程技术等之间的双螺旋结构如何发挥渐进向上循环而产生创新推动力，使企业更具有竞争力。后来，我国学者高亚春①、魏士国②、尚虎平和王菁③、詹承豫④将该技术引入哲学、公共行政、公共治理和应急管理领域。乡村治理现代化作为一种社会实践，与"双螺旋"结构存在天然的耦合性（图 5-2）。

在乡村治理现代化进程中，发展和治理属于长链的两大核心要素，地方政府、村两委、村民和其他利益相关方成为"双螺旋"结构中的碱基，人才、文化、生态等作为助推要素成为长链和碱基中的填充物促使发展治理呈螺旋式前进。因此，在 2035 年全面实现城乡基层治理现代化战略目

---

①　高亚春：《波德里亚早期思想发展的双螺旋结构》，《河北学刊》2005 年第 3 期。

②　魏士国：《共生与互动：国家治理现代化中的德治与法治"双螺旋"协同机制》，《贵州社会科学》2020 年第 1 期。

③　尚虎平、王菁：《公共行政 120 年：从"双螺旋演化"到"治理的绩效管理理论"》，《北京行政学院学报》2010 年第 4 期。

④　詹承豫、高叶、李治博：《应急管理中技术赋能的双螺旋机理研究——以人脸识别技术在疫情常态化防控中的应用为例》，《行政管理改革》2021 年第 7 期。

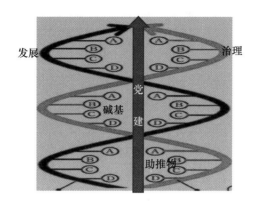

图 5 - 2　乡村治理现代化的双螺旋结构

标下，乡村治理现代化的建设应在基层党组织的引领下，大力发展经济，通过产业振兴来反哺治理或者以良好的治理来助推产业兴旺，并在人才、文化、生态等要素的作用下，将多元主体紧密联结并形成乡村治理的文化、利益、治理共同体，将乡村建设成为宜居宜业和美的"富春山居图"。

2. 区块链技术增添乡村治理现代化新动能

区块链技术（Blockchain technology）也被称之为分布式账本技术，是一种互联网数据库技术，具有去中心化、公开透明、匿名性和加密性等特点，让每个人均可参与数据库记录，核心目的在于解决人们之间相互不信任问题。该技术最早是用来解释比特币的运行机理，后来广泛应用于各个领域，因乡村治理中的数字鸿沟、数字壁垒、村务不公开/不透明等问题而使得区域链技术具有适用场景。有学者认为区块链技术与社会治理现代化理论有着理论耦合性[1]、能够对社会信用体系和治理机制等产生影响[2]、既有提高效率的优势也有路径依赖风险[3]等。但是，从区块链技术的特点来看，它可以促进乡村治理由管理向治理的彻底转向，重塑乡村社会信用体系等优势。因此，有必要在乡村治理平台搭建时融入区域链技术，在区

---

[1]　王雪竹:《区块链技术对首都社会治理的应用场景解析》,《前线》2020 年第 6 期。

[2]　朱婉菁:《区块链技术驱动社会治理创新的理论考察》,《电子政务》2020 年第 3 期。

[3]　张佳星、谢煜、彭凯平:《区块链与社会治理：契合、优势与风险》,《社会发展研究》2020 年第 1 期。

块链的基础层构建起多个分布式账本，不同授权主体分门别类地从各自预选节点录入乡村治理的各项信息并向其他节点开放，允许多元主体的随机访问权益，避免行政干预；在网络层建立起链式结构、组网机制、数据传播与验证机制等，以保证信息的真实有效与可靠；在共识层建立起去中心化的密码学方式生成数据的存储体系和计算范式，推行分布式的共识算法；同时完善激励层、合约层和应用层的各项机制，保证记账节点的数据安全性，为智慧乡村建设奠定良好的技术基础，提供现代化的实现路径。

三 构建乡村治理的数字赋能机制

党的二十大报告强调，要继续完善网格化管理、精细化服务、信息化支撑、开放共享的基层管理服务平台，健全城乡治理体系，及时把矛盾纠纷化解在基层和萌芽状态。这表明覆盖乡镇（街道）和村社两级的全要素管理平台在提升乡村治理现代化方面的重要性，全要素数字化不仅有助于社区减负增能，更有助于提升乡村治理现代化水平。

1. 以服务可及为核心的智慧化应用场景建设

数字化平台的建设与使用标准在于是否满足了城乡社区居民的根本需要，即是否将数字化嵌入了治理和服务的日常场景之中，为居民更便捷友好的使用。从多网融合和开放共享的数字平台呈现形式来看，要体现内部空间的便捷性与互动性；从内容来看，要满足大众化、便民化的服务供给和能够维护居民权益、彰显自身价值的治理和服务诉求。因此，数字平台的赋能路径设计需要从智慧化应用场景入手，让使用者能够在生活化场景应用中提升信息化应用能力，从而提高治理效能和服务质量。

一是智慧化场景的建设。要搭建起居民所关心的服务，如社会治理、健康医疗、数字教育等科普宣传以及如何获取该项的数字化方式与智慧场景，在基层政府动态分析居民需求基础上能够快速响应居民诉求，倡导起智慧生活风尚；要设置便于居民使用的模块，在服务终端上涵盖服务站点、专家问答、呼叫中心、意见反馈等，开启"全民共享"的智慧生活和"智能安心"的社区公共安全；要建立起保护居民的数字屏障，如"天网""地网"系统的覆盖、防火防煤气的传感报警器，以及对特殊群体实行特殊照顾，如对老人的健康检测、孤寡老人链接到社区中心的一键需求等要拓宽数字平台的使用主体，充分利用网格员的手机终端，对社区潜在的风险进行摸排，对不同诉求的居民需要进行汇总等，并将获得的信息链接到民政、公安、社保、教育等职能部门。以此，在需求导向的生活化场景中搭建智慧社区整体技术框架、综合管理调度平台，通过基础地理信息构建智慧安防和服务可及的智慧化应用场景，将城乡社区治理和服务的经验与特色、问题与风险隐患等及时汇总、整理、分析与共享，为决策优化提供基本材料，推动城乡社区治理和服务的高质量发展。

二是服务的均衡性与可及性。在横向上，有必要设立统一的协调机构，构建起城乡社区"一核多元"的信息网络平台和"整体智治"的数字化结构；在纵向上，以区（县）为主干、乡镇（街道）为节点、城乡社区为核心的信息组织体系，通过横向各级政府部门之间、纵向的"区（县）—乡镇（街道）—社区"之间的信息收集、传输、储存和共享等工作，发挥数字赋能的主干作用，乡镇（街道）则对辖区内的社区进一步指挥协调，做好衔接节点的作用；城乡社区则充分利用起 GPS 无线定位系统，RFID 射频识别、二维码识别等系统，在结合物联网技术的基础上，做好对社区内部人、车、物等信息的智能获取和传输共享，保障社区居民的合法权益。此外，也可以建立起内外网系统便于管理，即外网向居民开放，用于展示社区相关信息和居民参与社区事务，内网则面向政府内部，实现部门内部的数据共享。在横向层面上，实现以社区党组织为核心，居委会为主导，社区组织、网格员、居民代表等为枝干的信息组织体系。通过诸如"掌上社区"的建设，做好在线上途径中积极引导民众参与社区事务，及时收集民众需求的工作，并通过线上渠道，对社区事务进行公开公示，促进民众的有效监督，进而实现社区的共建共治共享。

2. 建立开放共享与多网融合的数字集成路径

城乡社区治理和服务涉及面较广，由于各级政府部门的统计口径与标准差异，重复统计的相关数据在汇总后却不能共用互通，如何在城乡社区构建全要素管理平台，通过无线网络、地理信息、物联网、人员定位等数字技术实现数字平台的多网融合和数字信息的开放共享成为制约城乡社区治理效能和服务质量高低的关键瓶颈。

构建多网融合的一体化平台。新冠疫情暴发以来，城乡社区治理和服务的技术障碍尤为明显，比如政府序列的大数据中心的疫情数据需要社区层层上报才能获得，延缓了疫情防控的时效性；三大运营商行程码、人脸识别系统等除非政府强制性要求，否则基层政府和社区将被用户以隐私保护为由而拒绝；第三方机构因政府和社区委托而建立的多种信息平台，在疫情信息获取时却因契约约束而要额外付费等。因此，如何打破数字信息的"领地意识"，整合多种信息平台共同为城乡社区治理和服务提供及时有效的数字信息显得尤为关键，核心路径在于构建基于城乡社区治理和服务情境推演的、一网统管、"物联、数联与智联"的智慧化数字平台。整合城乡社区已有的各类治理平台和服务平台，组建基于城乡社区治理和服务真实场景的省市县乡（街道）村（社）的五级一体化信息平台，比如"社区云"，覆盖党建、城管、警务、文化、社会组织等基础信息的网络体系、安全网、资源网等，使项目网的编制与实施更有"谱"，使城乡社区治理和服务创新的示范更为"调"，为其他地区提供更多的治理和服务"样本"，破解治理悬浮、放权赋能弱、政策调适与创新的针对性和有效性不足、服务不精准、治理效能不高等问题；居民可以通过"社区云"的"居社互动"平台参与社区治理和服务，实现居民与村（社）的零距离沟通，有效防范居民利益诉求分化和治理能力不足带来的各类社区风险，提升城乡社区居民的满意度和获得感。与此同时，在多网平台上还要加强数据导引、获取、清洗与脱敏，制定一体化平台的开放目录和部门、开放时限与类型、开放方式与使用、数据主题与属性等内容的使用指南。

构建开放共享的信息数据库。一体化平台的建立健全需要完整、开放和共享的数字信息作为支撑，特别要打破部门和平台的"领地意识"，精简数字信息共享的申请程序与权限。首先，要以大数据管理中心等机构为主体，参考《关于加强数字政府建设的指导意见》，按照基础数据库、业务资源数据库和相关专题数据库的类别，建立城乡社区治理和服务标准统一的政务数据、公共数据和社会数据库，避免多元、庞杂和类别不同的数据对服务的精准精细和治理的及时有效造成干扰。其次，在多种信息数据库构建的基础上，还要设置统一的服务接口、总体架构、对接方式、用户交互方式、安全保障等管理办法，以确保责任明确的信息供给与共享。再次，在全要素数据管理环节要防止个别部门和平台有意识地按照自己意志对数据进行甄选和录入，要求各个部门和平台按照相同的标准和规范采集和录入相关信息，提升数字信息的真实性和使用的便利化和便捷化。城乡社区治理和服务的数字信息涉及公共安全、医疗卫生、生态环境、社保就业、社会救助、法律服务、生活服务、机构团体等公共信息资源，涉及的政府部门也非常多，因此形成相应的制度规范和标准规范是非常必要的，特别是非脱敏数据的采集与录入。最后，要按照"一数一源一标准"和分级分类的原则，通过安全标记、访问控制、数据族谱、安全审计等的交换平台空间，给予不同层级工作人员相应的权限，使其能够根据城乡社区治理和服务常规场景和特殊场景下进行跨部门、跨层级、跨地区数据读取与使用，既能保证城乡社区治理和服务的需要，也能合理界定相关数据在治理和服务场景中的应用边界与公民享有的边界。

参考文献

中文著作

艾琳、王刚：《重塑面向公众的政务服务》，社会科学文献出版社 2015 年版。

陈嘉明：《现代性与后现代性十五讲》，北京大学出版社 2006 年版。

陈潭：《治理的秩序》，人民出版社 2012 年版。

陈晓律：《战后发展理论研究》，四川人民出版社 1995 年版。

丁建弘：《发达国家的现代化道路》，北京大学出版社 1999 年版。

杜栋、庞庆华：《现代综合评价方法与案例精选》，清华大学出版社 2005 年版。

冯和法：《农村社会学大纲》，黎明书局 1932 年版。

顾复：《农村社会学》，商务印书馆 1925 年版。

洪楠：《SPSS for Windows 统计分析教程》，电子工业出版社 2009 年版。

金观涛、刘青峰：《兴盛与危机：论中国社会超稳定结构》，法律出版社 2011 年版。

李景汉：《中国农村问题》，商务印书馆 1937 年版。

刘小枫：《现代性社会理论绪论》，上海三联书店 1998 年版。

罗荣渠：《现代化新论——世界和中国的现代化进程》，商务印书馆 2004 年版。

那须浩：《农村问题与社会理想》，神州国光社 1930 年版。

千家驹：《中国乡村建设批判》，上海书店 1936 年版。

时立文：《SPSS19.0 统计分析——从入门到精通》，清华大学出版社 2012

年版。

苏国勋：《理性化及其限制》，上海人民出版社 1988 年版。

王庆仁：《吴文藻纪念文集》，中央民族大学出版社 1997 年版。

徐勇：《中国乡村村民自治（增订本）》，生活书店出版有限公司 2018 年版。

言心哲：《农村社会学概论》，中华书局 1934 年版。

杨开道：《农村社会学》，世界书局 1929 年版。

杨开道：《农村问题》，世界书局 1930 年版。

俞可平：《论国家治理现代化》，社会科学文献出版社 2014 年版。

章元善、许仕廉：《乡村建设实验》，中华书局 1934 年版。

中央文献研究室：《十八大以来重要文献选编》，中央文献出版社 2014 年版。

中文译著

［澳］阿恩特：《经济发展思想史》，商务印书馆 1999 年版。

［德］本迪克斯：《马克斯·韦伯思想肖像》，刘北成等译，人民出版社 2007 年版。

［德］霍克海默，阿道尔诺：《启蒙辩证法：哲学断片》，上海人民出版社 2003 年版。

［德］施路赫特：《理性化与官僚化》，顾忠华译，广西师范大学出版社 2004 年版。

［德］韦伯：《摆脱现代社会两难困境》，王威海译，辽海出版社。

［德］韦伯：《经济与历史：支配的类型》，康乐等译，广西师范大学出版社 2010 年版。

［法］佩鲁：《新发展观》，张宁等译，新华出版社 1987 年版。

［美］布莱克：《比较现代化》，上海译文出版社 1996 年版。

［美］古利克：《组织理论评论》，载于［美］卢瑟·古利克与［英］林德儿·厄威克合编《行政科学论文集》1937 年英文版，美国纽约：美国国家公共行政学院。

［美］赫斯切：《管理经济学》，李国清译，机械工业出版社 2005 年版。

［美］亨廷顿：《文明的冲突与世界秩序的重建》，新华出版社 2002 年版。

［美］亨廷顿：《现代化理论与历史经验的再探讨》，罗荣渠译，当代学术
　　思潮译丛，上海译文出版社 1993 年版。

［美］库马：《社会的剧变》，蔡伸章等译，台北：志文出版社 1984 年版。

［美］摩尔：《专制与民主的社会起源：现代世界形成过程中的地主和农
　　民》，王茁、顾洁译，上海文艺出版社 2013 年版。

［美］帕森斯：《现代社会的结构与过程》，光明日报出版社 1988 年版。

［美］斯塔夫里阿诺斯：《全球通史：1500 年以后的世界》，上海社会科
　　学院出版社 1999 年版。

［日］富永健一：《"现代化"理论今日之课题》，罗荣渠编，上海译文出
　　版社 1993 年版，第 67 页。

［日］河田嗣郎：《农业社会化运动》，黄枯桐译，启智书局 1928 年版。

［匈］赫勒：《现代性理论》，李瑞华译，商务印书馆 2005 年版。

［英］E. F. 舒马赫：《小的是美好的》，虞鸿钧、郑关林译，商务印书馆
　　1984 年版。

［英］吉登斯：《社会的构成》，李康、李猛译，三联书店 1998 年版。

［英］吉登斯：《现代性的后果》，译林出版社 2000 年版。

［英］吉登斯：《资本主义与现代社会理论》，郭忠华译，译文出版社
　　2007 年版。

［英］麦克雷：《马克斯·韦伯》，孙乃修译，中国社会科学出版社 1989
　　年版。

［英］史密斯：《历史社会学的兴起》，上海人民出版社 2000 年版。

学位论文

陈实：《社会工作介入北川县 T 村防灾减灾研究》，硕士学位论文，西南
　　石油大学，2017 年。

董向芸：《结构功能主义与内卷化理论视阈下云南农垦组织改革研究》，
　　博士论文，南开大学，2012 年。

郭舒予：《"互联网＋"背景下基层社区治理模式创新研究》，硕士学位论
　　文，四川农业大学，2017 年。

佟雪莹：《我国乡村治理现代化问题研究》，硕士学位论文，东北农业大
　　学，2017 年。

张世定：《改革开放以来中国共产党乡村文化建设研究》，博士学位论文，兰州大学，2019 年。

期刊论文

Rhodes R，"Understanding governance：policy networks，governance，reflexivity and accountability"，*Social Studies*，Vol. 39，No. 4，pp. 182 – 184.

Rhodes R，"Policy Networks：A British Perspective"，*Journal of Theoretical Politics*，Vol. 2，No. 3，1990，pp. 293 – 317.

Rhodes R，"The New Governance"，*Political Studies*，Vol. 44，No. 4，1996，pp. 652 – 676.

白呈明、窦凤艳：《城中村治理问题及其法治化路向》，《西安财经学院学报》2016 年第 3 期。

蔡文成：《基层党组织与乡村治理现代化：基于乡村振兴战略的分析》，《理论与改革》2018 年第 3 期。

蔡臻臻、刘婧：《乡村振兴战略视域下乡村基层党组织建设路径探究》，《观察与思考》2018 年第 11 期。

曹洪军：《马克思"真正共同体"思想及其当代价值》，《理论探索》2020 年第 3 期。

曹冉、母赛花、朱彩霞、杨慧梓、王之凡：《乡村振兴战略背景下云南热区乡村产业发展实现路径分析》，《乡村经济与科技》2018 年第 13 期。

巢小丽：《乡村治理现代化的建构逻辑："宁海 36 条"政策绩效分析》，《中国行政管理》2016 年第 8 期。

沈费伟、卢福营：《乡村振兴背景下村务监督有效性研究——基于浙江省武义县村务监督委员会的调查分析》，《中共浙江省委党校学报》2020 年第 5 期。

陈家刚：《基层治理：转型发展的逻辑与路径》，《学习与探索》2015 年第 2 期。

陈静、陈成文、王勇：《论市域社会治理现代化的"智慧治理"》，《城市发展研究》2021 年第 4 期。

陈杨：《现代化进程中的乡村治理问题研究》，《河北青年管理干部学院学报》2017 年第 6 期。

程莉、文传浩：《乡村绿色发展与乡村振兴：内在机理与实证分析》，《技术经济》2018 年第 10 期。

崔日明、韩渊源：《乡村振兴战略下乡村集体经济的发展路径研究》，《农业经济》2019 年第 5 期。

邓玲、王芳：《乡村振兴背景下乡村生态的现代化转型》，《甘肃社会科学》2019 年第 3 期。

丁波：《乡村振兴背景下乡村空间变迁及乡村治理变革》，《云南民族大学学报》（哲学社会科学版）2019 年第 6 期。

丁峰、李勇华：《论文化礼堂与乡村社区治理功能》，《长白学刊》2018 年第 4 期。

董江爱：《参与、制度与治理绩效的关系研究——村级治理机制及运作效果的比较分析》，《华中师范大学学报》（人文社会科学版）2009 年第 6 期。

杜姣：《重塑治理责任：理解乡村技术治理的一个新视角——基于 12345 政府服务热线乡村实践的考察与反思》，《探索》2021 年第 1 期。

杜受祐、丁一：《我国新乡村生态文明建设中的几个问题》，《西南民族大学学报》（人文社科版）2009 年第 2 期。

段鹏超：《乡村振兴中的基层党建工作如何抓》，《人民论坛》2018 年第 16 期。

范和生、郭阳：《标准化治理：后疫情时代基层社会治理的实践转向》，《学术界》2020 年第 11 期。

冯献、李瑾：《乡村治理现代化水平评价》，《华南农业大学学报》（社会科学版）2021 年第 3 期。

傅昌波：《全面推进智慧治理开创善治新时代》，《国家行政学院学报》2018 年第 2 期。

高秉雄、胡云：《国家治理能力变量体系研究——基于国家能力变量研究的思考》，《社会主义研究》2017 年第 2 期。

高亚春：《波德里亚早期思想发展的双螺旋结构》，《河北学刊》2005 年第 3 期。

郭栋：《乡村治理能力现代化面临的困境及解决途径研究》，《山西高等学校社会科学学报》2019 年第 7 期。

韩玉祥：《建构意义世界：乡村文化振兴的重要路径》，《南京农业大学学报》（社会科学版）2022 年第 6 期。

韩志明、李春生：《城市治理的清晰性及其技术逻辑——以智慧治理为中心的分析》，《探索》2019 年第 6 期。

何玲玲、付秋梅：《乡村振兴战略背景下多元化治理主体的角色与功能——基于结构功能主义视角》，《行政科学论坛》2020 年第 3 期。

何苗：《国家治理现代化的时代背景与现实维度》，《人民论坛：中旬刊》2016 年第三卷。

何蓉：《〈儒教与道教〉里的世界与中国》，《广东社会科学》2020 年第 11 期。

何显明：《以自治、法治和德治的深度融合推进乡村治理体系创新》，《治理研究》2018 年第 6 期。

贺晓玲：《全面深化改革背景下社会治理能力的现代化提升与构建》，《中学政治教学参考：下旬》2018 年第四卷。

衡霞：《乡村社区治理能力现代化的公共选择逻辑——基于 15 个省份 150 份政策文本的分析》，《探索》2021 年第 4 期。

衡霞：《乡村社区治理能力现代化的双重困境研究》，《理论探索》2021 年第 12 期。

衡霞：《组织同构与治理嵌入：乡村集体经济何以促进乡村治理高效能——以四川省彭州市 13 镇街为例》，《社会科学研究》2021 年第 2 期。

洪银兴、刘伟、高培勇、金碚、闫坤、高世楫、李佐军：《“习近平新时代中国特色社会主义经济思想”笔谈》，《中国社会科学》2018 年第 9 期。

胡税根、王汇宇、莫锦江：《基于大数据的智慧政府治理创新研究》，《探索》2017 年第 1 期。

胡炎平、姜庆志：《谭海波治理现代化视野下的乡村多元精英合作治理——以江门市乡村联谊会为考察对象》，《中国行政管理》2017 年第 8 期。

黄微、许烨婧、韩瑞雪、王洁晶：《网络舆情语义倾向性的隶属度研究》，《图书情报工作》2015 年第 21 期。

黄祖辉：《改革开放四十年：中国农业产业组织的变革与前瞻》，《农业经济问题》2018 年第 11 期。

江丹林：《整体论、决定论还是中心论——兼论当代西方关于非西方社会的发展理论》，《上海社会科学院学术季刊》1996 年第 4 期。

姜晓萍、焦艳：《从"网格化管理"到"网格化治理"的内涵式提升》，《理论探讨》2015 年第 6 期。

姜晓萍：《乡村治理的新思维》，《治理研究》2018 年第 6 期。

姜长云：《关于构建新型农业经营体系的思考——如何实现中国农业产业链、价值链的转型升级》，《人民论坛·学术前沿》2014 年第 1 期。

蒋和平、郭超然、蒋黎：《乡村振兴背景下我国农业产业的发展思路与政策建议》，《农业经济与管理》2020 年第 1 期。

蒋和平：《实施乡村振兴战略及可借鉴发展模式》，《农业经济与管理》2017 年第 6 期。

蒋英州：《社会治理重心下沉、乡村振兴与乡镇党政干部的流动》，《江西师范大学学报（哲学社会科学版)》2020 年第 5 期。

金计初：《理论与历史——发展主义与拉丁美洲》，《史学理论研究》1994 年第 3 期。

李国强：《当代西方发展理论的变迁与危机》，《天津社会科学》1994 年第 4 期。

李建伟、王伟进、黄金：《我国社区服务业的发展成效、问题与建议》，《经济纵横》2021 年第 5 期。

李琳、郭占锋：《精准扶贫中乡村社区治理能力提升研究》，《西北农林科技大学学报》2018 年第 3 期。

李玲玲、李长健：《乡村社区治理能力现代化进路之思考——基于社区发展权理论的视角》，《华中农业大学学报》（社会科学版）2016 年第 2 期。

李萌：《基于居民行为需求特征的"15 分钟社区生活圈"规划对策研究》，《城市规划学刊》2017 年第 1 期。

李强：《提升城乡社区治理现代化水平》，《唯实》（现代管理）2017 年第 9 期。

李润国、姜庆志、李国锋：《治理现代化视野下的乡村社区治理创新研究》,《宏观经济研究》2015 年第 6 期。

李顺毅:《绿色发展与居民幸福感——基于中国综合社会调查数据的实证分析》,《财贸研究》2017 年第 1 期。

李雪松:《论地方政府治理现代化建设的政策工具选择》,《四川行政学院学报》2017 年第 4 期。

李一宁、金世斌、刘亮亮:《完善政务服务工作运行机制研究》,《中国行政管理》2017 年第 6 期。

梁民愫:《霍布斯鲍姆史学思想的现实关怀和意识形态立场分析》,《史学理论研究》2004 年第 2 期。

梁彤:《甘肃省乡村治理标准化工作的实践与思考》,《中国标准化》2020 年第 12 期。

林丽丽:《乡村社会治理中的协商民主》,《长白学刊》2008 年第 3 期。

林文雄:《乡村振兴背景下"三治"合一的困境与对策——基于民间法的视角》,《肇庆学院学报》2019 年第 4 期。

刘海洋:《乡村产业振兴路径:优化升级与三产融合》,《经济纵横》2018 年第 11 期。

刘同舫:《启蒙理性及现代性:马克思的批判性重构》,《中国社会科学》2015 年第 2 期。

刘小枫:《卢梭的敌友划分——纪念卢梭诞辰三百周年》,《兰州大学学报》(社会科学版)2012 年第 3 期。

刘鑫、欧阳树生:《智慧健康养老标准体系框架研究》,《信息技术与标准化》2022 年第 1 期。

罗荣渠:《西方现代化史学思潮的来龙去脉》,《历史研究》1987 年第 1 期。

罗万纯:《村民自治进展及制度完善》,《乡村经济》2016 年第 11 期。

骆徽:《对启蒙的现代性与后现代性的反思》,《南京师大学报》(社会科学版)2006 年第 1 期。

马宝成、谢蕾:《村民自治:中国农民政治参与与基层政治稳定》,《特区理论与实践》2000 年第 8 期。

马君、廉明达:《乡村振兴战略背景下乡村集体经济发展研究》,《中国商论》2021 年第 20 期。

马文多：《基层政府服务社区能力提升策略》，《重庆社会科学》2018 年第 1 期。

缪金祥：《城镇化进程中乡村社会治安防控体系的建设》，《净月学刊》2016 年第 6 期。

聂继红、吴春梅：《乡村振兴战略背景下的乡村基层党组织带头人队伍建设》，《江淮论坛》2018 年第 5 期。

钱佰慧、陈思霖、徐洋等：《农村现代化水平评价指标体系构建与测度分析》，《农业经济与管理》2021 年第 6 期。

屈博：《论乡村治理体系现代化》，《内蒙古师范大学学报》（哲学社会科学版）2018 年第 1 期。

任路：《协商民主：居民自治有效实现形式的运转机制》，《东南学术》2014 年第 5 期。

上海市城市规划设计研究院乡村社区生活圈项目组：《未来乡村社区生活圈：自然生态场景 & 创新生产场景》，《上海城市规划》2021 年第 3 期。

尚虎平、王菁：《公共行政 120 年：从"双螺旋演化"到"治理的绩效管理理论"》，《北京行政学院学报》2010 年第 4 期。

石中英、张夏青：《当代国外发展理论述评》，《学术界》2008 年第 3 期。

苏舜、周文静等：《旧村改造探究——以义乌市"五爱社区"为例》，《现代经济信息》2010 年第 3 期。

孙玉娟、佟雪莹：《推进我国乡村治理现代化的路径选择》，《知与行》2018 年第 1 期。

唐皇凤、陶建武：《大数据时代的中国国家治理能力建设》，《探索与争鸣》2014 年第 10 期。

唐亚林、周昊：《走自己的路：中国式现代化的理论演进、路径选择与价值追求》，《理论探讨》2022 年第 5 期。

田凯、赵娟：《组织趋同与多样性：组织分析新制度主义的发展脉络》，《经济社会体制比较》2017 年第 3 期。

田毅鹏：《乡村社区治理能力现代化的新取向》，《政治学研究》2018 年第 1 期。

汪杰贵：《村庄治理现代化现实困境和突破路径——基于农民自组织公共

参与改进视角》,《云南行政学院学报》2018 年第 2 期。

汪杰贵：《村庄治理现代化现实困境和突破路径——基于农民自组织公共
　　参与改进视角》,《云南行政学院学报》2018 年第 2 期。

汪俊玲：《乡村振兴离不开乡村基层党组织的引领》,《红旗文稿》2018
　　年第 15 期。

王浩斌、王飞南：《现代化理论与理论的现代化——对现代化理论历史演
　　进的理性思考》,《吉首大学学报（社会科学版）》2004 年第 3 期。

王杰、李斌：《乡村治理现代化的实现路径及其逻辑——以标准化为视
　　角》,《沈阳大学学报》2020 年第 6 期。

王梅杰：《我国乡村生态文明建设的困境及其路径》,《黑河学刊》2013
　　年第 1 期。

王娜、胡联：《新时代乡村集体经济的内在价值思考》,《当代经济研究》
　　2018 年第 10 期。

王绍光：《国家治理与基础性国家能力》,《华中科技大学学报（社会科学
　　版）》2014 年第 3 期。

王绍光：《治理研究：正本清源》,《开放时代》2018 年第 2 期。

王婷、李景平、方建斌：《协商民主：村民自治过程中廉政治理的生长
　　点》,《西北农林科技大学学报》（社会科学版）2018 年第 1 期。

王同昌：《新时代乡村基层党组织建设的四大难题》,《人民论坛》2019
　　年第 28 期。

王雪竹：《区块链技术对首都社会治理的应用场景解析》,《前线》2020
　　年第 6 期。

王莹、孟宪平：《论"互联网＋社会治理"背景下国家治理能力现代化的
　　建设》,《电子政务》2017 年第 9 期。

王治河：《作为一种生活方式的后现代主义》,《北京大学学报》（哲学社
　　会科学版）2006 年第 3 期。

王智明、方玉媚：《村民自治视阈下民主参与问题研究——以四川乡村为
　　例》,《襄樊职业技术学院学报》2012 年第 2 期。

魏士国：《共生与互动：国家治理现代化中的德治与法治"双螺旋"协同
　　机制》,《贵州社会科学》2020 年第 1 期。

魏治勋：《"善治"视野中的国家治理能力及其现代化》,《法学论》2014

年第 2 期。

文雷、王欣乐：《国家治理现代化视域下乡村智慧治理体系构建与实现路径》，《陕西师范大学学报（哲学社会科学版）》2021 年第 2 期。

吴世坤：《合谋的制衡：以激励性规制理论优化地方政府与社工组织关系》，《重庆行政》2015 年第 10 期。

吴晓林：《党建引领与治理体系建设：十八大以来城乡社区治理的实践走向》，《上海行政学院学报》2020 年第 3 期。

吴晓林：《结构依然有效：迈向政治社会研究的"结构—过程"分析范式》，《政治学研究》2017 年第 2 期。

吴旭红：《智慧社区建设何以可能？——基于整合性行动框架的分析》，《公共管理学报》2020 年第 4 期。

辛岭、刘衡、胡志全：《我国农业农村现代化的区域差异及影响因素分析》，《经济纵横》2021 年第 12 期。

熊春林：《论我国乡村传统文化生态的建设》，《湖南社会科学》2012 年第 2 期。

徐琴、叶娟丽：《嵌入式治理：国家政权建设与村落自主性关系模式的再审视》，《湖北民族大学学报（哲学社会科学版）》2020 年第 6 期。

徐顽强、王文彬：《重塑农民主体自觉：推进乡村振兴之路》，《长白学刊》2021 年第 2 期。

徐增阳、张磊：《公共服务精准化：城市社区治理机制创新》，《华中师范大学学报（人文社会科学版）》2019 年第 4 期。

许可：《数据交易流通的三元治理：技术、标准与法律》，《吉首大学学报》（社会科学版）2022 年第 1 期。

闫建、黄可歆：《为基层治理插上"智慧"的翅膀》，《党课参考》2021 年第 17 期。

阳信生：《乡村社会管理服务的缺陷与政府对策》，《湖南农业大学学报》（社会科学版）2008 年第 1 期。

杨光斌：《关于国家治理能力的一般理论——探索世界政治（比较政治）研究的新范式》，《教学与研究》2017 年第 1 期。

杨光斌：《衡量国家治理能力的基本指标》，《前线》2019 年第 12 期。

杨雪冬：《论国家治理现代化的全球背景与中国路径》，《国家行政学院学报》2014 年第 4 期。

姚磊、郑立生：《企业标准化管理体系框架研究》，《中国标准化》2021
年第 7 期。

印子：《乡村基本治理单元及其治理能力建构》，《华南农业大学学报》
（社会科学版）2018 年第 3 期。

于长永：《对当前乡村治安问题的调查与思考》，《吉林公安高等专科学校
学报》2009 年第 4 期。

余华：《村级便民服务中心制度的运行机制创新研究》，《成都行政学报》
2013 年第 2 期。

余钊飞：《村规民约与基层社会的法治建设——以浙江省诸暨市枫桥镇的
实证调查为例》，《云南大学学报》（法学版）2009 年第 6 期。

俞可平：《全球治理引论》，《马克思主义与现实》2002 年第 1 期。

俞可平：《治理和善治：一种新的政治分析框架》，《南京社会科学》2001
年第 9 期。

袁方成、杨灿：《从分治到融合：中国乡村治理体系之变》，《中央社会主
义学院学报》2018 年第 10 期。

袁刚、白娟：《村民自治：价值、困境和出路》，《社会科学论坛》2015
年第 1 期。

詹承豫、高叶、李治博：《应急管理中技术赋能的双螺旋机理研究——以
人脸识别技术在疫情常态化防控中的应用为例》，《行政管理改革》
2021 年第 7 期。

张丙宣、周涛：《智慧能否带来治理——对新常态下智慧城市建设热的冷
思考》，《武汉大学学报》（哲学社会科学版）2016 年第 1 期。

张丹丹：《统合型治理：基层党政体制的实践逻辑》，《西北农林科技大学
学报》（社会科学版）2020 年第 5 期。

张峰、孔繁斌：《信息空间视角下的社会治理模式创新》，《学海》2016
年第 6 期。

张欢：《新时代提升农民组织化路径：烟台再造集体例证》，《重庆社会科
学》2020 年第 6 期。

张佳星、谢煜、彭凯平：《区块链与社会治理：契合、优势与风险》，《社
会发展研究》2020 年第 1 期。

张静波、周亚权：《城市公共空间治理体系与治理方式创新的路径》，《云南行政学院学报》2018 年第 4 期。

张菊梅：《乡镇政府在乡村公共服务供给中的困境与出路》，《社会科学家》2013 年第 7 期。

张亚鹏：《技术的社会嵌入与国家治理转型》，《中国延安干部学院学报》2020 年第 2 期。

张艳国、刘小钧：《城市社区治理能力现代化研究——以江西南昌为例》，《江西社会科学》2017 年第 1 期。

张艳国、尤琳：《乡村基层治理能力现代化的构成要件及其实现路径》，《当代世界社会主义问题》2014 年第 2 期。

张长江：《返乡农民推动乡村治理现代化研究》，《农业经济》2018 年第 4 期。

张振波、金太军：《论国家治理能力的社会建构》，《社会科学研究》2017 年第 6 期。

张振洋、王哲：《行政化与社会化之间：城市基层公共服务供给的新尝试——以上海市 C 街道区域化大党建工作为例》，《华中科技大学学报》（社会科学版）2017 年第 1 期。

张祖平：《志愿服务如何服务于新时代文明实践中心建设》，《中国社会工作》2019 年第 24 期。

赵洁、陶忆连：《乡村振兴中提升乡村基层党组织组织力研究》，《北京航空航天大学学报》（社会科学版）2021 年第 1 期。

赵泉民：《合作社组织嵌入与乡村社会治理结构转型》，《社会科学》2015 年第 3 期。

赵四东、杨永春、万里、贾云鸿、李伟伟、曹军：《中国西部河谷型城市城乡统筹模式研究——以兰州市为例》，《城市规划》2012 年第 6 期。

赵文：《破解乡村公共服务困境的治理之道》，《石河子大学学报》（哲学社会科学版）2013 年第 27 期。

赵紫飞：《切实抓好旧村改造推进新乡村建设》，《新乡村》2008 年第 2 期。

郑飞：《世界诸宗教之经济伦理——论韦伯的文化论研究》，《伦理学研究》2011 年第 2 期。

钟发亮：《以社区党建引领社区组织建设研究》，《闽南师范大学学报》
（哲学社会科学版）2018 年第 3 期。

周飞舟：《从汲取型政权到"悬浮型"政权——税费改革对国家与农民关
系之影响》，《社会学研究》2006 年第 3 期。

朱建建、顾若琳、袁柳：《"十四五"期间乡村治理数字化的框架与指标
体系设计》，《统计与信息论坛》2021 年第 9 期。

朱婉菁：《区块链技术驱动社会治理创新的理论考察》，《电子政务》2020
年第 3 期。

外文著作

Horace Boies Hawthorn, *The Sociology of Rural Life*, New York：The Century
Company, 1926.

John Morris Gillette, *Rural Sociology*, New York：The Macmillan Company,
1922.

Matthew P, Rosenau J N, Ernst-Otto C, *Governance without Government：Or-
der and Change in World Politics*, Cambridge：Cambridge University Press,
1992.

Wallerstein Immanuel, *The Modern World System*, New York：Academic
Press, 1974.